지은이 최 준 식

미국 템플대학교에서 종교학 박사학위
현재 이화여자대학교 한국학과 교수
한국문화표현단 이사장
한국죽음학회 회장

저서
『한국인에게 문화는 있는가』(1997)
『한국의 종교, 문화로 읽는다』1·2·3(1998~2004)
『한국인에게 문화가 없다고?』(2000)
『한국미, 그 자유분방함의 미학』(2000)
『한국인은 왜 틀을 거부하는가?』(2002)
『한국인에게 밥은 무엇인가?』(2004)
『종교를 넘어선 종교』(2005)
『Soul in Seoul』(2005)
『그릇, 음식 그리고 술에 담긴 우리 문화』(2006)
『죽음, 또 하나의 세계』(2006)
『한국인을 춤추게 하라』(2007)

세계가 높이 산

한국의 문기

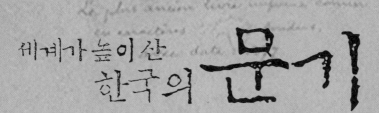

세계가 높이 산
한국의 문기

최준식 지음

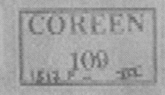

소나무

세계가 높이 산 **한국의 문기**

ⓒ 2007, 최준식

처음 펴낸 날 2007년 9월 30일
여섯 번째 펴낸 날 2011년 9월 1일

지은이 최준식
펴낸이 유재현
편집한 이 강주한 이혜영 장만
알리는 이 박수희
꼴을 꾸민 이 조완철
인쇄 영신사
제본 명지문화

펴낸곳 소나무
출판등록 1987년 12월 12일 제2-403호
주소 121-830 서울시 마포구 상암동 11-9, 201호
전화 02) 375-5784 | 팩스 02) 375-5789
홈페이지 www.sonamoobook.co.kr
전자우편 sonamoopub@empas.com

값 12,000원
ISBN 978-89-7139-063-4 03910

소나무 머리 맞대어 책을 만들고, 가슴 맞대고 고향을 일굽니다.

문기 文氣의 한국인

고려 시대의 금속 활자. 개성의 한 무덤에서 출토되었다고
한다. 국립중앙박물관 소장.

저는 앞서 펴낸 『한국인을 춤추게 하라』(사계절)에서 한국인이 갖고 있는 화끈한 신기神氣에 대해 많은 설명을 했습니다. 정말 대단한 신기였습니다. 하지만 한국인에게는 이 신기만 있는 것이 아닙니다.

사실 신기라는 것은 문화라기보다 일종의 타고난 성향으로 생각됩니다. 따라서 이것만 가지고는 높은 문화를 만들어낼 수 없습니다. 문화가 성립되기 위해서는, 인위적으로 무엇인가를 세련되게 가꾸어야 하기 때문입니다.

우리나라 역사를 보면 정교하고 세련된 문물文物이 아주 많습니다. 예를 들어, 이 책에서 보게 될 우리의 글인 '한글'이나 역사 기록인 『조선왕조실록』 같은 것은 신기와 아무 관련이 없다고 해도 틀린 이야기가 아닙니다. 이런 문물은 신기와 같은 강한 감성을 통해 나오는 것이 아니라, 지성을 사용하여 오랜 노력 끝에 생성되는 것이기 때문입니다.

우리에게는 이와 같은 세련된 문화물文化物이 대단히 많습니다. 이런 것이 하나나 둘 정도 나오면, 그저 '우연으로 그랬구나' 할 수 있겠지만, 아예 무더기로 나오니 대단하다는 생각을 하지 않을 수 없는 것입니다. 그리고 이런 문물은 양적으로 많은 것은 말할 것도 없고, 질적으로도 걸핏하면 세계 최초니, 세계에서 제일이니 혹은 유일하니 하는 것들입니다.

그런 문물 중에서도 한국인은 문자나 활자나 역사 기록, 그리고 사상 등과 관련해서 대단히 뛰어난 것을 많이 남겼습니다. 그 수준이 하도 뛰어나 믿기 힘들 때마저 있을 정도입니다. 그동안 한국 문화를 공부하면서 이런 사실을 새삼스레 발견하곤, 기쁜 것은 말할 것도 없고, 믿기마저 힘들다고 감탄하던 기억이 새롭습니다.

저는 이 세련된 한국 문화(의 기운)을 일찍이 문기文氣라고 표현해 보았습니다. 앞 책에서 보았던 것처럼, 한국인이 갖고 있는 거칠고 야성적인 기운을 신기라고 한다면, 그와는 사뭇 다른 이 기운을 문기라고 부른 것입니다.

여기서 말하는 문文은 넓은 의미의 문화를 지칭하는데, 특히 인문人文과 관련성이 높습니다. 좀 더 구체적으로 보면, 뛰어난 문자의 발명, 출판 그리고 인쇄 문화의 괄목할 성장, 기록을 중시하는 정신, 역사나 문화를 공정하게 보존하려는 수준 높은 의식 등을 말합니다. 우리 조상은 이 분야에서 믿을 수 없을 정도의 큰 성공을 거두었습니다.

이번 책에서는 바로 이것에 대해 보려고 합니다. 누차 이야기했지만, 제가 보기에 우리 문화는 이 문기라는 기운과 앞 책에서 본 신기라는, 두 가지의 매우 다른 기운 혹은 원리로 구성되어 있습니다. 여기서 신기가 기층 문화를 담당하는 기운이라고 한다면, 문기는 상층 문화의 원리라고 하겠습니다. 한국인은 그들이 태생적으로 갖고 있는 신기 위에 문기의 요소를 덧입혀서 아주 훌륭한 문화를 만들어냈습니다.

제가 자꾸 우리 문화가 훌륭하다고 하니까, 공연한 자만 아니냐 하는 분들도 있습니다. 남들은 별로 인정 안 하는데, 우리만 뽐내봐야 뭐 하겠느냐 하는 것이겠죠. 이런 맥락에서 볼 때, 대개의 한국인은 지금까지 자신의 조상을 그리 높이 평가한 것 같지 않습니다. 조상이 변변한 것 하나 제대로 물려주지 않은 것 같고, 또 오죽 나라를 잘못 다스렸으면 다른 나라한테 먹히기까지(일제 강점기) 했을까? 그런가 하면, 극악한 가부장제로 여성을 억압한 지지리도 못난 사람이 우리 조상이라는 생각을 알게 모르게 하고 있는 것은 아닐까요?

그런데 말이죠, 그렇게 못난 사람이 우리의 조상이라면, 또 우리나라의 과거가 그렇게 별 볼일 없는 것이라면, 설명이 잘 안 되는 것이 있습니다. 무엇이냐고요? 바로 현재의 우리입니다. 우리의 현재가 어떻습니까? 그런데 우리의 현재를 바로 알려면, 우선 우리의 과거부터 알아야 합니다.

한국의 과거와 현재

우리의 과거라고 해서, 먼 고려나 조선을 보자는 것이 아닙니다. 우리의 현재가 어떤가를 극적으로 알기 위해서는 최근의 과거만 보아도 충분합니다. 또 최근의 과거를 알고 싶으면, 딱 한 가지만 보면 됩니다. 한국은 6·25 직후 어떤 나라였나요? 저는 강의할 때마다 이 질문을 합니다. 그때마다 청중들에게 당시의 한국을 묘사하는 말을 세 글자로 줄여보라고 합니다. 그 세 글자가 무엇일까요?

최빈국最貧國입니다.

말할 것도 없이, 세계에서 가장 가난한 나라라는 뜻입니다. 그때 한국은 국민 1인당 연간 소득이 80달러 언저리에 있었습니다. 당시 한국을 보고 많은 외국 사람은 '사우스 코리아는 완전히 절단된 나라' 혹은 '다시는 일어나지 못할 나라'라고 단언했습니다. 어찌보면 이런 생각은 충분히 이해할 수 있습니다.

당시 한국은 어떤 나라였습니까? 제3세계 다른 국가들처럼, 피식민 국가로 오랫동안 악랄한 지배 밑에 있다가 얼떨결에 해방된 상태였죠? 일제의 가혹한 수탈로 우리에게는 남은 것이 별로 없었습니다. 이것도 부족했는지, 아니면 하늘이 시기했는지는 몰라도, 한국은 해방 후 곧 3년 동안 미증유未曾有의 전쟁에 돌입합니다. 이 전쟁 동안 제2차 세계대전에 퍼부은 화력보다 더 많은 화력이 이 작은 한반도에 쏟아졌다고 합니다. 그러니 우리 국토가 초토화된 것은 당연한 일 아니겠습니까?

전쟁이 끝난 후, 한국에는 남아 있는 것이라고는 아무 것도 없었습니다. 정말로 없었습니다. 사정이 그러하니 한국은 세계에서 가장 가난한 나라가 될 수밖에 없었고, 서방 학자들로부터 완전히 종친 나라라는 진단을 받은 것입니다. 과거에 대해서는 그 정도만 얘기해도 충분하겠습니다. 최빈국이었다는 데 더 말할 게 무엇이 있겠습니까?

그런 한국이 지금, 그러니까 21세기 초에 어떻게 되었습니까? 참여정부가 들어와서 조금씩 하락하기는 했습니다만, 대체로 볼 때 한국은 경제 교역으로 보거나 국가총생산량으로 보거나, 전부 세계 10위권 언저리에 있습니다. 그리고 1인당 국민 소득도 2007년 현재를 기준으로, 환율이 상승하는 바람에 얼떨결에 2만 달러에 아주 근접하게 되었습니다. 물론 수출 총액이 2006년에 3,000억 달러를 초과했다는 것도 잊어서는 안 되겠지요.

굳이 6·25 직후와 비교하면, 1인당 GNP는 약 250배 늘어난 것이고,

국가총생산 역시 수백 배를 넘어서는 쾌거를 이룩한 것입니다. 지구상에 이런 경이로운 발전을 이룩한 나라는 한국밖에 없습니다. 지금 온 세계 국가의 수는 200개를 조금 상회한다고 합니다. 그 200개가 넘는 국가 가운데, 경제적인 역량으로 볼 때, 한국은 세계에서 상위 5%에 들어가는 경제 대국이 된 것입니다.

한국은 이제 자동차, 반도체, 조선, IT 산업 같은 분야에서 세계 선두를 달리고 있습니다. 특히 가전업계에서 이룩한 성공은 실로 믿기가 어렵습니다. 약 30년 전만 해도 한국의 가전제품은 3류에 속하는 진짜로 별 볼일 없는 것이었습니다. 그런데 지금은 세계 최일류가 되었다니 도저히 믿을 수가 없다는 것입니다. 지금 가전제품을 살 때, 한국인 가운데 누가 굳이 외제를 사려고 합니까? LG나 삼성 같은 한국 회사가 만든 제품이 세계 최고이니 말입니다.

지금 20대의 젊은 분들은 이런 사실이 별 것 아닌 것처럼 들릴지 모르지만, 저와 같은 50대들은 아직도 이게 실감이 안 납니다. 이걸 어떻게 설명해야 할지 당황스러울 때도 있습니다. 예를 들어, 저는 30여 년 전에 소니의 워크맨 녹음기나 TV를 보고, 우리나라 회사들은 아무리 환골탈태를 해도 일본의 전자 산업은 절대로 따라갈 수 없을 거라고 생각했습니다.

우리가 어느 세월에 소니의 워크맨 같은 앙증스러운 녹음기를 만들겠냐고 말입니다. 그때 우리나라 청소년들은 그런 녹음기 하나 갖는 것이 큰 소망이었습니다. 그런데 지금 그 대단했던 소니가 한국 회사인 삼성에 뒤지기 시작해, 일본 회사들 다 마다하고 삼성과 제휴하는 진풍경이 벌어지지 않았습니까?

말이 나와서 말인데, 2004년에 삼성전자가 이룩한 경영 실적(매출 약 58조 원에 순 이익 약 11조 원)은 일본 전자업체의 총매출액을 능가했다고 합니다. 개인적으로 저는 이런 일은 제 생애에 결코 일어나지 않을 것이라 생각했는데, 이 같은 일이 이렇게 빨리, 공공연하게 벌어지고 만 것입니다.

일전에 신문을 보다 실로 믿기지 않는 기사가 있어 소개하고자 합니다. 미국의 대표적인 투자은행 가운데 하나인 골드만 삭스가 세계 경제 보고서를 만들었습니다. 그 보고서에 따르면, 세계 170개국의 장기 성장 시나리오를 분석한 결과, 2050년에는 한국이 미국 다음으로 두 번째로 잘 사는 나라가 된다는 것이었습니다. 이때가 되면 한국인의 1인당 소득이 8만 달러가 되어, 일본이나 독일 등을 모두 제치고 세계 2위의 국가가 된다는 것입니다.

이 회사의 평가는 이른바 '성장 환경 지수'를 토대로 만든 것입니다. 물가상승률과 국내총생산 대비 정부의 재정적자 비율, 대외 부채, 투자율, 경제의 개방도, 전화와 PC 인터넷 보급률, 고등교육, 예상 수명, 정치적 안정도, 부패 수준 등을 고려해서 작성된 것이라고 합니다. 여러분은 이 사실을 믿을 수 있습니까? 우리나라가 세계에서 두 번째로 잘 살게 된다니요?

이 은행이 우리나라 정부나 여당의 위탁을 받아서 조사를 했다면 그럴 수도 있다 하지만, 우리나라와는 아무 관계없이 독자적으로 했다고 하니 안 믿으려야 안 믿을 수가 없습니다.

대관절 우리나라는 어떤 나라이기에, 이렇게 멋진 나라로 바뀌게 된다는 것일까요? 앞에서 이야기한 것으로 돌아가서, 우리 조상이 그렇게 못난 사람이라면 우리나라가 이렇게 발전할 수 있을까요?

여기서 1990년대 초 『문명의 충돌』이란 책을 써서 낙양洛陽의 지가紙價를 높인 새뮤얼 헌팅턴Samuel Huntington이라는 미국 학자의 말을 곱씹어 볼 필요가 있습니다. 이 책도 여러 모로 논의할 바가 많은 책입니다만, 우리의 주제와 관계가 있는 것은 아니니 그냥 지나치기로 합니다. 그는 이 화제의 책을 쓴 다음에, 다른 학자들과 함께 공저로 『문화가 중요하다 Culture Matters』란 제목으로 새 책을 냈습니다. 이 두 번째 책의 서문에서 그는 우리에게 매우 의미심장하게 들리는 주장을 펼칩니다.

1990년대 초, 그는 아프리카의 가나와 한국을 경제적으로 비교 검토한 적이 있었답니다. 그런데 1960년대 초반 두 나라의 경제 상태가 너무나 비슷해, 매우 흥미를 느꼈다고 합니다. 우선 두 나라는 1인당 국민소득이 같았습니다. 1965년도 한국인의 1인당 소득은 가나와 비슷한 100달러였다고 합니다. 그리고 국민의 80%가 빈곤에 시달리고 있었습니다. 또 양국 국민 7명 가운데 1명은 문맹이었고, 대학에는 10명 가운데 1명만 갈 수 있었다고 합니다.

뿐만 아니라 양국의 1차 산업(농산품)과 2차 산업(공산품)과 서비스 산업의 경제 점유 분포도 비슷했습니다. 특히 농산품의 점유율은 아주 유사하게 나왔습니다. 당시 한국 인구의 절반은 농민이었습니다! 하기야 당시에 한국이 제대로 만들어낼 수 있는 공산품은 별로 없었을 겁니다. 기계 설비는 전쟁으로 모두 부서졌고, 남아 있더라도 그것을 돌릴 기술과 자본을 가진 것도 아니었기 때문입니다. 그러니 무슨 돈이 있겠어요? 그저 미국에서 오는 원조로 근근이 살아야 하는 형편이었는데, 그것은 가나도 마찬가지였다고 하더군요.

헌팅턴은 그러다 1990년대 초 두 나라가 이룩한 경제 발전을 보게 되는데, 여기서 그는 깜짝 놀라는 발견을 하게 됩니다. 1인당 GNP를 비교해 보니, 한국이 가나보다 15배나 더 많았던 것입니다. 두 나라는 같이 시작했는데, 왜 한국만 이렇게 엄청난 성공을 거두었느냐는 것이지요.

사실 헌팅턴은 그 책에서 한국의 경제적 성공에 대해서만 이야기하고, 민주화의 성공에 대해서는 이야기하지 않았습니다. 하지만 한국의 민주화 성공 사례도 온 세계의 주목을 받고 있습니다. 한국이 제3세계 국가들의 선망을 사는 것은 경제적 성공뿐만 아니라, 민주화를 이룩한 것도 포함되기 때문입니다.

그래서 세계의 지성 가운데 한 사람인 노암 촘스키는 지구상에서 가장 이상적인 나라를 고르라면, 자신은 한국을 꼽겠다는 말을 한 적이 있다고 합니다. 이유는 지금 본 바와 같이 경제적인 성공과 민주화를 동시에 이룩한 나라가 한국이기 때문이라는 것입니다.

어쨌든 우리와 가나는 왜 이런 차이가 생긴 것일까요? 이 질문에 대해 헌팅턴은 사정이 이렇게 된 데에는 여러 요인이 있지만, 그 가운데서도 문화가 가장 결정적인 요인이라고 주장했습니다. 이 견해에 찬동하지 않는 학자들도 있긴 하지만, 저는 이 주장에 전적으로 동의합니다. 헌팅턴에 의하면, 한국인은 검약 정신이나 근면함, 또 높은 교육열, 개인보다는 집단을 중시하는 조직 정신, 그리고 기강의 확립이나 극기 정신과 같은 문화 요소를 갖고 있기 때문에, 경제 개발에 성공한 것이라는 것이죠.

이런 덕목은 말할 것도 없이 하버드대학의 뚜웨이밍杜維明 교수나 싱가포르 수상을 지낸 리콴유李光耀가 주장하던, 이른바 신유교 자본주의의 덕목을 말합니다. 중화 문명권에 속하는 한국이나 일본, 대만, 홍콩, 싱가포르 등이 이런 유교적인 혹은 동아시아적인 가치관 덕에 눈부신 경제 발전이 가능했다는 것은 이미 많은 학자가 주장한 바입니다.

물론 이런 의견에 대해 반론이 없었던 것은 아닙니다. 예를 들어 미국의 저명한 경제학자인 폴 크루그먼Paul Krugman 같은 이는 이 주장에 대해 가차없는 비판을 가했습니다. 이 사람은 동아시아적인 가치관 같은 것은 없고, 단지 값싼 노동력 덕분에 동북아시아의 몇 나라들이 반짝 성장을 했다고 주장했습니다. 따라서 이런 나라 가운데 대표적인 나라인 한국은 곧 성장이 둔화되어 더 이상 발전하지 못할 것이라고 강하게 자신의 의견을 피력했습니다.

이 사람의 비판에도 불구하고, 한국은 적어도 몇 분야에서는 세계적인 성공을 거두고 있습니다. 성공도 이만저만 한 것이 아니라 세계 최고이지 않습니까? 이에 대해 크루그먼은 무엇이라고 말할지 모르겠습니다.

제 개인적인 생각으론, 크루그먼 교수가 갖고 있는 한국 문화에 대한 상식은 기본적인 것을 넘지 못할 겁니다. 그래서 한국에 대해 섣불리 예단하고, 한국이 성장하지 못할 것이라는 성급한 예측을 내놓은 것 아닌가 싶습니다. 순전한 추측이지만, 한국 같은 별 볼 일 없는 나라에 무슨 문화가 있겠느냐는 서양 제국주의적인 발상이 발동한 것은 아닐까 하는 생각도 듭니다.

헌팅턴은 위와 같은 주장을 하면서, 가나에 대해서는 한국과 다른 문화를 갖고 있다고만 말할 뿐, 그것이 어떤 것인가에 대해서는 구체적으로 말하지 않았습니다. 잘은 몰라도 가나에는 유교 같은 수준 높고 정교한 사상 체계가 없다고 말하려 했던 것은 아닐까요? 이런 발상이 문화 제국주의적인 발상처럼 들릴 수도 있겠지만, 문화에는 깊이와 정교함이라는 몇 가지 면에서 분명 지역 차이가 있다고 여겨집니다.

종교를 예로 들면, 지구상에서 인도와 중근동 지역에서 나온 종교(힌두교, 불교, 기독교, 이슬람교 등)의 깊이와 섬세함을 따라갈 수 있는 종교를 배출한 지역은 아직 없다고 생각합니다. 그런 면에서 가나라는 나라는 뛰어난 정신문명이나 과학 문명을 발달시킬 수 있는 여건을 갖춘 국가로 보이지는 않습니다. 그러나 가나와 같은 나라도 다른 방면에서 인류 발전을 위해 나름대로 공헌을 할 것으로 생각됩니다.

조금 다른 맥락이지만, 문화의 중요성에 대해 헌팅턴은 대니얼 모니헌 Daniel P. Monihan이라는 사람이 주장한 다음과 같은 말을 인용합니다.

가장 핵심적인 보수의 진리는 이런 것이다. 사회의 성공을 결정짓는 것은 정치가 아니라 문화다. 정치는 문화를 바꿀 수 있으며, 그리하여 정치를 정치 자신에서 구제할 수 있다.*

헌팅턴은 이 주장이야말로 문화의 위상을 가장 멋지게 표현한 것이라고 본 것입니다. 특히 문화와 정치의 관계를 언급한 부분이 새로워서 좋

* 로렌스 E. 해리슨L. E. Harrison, 『새무얼 헌팅턴의 문화가 중요하다』(김영사), 10쪽.

습니다. 좋은 사회를 이룩하려면 정치가 아니라 좋은 문화를 수립해야 하는데, 그런 좋은 문화는 다름 아닌 정치가 만들 수 있다는 것입니다. 정치는 스스로를 구제할 수 없고, 자신이 만들어낸 훌륭한 문화에 의해서만 구제될 수 있다는 것은 매우 깊은 통찰이라 생각됩니다.

잘못된 한국인의 역사관

앞에서도 잠깐 언급을 했지만, 우리 한국인은 자국의 역사나 문화에 대해 아직도 많은 열등감을 갖고 있는 것으로 보입니다. 그렇지 않고서야, 이렇게 자국 문화에 대해 관심이 없을 수 없습니다. 그러나 다행히도 이러한 상황이 조금씩 개선되고 있으니 기대를 해봅니다만, 아직은 제성에 차지 않습니다.

한국인은 미증유의 혼란기인 조선말을 거쳐서 극악한 일제 시대를 간신히 견뎌왔습니다. 그런데 그 다음에 민족 문화를 재정비하는 시간이 있어야 했는데, 서양(미국) 문화의 유입이 너무나 급격하고 강해서 제정신을 차리지 못한 채 지금에 이르게 되었습니다. 이 어려운 세월을 지내오는 동안, 한국인은 타자로부터 의도적이든 비의도적이든 너무나 많은 질타를 받아왔습니다.

일제 시대에는 노상 한국인은 지지리도 못난 열등한 민족이라 일본의 식민지가 될 수밖에 없다는 식으로 우리의 모든 것을 부정당했습니다. 우리의 글이나 말을 쓸 수 없었고, 우리의 이름을 사용할 수 없었으며,

우리의 신이나 조상을 섬기지 못하고, 일본인의 신을 섬겨야 했습니다. 간단하게 말해서 당시의 일본인은 한국인이나 한국 문화를 이 지구 위에서 완전히 쓸어버리려 했다는 표현이 가장 정확하다 하겠습니다.

그렇게 몇 십 년을 지낸 끝에, 한국인은 이러한 생각을 스스로 내면화시켜 자신이나 자신의 문화가 정말로 열등한 것이라 굳게 믿게 되었습니다. 그래서 한국인은 스스로를 '센징鮮人'이나 '엽전' 같은 극히 자조적인 호칭으로 부르기도 했습니다.

그러다 일본이 물러가자, 그 다음에는 지구상에서 가장 강한 나라인 미국을 만나게 되었습니다. 그때부터 한국인은 미국 앞에서 완전히 주눅이 들었습니다. 게다가 우리는 미군정 치하를 3년이나 겪었습니다. 이 3년 동안 한국인은 스스로에 내재되어 있던 열등의식 혹은 자조의식을 더 발전시키게 됩니다. 그리고 한국인에게 이전에는 일본 문화가 최고였다면, 그때부터는 미국 문화가 최고가 됩니다.

여기서 우리는 자의든 타의든, 다시금 우리의 것을 송두리째 부정하게 됩니다. 다른 아시아 국가도 비슷한 운명이었지만, 한국인은 미국 문화를 만나, 역사상 최초로 가장 기본적인 생활 문화를 모두 바꾸어버렸습니다. 처음으로 고유의 옷인 한복을 벗어던졌고, 한옥이 아닌 양옥에서 살게 되었으며, 빵과 커피를 밥보다 나은 먹거리로 여기게 되었습니다. 또 종교도 미국에서 들어온 것을 신봉하는 사람의 숫자가 엄청나게 늘어났습니다. 한국인이 지난 역사 동안 이 정도로 타문화에 동화된 적은 한 번도 없었습니다. 그만큼 미국 문화의 충격이 컸습니다.

이런 식으로 미국 문화를 받아들이는 것은 많은 경우 자국 문화에 대한 부정으로 이어졌습니다. 그리고 자국 문화에 대해서 굴욕적인 패배감과 강한 열등감을 갖게 됩니다. 그래서 한국은 한국인에게 아주 별 볼일 없는 나라가 됩니다. 자랑할 게 없고, 보여줄 게 없고, 모든 게 초라하게만 느껴집니다.

이런 끝에 한국인은 자기 나라가 예로부터, 한국인이 그렇게 좋아하는 고구려는 빼고, 별 볼일 없고 형편없는 나라였다는 생각을 갖게 됩니다. 특히 조선은 중국만 섬기던 가장 비자주적인 국가였고, 유교적인 가부장제로 여성을 사정없이 억압했으며, 비인간적인 신분 차별 제도로 백성을 못살게 굴었고, 조선의 정치가들은 유례없이 치열한 당쟁이나 일삼던 아주 나쁜 왕조로 각인됩니다.

제가 여학교에 있어서 잘 아는데, 한국 여성이 조선 왕조에 대해 갖는 증오와 무관심은 대단합니다. 그런데 우리의 과거 왕조인 고구려·백제·신라와 같은 삼국이나 그 다음을 이은 고려, 그리고 조선이 그렇게 별 볼일 없는 나라였을까요? 물론 사건이나 사물이라는 것은 보는 시각에 따라 얼마든지 달라질 수 있으니, 무엇이라고 하나로 단정 지어서 말할 수는 없을 것입니다.

그러나 아무리 그렇다 치더라도 한국이 조선 중기까지는 그렇게 별 볼일 없는 나라였다고 생각되지는 않습니다. 아니 신라, 고려, (중기 이전의) 조선은 별 볼일 없는 나라가 아니라 외려 세계적인 선진국이라고 할 수 있습니다. 프레데릭 불레스텍스라는 프랑스 교수가 쓴 『착한 미개인 동양의 현자』(청년사)라는 책을 보면, 한국은 서양에서 미지의 땅이면서도 17세기까지는 세계 13대 선진국 가운데 하나로 간주되었다고 씌어 있습니다. 17세기까지면 임란 전이 되겠지요. 이런 평가가 믿기지 않습니까? 그러나 저는 이 주장에 대해 증거를 얼마든지 댈 수 있습니다. 그 증거가 너무 많아 다 댈 수 없는 지경입니다.

불필요한 문화적 열등감

우리는 지금까지 쓸데없는, 그리고 아무짝에도 소용이 안 되는 문화적인 열등감을 엄청 갖고 살고 있습니다. 반대로 말도 안 되는 우월감을 갖는 경우도 있습니다. 저는 이제는 이런 열등감을 가질 필요가 없다고 자신 있게 말하고 싶습니다. 이 책의 본문 내용을 읽다 보면 자연스럽게 그러한 열등감이 사라지게 될 테지만, 여기서는 맛보기로 본문에서 다루지 않은 예를 하나 들어볼까 합니다.

제가 이런 경우 가장 많이 드는 예는 청자나 백자와 같은 그릇입니다. 이 그릇들을 한 마디로 어떻게 정의내리면 좋을까요? 어렵게 말할 것 없이, 청자나 백자는 근대 이전까지 인류가 가졌던 그릇 가운데 가장 좋은 그릇이었습니다. 그릇의 종류는 아주 거칠게 나누어서 토기, 도기, 자기로 구분할 수 있습니다. 여기서 도기와 자기를 붙여서 도자기라고 하는 것이지요. 이 가운데 자기가 가장 우수한 그릇입니다.

자기는 고령토를 주성분으로 하는 자토磁土, 즉 카올린高嶺*으로 그릇을 빚어 1,300도의 고온에서 구워서 만든 것입니다. 자기가 왜 훌륭하다고 하는 것일까요? 여기에 대해 확실하게 답변을 하려면, 한 권의 책으로도 부족할 것입니다. 그러나 아주 간추려서 말하면, 그릇으로 가질 수 있는 아름다움과 실용성의 면에서 청자와 백자는 세계에서 가장 뛰어난 그릇이라 할 수 있습니다.

자기는 아주 단단하면서도 얇고, 그래서 가볍습니다. 그 때문에 표면의 무늬가 반투명처럼 보이기도 하고, 두드리면 경쾌하고 맑은 소리가 납니다. 단단하고 강하면서도 가볍기 때문에 실용적이라고 하는 것입니다. 한 마디로 쓰기에 편하다는 것이지요. 게다가 이렇게 구운 자기 위에 고도의 기술을 이용해서 아름다운 문양이 그려집니다. 이런 기술 가운데 고려 청자의 상감 기법이 대표적이라 하겠습니다. 대체로 이런 이유 때문에 고려 청자나 조선 백자 같은 자기가 세계에서 가장 좋은 그릇이라고 하는 것입니다.

이렇게 그릇을 아름답고 가볍게 만들어 쓰기 편하게 구울 수 있는 기술은 당시(고려 시대)로서는 중국과 한국밖에 없었습니다. 이것은 워낙 출중한 기술이라 세계 최고의 하이테크hi-tech라 할 수 있었습니다. 당시에 중국과 한국 이외의 지역에서는 우선 자기에 원료로 들어가는 자토를 발견한 나라가 없었습니다. 이 흙은 주성분이 카올리나이트라 하는 것인데, 순수한 것은 1,700도라는 엄청난 고열도 견디는 대단한 흙이라고 합니다. 운모나 석영 같은 다른 성분이 섞여 있을 때에도 1,300도 정도의

* 카올린은 고령高嶺의 중국어 발음인 '카오링'에서 나온 것입니다. 자기를 만들 때는 이 고령에서 나온 고령토를 써야 하는데, 고령이란 중국에서 가장 유명한 도자기 굽는 마을인 경덕진景德鎭 교외에 있는 산 이름입니다. 이곳에서 질이 매우 좋은 자토가 발견돼 도자기와 관한 한 이 곳이 세계적인 중심 마을이 됩니다. 더 자세한 것은 미스기 다카토시가 쓴 『동서도자교류사』(김인규 역, 눌와, 2001)를 참고 바랍니다.

고온까지 견딘다고 합니다. 자기는 무엇보다도 이 흙을 써야 하는데, 다른 나라에서는 이 흙을 못 찾았으니 자기를 만들 수 없었던 것이지요.

그 다음으로 유약 만드는 일도 쉬운 게 아니었던 모양입니다. 뒤에서 자세히 보겠지만, 유럽에서 자기를 처음으로 만드는 데 성공한 뵈트거 역시 유약 만드는 일에 아주 애를 먹었다는 보고가 있습니다. 이렇게 어렵게 만든 다음에 그릇 위에 아름다운 문양을 장식하는 것은 또 다른 어려운, 대단히 예술적인 작업이었습니다. 이런 것들이 모두 모아져 청자나 백자 같은 세계 최고의 그릇이 만들어졌던 것입니다. 이 작업을 할 수 있는 민족은 당시 중국인과 한국인밖에 없었습니다.

그러면 그릇과 관련해서 유럽인은 어떻게 하고 있었을까요? 당연히 이런 자기를 갖고 있지 않았습니다. 그런데 이런 도자기는 너무나 훌륭한 것이기 때문에, 누구나 갖고 싶어 하는 물건이었습니다. 갖고 싶지만 자기들은 만들 수 없으니, 유럽인은 수입해 쓰는 수밖에 없었지요. 그래서 당시 유럽에서는 중국의 도자기를 무진장 수입했습니다. 유럽의 귀족들이 자신의 명예나 부를 자랑하려면, 적어도 자기 저택의 한 방을 중국 도자기로 꽉 채워 넣어야 했습니다. 다시 말해, 중국 도자기는 유럽 귀족들이 신분을 과시하는 수단 가운데 하나로 간주되었던 것입니다.

그러나 언제까지 그릇을 수입할 수는 없겠지요. 수입하는 것은 비용도 많이 들고 번거로우니, 당연히 스스로 제작하고 싶었을 겁니다. 그러나 그들은 아직 청자나 백자를 만드는 흙을 찾지 못했고, 도자기 만드는 기술을 몰랐습니다. 앞에서 말한 것처럼 1,300도의 불에도 견디는 고령토를 찾지 못했고, 그것을 가지고 고도의 기술을 이용하여 여러 단계를 거쳐 수준 높은 자기로 만드는 방법을 몰랐던 것입니다.

그러다 수없이 많은 시행착오를 거듭한 끝에, 드디어 1709년 독일 작센 왕국의 수도였던 드레스덴 근교에 있는 마이센이란 도시에서, 요한 뵈트거Johan F. B1ttger라는 연금술사가 도자기 만드는 일에 성공합니다. 서양 생활사에 엄청난 일이 벌어진 것이지요. 우리의 일상생활에서 가장 중요한 것이 음식일 터인데, 그릇은 바로 이 음식을 담아 놓는 용기라는 의미에서, 그 중요성은 아무리 강조해도 지나치지 않을 겁니다.

어찌 됐든 뵈트거가 자기를 처음으로 만든 일은 서양 자기사瓷器史의 시발점을 이루게 됩니다. 서양의 도자기 기술은 그 뒤로 비약적인 발전을 거듭해, 이젠 세계 시장을 석권하고 있습니다. 그 결과 지금 우리는 서양 그릇을 많이 사용하게 되었습니다. 우리가 일상에서 쓰는 그릇은 대부분 서양의 기술로 만든 것입니다. 그러나 잊어서는 안 될 것이 있습니다. 지금은 우리가 이렇게 서양의 기술로 만든 그릇을 쓰고 있지만, 그 기술의 원천은 동양 혹은 좁혀서 중국 그리고 한국이라는 것을.

예를 들어볼까요. 세계적으로 비싼 그릇 가운데는 덴마크에서 만든 로열 코펜하겐이라는 브랜드가 있습니다. 이 그릇의 문양을 볼까요? 이 문양은 청화백자 꽃무늬인데, 이 문양이 중국에서 기원한다는 것을 아는 이는 많지 않습니다. 물론 자기 만드는 기술도 전적으로 중국에서 유래한 것입니다. 지금의 사정이 어떻든 이런 최고급 그릇을 우리는 고려조, 그러니까 12세기나 13세기부터 만들어 사용했습니다.

고려조에 한국인은 그릇만 청자를 사용한 것이 아니라, 생활 물품 가운데 많은 것을 청자로 만들어 썼습니다. 청자를 하도 많이 만들다 보니까, 나중에는 기와까지 청자로 만들어 썼습니다. 물론 이런 경우는 왕궁처럼 특별한 건물에 해당되는 것이지만, 사정이 어찌 됐든 건물 기와에까지 청자를 썼다는 것은 대단한 일입니다.

유럽은 어땠습니까? 지금 말씀드린 대로 유럽은 18세기 초엽에 와서야 이런 그릇을 만들 수 있지 않았습니까? 이런 예는 청자 외에도 부지기수로 있습니다. 그런데 왜 우리 한국인은 우리가 문화적으로 항상 서양에 뒤져 있었고, 지금도 계속 뒤져 있다고 생각하는 것일까요?

우리가 서양에 뒤진 것은, 그네들이 과학 문명과 산업 문명을 일으킨 때부터이니까, 불과 2~3백 년 정도밖에는 되지 않습니다. 그 정도의 세월을 가지고 열등감을 가지는 것은 억울한 일입니다. 이 상황은 얼마든지 다시 뒤집힐 수 있기 때문입니다.

저는 이 책에서 문기와 관련해서 한국인이 생산한 문물 가운데 가장 대표적인 것 몇 가지만 골라서 살펴보고자 합니다. 대표적인 것 몇 가지만 보아도, 그 문화의 수준을 가늠할 수 있기 때문입니다. 부분을 통해 전체를 보려는 것이지요. 사실 전체 문화 가운데 일정 부분이 아니라 한 가지만 보아도 그 문화의 전체적인 수준을 판단할 수 있습니다.

예를 들어 어떤 시대에 최상의 예술품이 하나라도 나왔다면, 그것은 당시의 문화적 수준이 그 정도의 수준까지 올라가 있다는 것을 의미합니다. 문화란 거짓말을 하지도 않고, 할 수도 없습니다. 한 사회의 문화 수준이 그다지 높지 않은데, 갑자기 훌륭한 예술품이 나올 수는 없는 일입니다. 어떤 문화건 그 이상도 그 이하도 아닌 현재 그 문화가 처한 수준

의 작품만을 배출할 수 있을 뿐입니다. 어떤 나라의 문화가 전반적으로
바닥을 헤매고 있다면, 그런 문화에서는 최고의 예술품이 나올 수 없습
니다. 그 반대도 마찬가지입니다.

예를 들어볼까요. 지금 우리가 접할 수 있는 백제의 유물은 별로 없습
니다. 그러나 1993년 발견된 금동향로를 보면, 당시 백제의 전반적인 문
화 수준이 그 향로의 수준만큼 올라와 있었을 것이라고 추정할 수 있습
니다. 전체적인 문화가 별 볼 일 없는데, 그런 세계적인 작품이 나올 수
없기 때문입니다. 금동향로처럼 세계 최고 수준의 작품을 만들 수 있었
기에, 백제인은 지금 일본 교토京都의 광륭사廣隆寺에 있는 미륵반가사유
상과 같은 절세의 예술품을 만들었던 것입니다. 그래서 우리가 백제 문
화를 잘 알지 못하더라도, 그런 소수의 유물을 보고서 백제 문화의 수준
을 짐작할 수 있는 것입니다.

이제부터 한국 문화 가운데 문기와 관련된 유물들을 살펴보기로 하겠
습니다. 우리는 이 유물들을 통해 우리의 전통 문화가 지니고 있던 전반
적인 수준을 가늠할 수 있을 것입니다. 그런데 우리가 한국 문화에 내재
되어 있는 문기를 알기 위해 중점적으로 검토하고자 하는 것은, 조금 전
에 본 그릇과 같은 하드웨어에 관한 것이 아닙니다.

이 책에서 집중적으로 다룰 것은 주로 책과 관련된 것입니다. 나중에
자세하게 보겠습니다만, 책은 문화에서 가장 중요한 상징으로 간주됩니
다. 아니, 상징에 그치는 것이 아니라, 책이 바로 문화 그 자체라고 보아
도 되겠습니다. 우리 조상이 그런 책을 중시했다는 것은, 그만큼 문기적

인 문화를 중시했다는 것을 뜻합니다. 이제 책이 중심이 되는 우리 문화
순례로 들어가도록 하겠습니다.

글차례

문화의 최고 상징인
책을 사랑한 사람들

조선의 천재 화가 김홍도가 그린
『단원풍속도첩』 가운데 '서당도'이다.
국립중앙박물관 소장.

저는 앞에서 상층 문화의 요소를 문기로 통칭해서 설명하겠다고 했습니다. 그런데 문기라는 단어가 신기처럼 가슴에 확실하게 와 닿는 느낌이 들지는 않지요? 이것은 일상생활 속에서 신기라는 단어는 많이 쓰지만, 문기라는 단어는 거의 쓰지 않기 때문일 것입니다. 또 한국인이 신기에 관해서는 아직도 다른 어떤 민족보다도 자신을 갖고 있지만, 문기에 관해서는 먼 과거의 일처럼 망각하고 있어 생긴 현상일 수도 있겠습니다.

그래서 저는 문기라는 말을 좀더 구체적으로 표현할 수 있는 말을 생각해 보았습니다. 그랬더니 우리 조상들이 간직했던 한없이 드높은 문기는 모두 책과 관련되어 있는 것임을 알 수 있었습니다. 우리 민족이 만들어 낸 세계 최고最古의 금속 활자 인쇄본인 『직지심체요절』이 책인 것은 말할 것도 없습니다. 또 『조선왕조실록』이나 『승정원일기』 역시 책이지요? 그런가 하면 한글은 책에 적는 문자를 말합니다. 이 외에도 문기를 나타내는 것으로는 『고려대장경』이나 『다라니 경문』 등이 있는데, 이 모든 것이 책과 관련되어 있다는 것은 누구나 알 수 있습니다.

책이 무엇입니까? 단도직입적으로 말해 인간의 문화를 설명할 때 책을 제외하면 과연 설명이 가능할까요? 인간에게는 동물과 다른 점이 여럿 있는데, 그 가운데 가장 대표적인 것을 들라고 하면 인간만이 문화를 가지고 있다는 것입니다. 인간만이 문화를 가질 수 있는 것은 인간에게만이 문자(그리고 언어)가 있기 때문입니다.* 인간은 언어를 가지고 매우 정

---

* 인간만이 언어를 갖고 있다는 문제에 대해서는 논란이 있을 수 있습니다. 이 자리는 그런 복잡한 문제를 다루는 지면이 아니므로 관심이 있는 독자는 저의 다른 책 『종교를 넘어선 종교』를 참고하면 좋겠습니다.

교한 의사소통을 할 수 있을 뿐만이 아니라, 그것을 남길 수도 있습니다. 동물들도 일차적인 차원에서는 의사소통을 할 수 있겠지만 그것을 축적하지는 못합니다. 그들에게는 문자가 없기 때문입니다.

인간은 문자를 발명했기 때문에 그것을 가지고 기록을 남겨 문화를 발전시킬 수 있었습니다. 인간의 종족 가운데 어떤 종족은 문자 시스템이 없는 경우가 있는데, 그럴 경우 그들의 문화는 그들이 멸망할 때 같이 멸종되고 만 경우가 대부분이었습니다. 축적될 수 없었기 때문이지요. 축적되지 않는 정도가 아니라 아예 인류의 역사(기억) 속에서 사라지는 경우도 있습니다.

그 대표적인 예가 흉노족입니다. 흉노匈奴란 이름은 중국인이 지은 것이라 무시무시하고 거슬리기는 하지만, 흉노족 자신이 문자를 써서 자기 부족의 이름을 규정하지 않았으니, 어쩔 수 없이 중국인이 지은 이름을 쓸 수밖에 없습니다. 문자가 없었던 터라 그들은 자신들의 이름마저 남기지 못한 것입니다.

흉노가 어떤 부족입니까? 중국을 오래도록 괴롭혔을 정도로 강성했을 뿐만 아니라, 막강한 부에 힘입어 나름대로 훌륭한 문화를 이룩한 부족 혹은 나라가 아니었던가요? 그들이라고 왜 문화가 없었겠습니까? 문화가 없고서야 세계 최고 강대국인 중국을 그렇게 오랫동안 괴롭힐 수 있었겠습니까? 중국을 괴롭혔으니 매우 큰 나라이고 큰 나라라면 나름대로의 문화가 없었을 리 없습니다.

그런데 왜 우리는 흉노에 대해서 잘 모르고 있는 것일까요? 이유는 뻔합니다. 문자가 없어서 자신들의 일을 기록으로 남기지 못했기 때문입니다. 어떤 사안이나 사물이 어떤 형태로든 기록으로 남아 있지 않으면, 그것은 없는 것이나 다름없는 것입니다. 그런데 우리 한국은 이런 흉노의 예와는 완전히 반대의 길을 갔습니다. 언어와 문자와 책, 그리고 이것들이 결집된 것을 문화의 축적이라고 할 때, 한국은 이 방면에서 인류 역사상 특출한 국가라고 하겠습니다.

경이로운 인쇄 문화를 지닌 사람들

요즘은 컴퓨터와 인터넷 세상이 되어, 사람이 아무래도 책을 멀리하게 됩니다. 한국은 IT 강국이라 그런지, 현란하게 발달한 인터넷 환경에 익숙한 우리 한국인은 이런 환경 때문에 책을 더 안 읽는 것 같습니다. 기업인 가운데 제가 가장 자주 보는 사람은 출판인인데, 그들은 이구동성으로 한국 사람들이 책을 안 봐도 너무 안 본다고 하면서 쌓인 불만이 산을 찌를 듯합니다.

그러면 제가 묻지요. 우리 한국인이 그렇게 책을 안 보는데, 어째 출판사는 자꾸 늘어나는가 하고 말입니다. 그리고 그 많은 출판사는 하루가 멀다 하고 책을 찍어댑니다. 서점을 가보십시오. 책이 그렇게 안 팔려도 신간이 넘쳐흐릅니다. 이런 일이 어떻게 생기게 되었을까요? 물론 여러 이유가 있겠지만, 그 주요한 이유 가운데 하나는 한국인은 원래 책을, 혹은 배움을 극히 소중하게 생각하는 사람들이었다는 점을 들 수 있겠습니다.

지금은 사정이 조금 다르지만, 옛날에는 한국 하면 그야말로 책의 왕국이었습니다. 이런 정황을 극적으로 보여주는 사건은 1866년의 병인양요였습니다. 중국 주둔 프랑스 함대 사령관이던 로즈Pierre Gustave Roze 제독은 강화도를 습격하고 외규장각 도서를 약탈해 갔습니다. 이때 그의 부하였던 주베르Joubert라는 프랑스군 해군 장교는 다음과 같이 말했다고 합니다.

"이곳에서 감탄할 수밖에 없고 우리의 자존심을 상하게 하는 것은, 아무리 가난한 집이라 해도 어디든지 책이 있다는 사실이다."*

외규장각의 면모에 대한 것은 주베르 외에도 앙리 주앙Henry Jouan이라는 사람이 남긴 글에서도 발견됩니다. 이 사람의 글에는 외규장각에 대해서 훨씬 더 자세하게 나와 있습니다. 우선 외규장각에는 수천 권의 책이 있었다고 합니다. 병인양요 당시 그와 동료들은 이 책들의 인쇄 상태에 감탄했습니다. 또 양피지처럼 보이는 종이나 접합 장식, 그리고 고리, 구리로 된 모퉁이 장식 등이 매우 훌륭하다는 보고를 남기고 있습니다.

프랑스 군대는 이 책들을 모두 목록으로 만든 뒤, 현재 프랑스 국립도서관의 전신인 황제도서관으로 보냅니다. 좋게 표현해서 보낸 것이지 사실은 약탈한 것이지요. 이렇게 훔쳐가 놓곤 그동안 아무 말 없다가, 몇 년 전에 고속철 사업권을 따내느라 프랑스 정부가 그 책에 대해 거론하기 시작한 것을 다 기억하실 겁니다.

그때 수백 권의 책 가운데 『의궤儀軌』 한 권을 주는 척 하다 한바탕 쇼만 하고 말았습니다. 아마 이 책들은 일단 당분간은 돌려받기가 그른 것 같습니다. 돌려받기는커녕, 우리나라 방송사가 다큐멘터리를 찍기 위해 파리에 가서 잠깐 이 책들을 보자고 했을 때, 그것조차 거절했다고 합니다. 그러니 언제 이 책들이 우리 손으로 다시 돌아올지는 미지수입니다.

이럴 때마다 저는 프랑스가 과연 문화국인가 하고 한번 되새겨봅니다. 우리가 나중에 보게 될 『직지심체요절』은 분명 그들이 돈을 주고 산 것이

---

* 신병주, "『승정원 일기』—왕의 숨결까지 놓치지 않은 기록," 『유네스코가 보호하는 우리 문화유산 열두가지』(최준식 외 지음, 시공사), 249쪽.

기 때문에, 이것까지 돌려달라고 하지는 않습니다. 오히려 우리 책을 지금까지 잘 보관해 준 데 대해 감사해야겠죠. 하지만 이 외규장각 『의궤』는 훔쳐간 것이니 돌려주어야 할 텐데, 그럴 기미가 전혀 안 보이니 안타깝기만 합니다.

세계 최초의 금속 활자 인쇄본,
『직지심체요절』

『직지심체요절』의 간기.
1377년(선광 7년) 청주 흥덕사에서
주자하여 찍어냈다는 기록이 선명하다.
프랑스국립도서관 소장.

우리 조상은 앞에서 본 바와 같이 책과 깊은 인연을 맺고 있었습니다. 그래서 그런지 우리의 조상은 책과 관련해서 세계적으로 경이로운 기록을 많이 가지고 있습니다. 그 가운데 가장 먼저 보고 싶은 것은 세계에서 가장 오래 된 금속 활자로 찍은 책, 즉 종종 '직지심경'이라는 잘못된 이름으로 불리고 있는 『직지심체요절』(여기서부터는 줄여서 『직지』)입니다.*

1377년에 간행된 이 책이 다른 모든 책을 젖히고 금속 활자로 찍은 최초의 책이라는 것은 아닙니다. 다만 현재 남아 있는 금속 활자 인쇄본 가운데 가장 오래 된 책이라는 것입니다. 당시 고려는 앞에서 본 청자의 예에서 알 수 있듯이, 대단히 선진화된 문화를 가진 나라였습니다. 따라서 세계 어느 나라보다도 금속 활자를 먼저 개발하게 됩니다. 금속 활자에 관한 한 고려는 중국보다도 앞서 갔는데, 고려에서 금속 활자가 개발되는 것은 대체로 13세기 초로 잡습니다. 이에 비해 고려보다 앞선 혹은 매우 다양한 문명을 자랑하던 중국은 15세기 말이 되어서야 금속 활자를 본격적으로 사용하게 됩니다.

그러나 오해하면 안 될 게, 중국이 기술력이 부족해 금속 활자를 고려보다 늦게 발명 혹은 사용한 것으로 생각해서는 안 된다는 것입니다. 중국은 거대한 나라라 인쇄 부문에서도 수요가 많아 다량으로 생산할 수

---

* 불교 관련 서적 가운데 '경'이라는 제목을 붙일 수 있는 것은 붓다의 말씀을 기록한 책에만 가능한 일입니다. 『직지』는 고려의 스님인 백운 화상이 쓴 책이기 때문에 '경'이라는 이름으로 불릴 수 없습니다.

있는 목판술을 선호했습니다. 때문에 소량밖에는 찍을 수 없는 금속 활자 인쇄술의 개발에는 힘을 기울이지 않았고, 그 탓에 금속 활자가 늦게 발달한 것으로 보입니다.

문헌상으로만 보면, 고려에서 금속 활자를 이용하여 최초로 인쇄한 기록이 두 군데서 보입니다. 그 첫 번째 것은 『남명천화상송증도가南明泉和尙頌證道歌』라는 책으로 풀어서 보면, '남명천이라는 스님이 깨친 다음에 남긴 시와 같은 글'을 말합니다. 이 문헌은 1239년에 목판으로 간행한 것이 남아 있습니다. 이 목판본을 보면, 이 문헌은 원래 금속 활자로 인쇄한 것이었는데, 목판으로 다시 인쇄한다고 씌어 있습니다. 이 기록을 통해 보면, 1239년 이전에 이미 금속 활자로 인쇄하는 일이 벌어지고 있음을 알 수 있습니다. 그렇게 되면 이 책은 1377년에 인쇄된 『직지』보다 약 150년 이전에 인쇄한 것이 됩니다.

이 책 다음으로 볼 책은, 여러분이 국사 시간에 많이 접했을 『상정고금예문詳定古今禮文』이라는 책입니다. 이 책은 고려 인종 때 최윤의崔允儀라는 관리가 왕명으로 당시까지 있던 예문禮文을 모아 만든 책이라고 하지요. 이 책은 다 아는 것처럼 전해지지 않고 있는데, 단지 고려의 유명한 문신이던 이규보李奎報가 자신의 저서인 『동국이상국집東國李相國集』에서 인용하고 있어 알게 된 책입니다. 이 책의 제목을 풀면, 동국 즉 고려의 이씨 성을 가진 재상(상국相國은 정승이나 재상을 뜻합니다)이 쓴 글을 모은 책 정도가 되겠지요. 이규보의 책은 1241년에 간행되었는데, 이것을 토대로 학자들은 대개 이 『상정예문』이 1234년에 출간된 것으로 고증하고 있습니다.*

그러나 사정이 어떻든 앞의 두 책은 전하지 않으니, 이 책들이 최초의 금속 활자 인쇄본이라는 사실을 공식적으로 인정받을 수 없었습니다. 세계 학계에 대고 우리들이 아무리 뭐라고 해도 해당 실물이 없으니 구텐베르크의 활자에 밀릴 수밖에 없는 것이지요.

게다가 제 개인적인 추론일지 모르지만, 금속 활자를 인류 최초로 발명한 국가가 중국이나 일본처럼 대국 혹은 선진국이었다면 그래도 인정을 받았을지 모르지만, 당시에는 제3세계 국가 가운데 하나에 불과한 한국이 주인공이었으니 구미 사람이 그것을 인정하기 싫었을지도 모릅니다.

이것은 공연히 추측하는 게 아닙니다. 『직지』가 만천하에 공개되어 이제는 공식적으로 한국이 세계 최초의 금속 활자 발명국이라는 사실이 인정되었는데도, 구텐베르크의 모국인 독일에서는 아직도 그것을 잘 모르고 있을 뿐만 아니라, 여전히 구텐베르크가 금속 활자의 최초 발명가라고 생각하고 있기 때문입니다. 이 이야기는 제가 실크로드 문화 교섭사에 관한 한, 한국 최고의 권위인 정수일 선생께 직접 들은 이야기입니다.

선생이 독일에 갔을 때 이 문제를 가지고 독일 학자들과 토론을 했는데, 그쪽 학자들이 여간해서 이 사실을 인정하지 않으려 해서 간신히 설득시켰다고 하시더군요. 또 2005년 프랑크푸르트에서 열린 세계적인 책 박람회인 북페어에서도 사정은 마찬가지였다고 합니다. 당시 우리나라가 주빈국이 되어 행사를 벌였는데, 그때에도 많은 독일인들이 한국이

---

* 최근 연구에 의하면, 이 책들에 사용된 금속 활자보다 더 오래 된 활자가 있다고 합니다. 현재 국립중앙박물관에 하나밖에 없는 고려의 금속 활자인 '복' 자 활자가 그것인데 이 활자는 학자들의 고증에 의하면 12세기에 만들어진 것이라고 합니다.

1239년(고종 26년) 출간된
『남명천화상송증도가』.
권말에 금속 활자본을 목판본으로
다시 만들었다는 기록이 붙어 있다.

금속 활자의 최초 발명국이라는 사실을 처음 접하고 매우 놀라워했다고 언론들은 전했습니다.

일이 이렇게 된 데에는, 나름의 사정이 있을 수 있겠습니다. 우리의 『직지』가 세계 최초의 금속 활자 인쇄본으로 인정받은 것이 상당히 근자의 일이라, 이 사실에 익숙하지 않은 서양인들이 『직지』를 알지 못할 가능성이 있을 수 있습니다. 그러나 이렇게 명약관화한 사실을 학자들마저 도외시하는 것은 의아스럽기 짝이 없는 일이라 하겠습니다. 어쩌면 자기 나라가 금속 활자의 최초 발명국이라는 사실을 부정당하는 것이 싫은 것은 아닐까? 이렇게도 생각해 봅니다.

그럼 『직지』가 언제 세계 최고의 금속 활자 인쇄본 자리에 등극했을까요? 이것은 우리 정부의 공이 아니라 순전히 나라를 위하는 마음을 가진 한 개인의 헌신적인 노력 덕에 가능한 것이었습니다. 이 책이 세상에 나올 수 있었던 것은 전적으로 프랑스 파리의 국립도서관에서 지금도 일하고 계신 박병선 박사님의 공입니다.

여성이신 박사님은 2007년 현재 78세이니 상당히 연로하신 분입니다. 저는 이 분에 대해 이미 알고 있었는데, 마침 최근에 「중앙일보」(2007년 1월 8일 자 28면)에 박사님에 대한 기사가 나서 더 자세하게 소개할 수 있게 되었습니다.

박사님이 프랑스로 유학을 떠나신 게 1955년이라니까, 선진 학문에 일찍 깨신 분이셨습니다. 서울대 사범대에서 역사를 전공한 박사님이 유학을 가면서 당시 한국사에 관한 한 최고의 권위였던 두계 이병도 선생을 찾아간 모양입니다. 그때 두계 선생은 '병인양요 때 프랑스 군이 약탈해 간 의궤들을 찾아보라'고 권했다고 합니다. 박 박사님은 스승의 이 말씀을 계속 염두에 두고 계셨습니다. 그러다가 박사님은 1967년 프랑스 국립도서관에서 임시직으로 일해보라는 제안을 받습니다.

그때 박사님은 연구차 그 도서관에 자주 가셨다고 하는데, 동양 학생이 노상 찾아와 책을 많이 빌리니 도서관 측에서 그런 제안을 하게 된 모양입니다. 임시직이었지만 두계 선생의 가르침을 실현할 수 있다고 생각해, 박사님은 그 제안을 받아들여 일하게 됐습니다. 그러던 중 박사님은 1978년 드디어 도서관 한 구석에서 외규장각의 『의궤』를 발견하게 됩니다.

또 중국의 고서를 정리하던 중 박사님은 역사적인 『직지』를 발견하게 됩니다. 뿐만 아니라 이 책의 맨 뒷장에서 이 책이 고려의 백운화상이 집필하고, 1377년 청주 흥덕사에서 금속 활자로 인쇄되었다는 기록인 간기刊記를 발견합니다. 이 책이 중국 책이 아니라 고려 것이라는 사실을 발견한 겁니다. 그야말로 하늘이 놀라고 땅이 요동을 치는, 이른바 경천동지驚天動地할 발견을 하신 겁니다. 당시 그 도서관의 프랑스 직원들은 동북아의 고문헌에 대해서 정확하게는 모른 것이지요. 우리나라 책을 중국 문헌에 포함시켜 놓았으니 말입니다.

연대로 따지면 박사님이 이 책을 발견한 것은 1960년대 말기라고 합니다.* 이때부터 박사님은 이 책이 정말로 금속 활자로 인쇄된 것이라는 것을 밝히기 위해 온갖 노력을 기울입니다. 유럽인은 실증적인 것을 중

---

* 라경준(2002), "『백운화상초록 불조직지심체요절』 프랑스에 억류된 한국의 보물," 『유네스코가 보호하는 우리 문화유산 열두 가지』를 참조.

요시하기 때문에, 책의 간기에 나오는 기록만으로는 이 책이 금속 활자 인쇄본이라는 것을 증명하기가 쉽지 않았습니다. 하기야 이런 기록은 얼마든지 거짓으로 만들어낼 수 있으니 믿기 힘들 수도 있습니다.

박사님은 금속 활자 전공이 아니었기 때문에, 그때부터 한국에다가 금속 관련 연구 업적들을 보내 달래기도 하고, 유럽에 있는 문헌을 뒤져 연구를 시작합니다. 당시 이 주제에 관해 연구한 학자는 거의 없었다고 합니다. 사정이 이렇게 되니 할 수 없다 싶었던 박사님은 당신 스스로 금속 활자를 만듭니다. 지우개나 무 등을 파서 직접 금속 활자를 만들었는데, 이러는 과정에서 불이 나기도 하는 등 나름대로 많은 어려움을 겪으셨다고 합니다. 그런 고된 과정을 거쳐 박사님은 드디어 납 활자를 만들어내는 데 성공했고, 그것을 토대로 금속 활자 인쇄본이 목판본과 어떻게 다른가를 밝혀냅니다.

그럼 박병선 박사님은 어떻게 『직지』가 금속 활자 인쇄본이라는 것을 증명하신 걸까요? 이를 알기 위해서는 금속 활자 인쇄본과 목판 인쇄본이 어떻게 다른가를 알아야 합니다.

이 두 인쇄본의 차이에 대해서는 많은 연구가 있고, 그런 까닭에 그 비교하는 방법이 나름대로 복잡합니다. 여기는 그것을 전문적으로 보는 자리가 아니기 때문에 골자만 골라서 보겠습니다. 여러분은 금속 활자 인쇄본과 목판본을 상상하면서 비교해 보시기 바랍니다.

우선 글자 문제입니다. 금속 활자 인쇄본을 보면 똑같이 생긴 글자가 여러 번 나올 수 있습니다만, 목판본에서는 완전히 똑같이 생긴 글자가 나오지 않습니다. 이것은 생각해 보면 금세 알 수 있습니다. 금속 활자본은 한 활자가 같은 면에서는 두 번 쓰일 수 없지만, 같은 활자를 여러 번 쓸 수 있기 때문에 다른 면에서는 다시 쓰일 수 있습니다. 반면 목판본은 항상 새로 새겨야 하니까, 아무리 같은 사람이 새겨도 아주 조금씩은 글자가 달라질 수 있습니다. 그래서 같은 면에 같은 글자가 나와도 조금씩 달라질 수 있을 것입니다.

그 다음은 글자의 행입니다. 금속 활자본은 활판에 활자를 고정시켜 인쇄하기 때문에 찍을 때 힘을 가하다 보면 글자 행이 비뚤어질 수 있습니다. 게다가 글자가 옆으로 비스듬히 기울어질 수도 있습니다. 이런 일이 목판에서는 일어날 수 없겠지요. 글자가 아예 판에 새겨져 있으니 비뚤어지고 기울어질 일이 없는 것입니다.

게다가 『직지』를 보면 일日 자나 일一 자가 거꾸로 식자된 경우도 있다고 하고, 어떤 글자는 아예 탈락한 경우도 발견된다고 합니다. 거꾸로 식자된 것은 활자를 거꾸로 넣은 것이겠지요. 이런 사례를 통해 우리는 『직지』가 틀림없이 금속 활자 인쇄본이라는 것을 확신할 수 있습니다.

그 다음에는 칼자국에 관한 것입니다. 금속 활자본은 칼로 조각해 만든 것이 아니라 주조해서 만든 것이기 때문에, 칼자국이 나올 리 만무합니다. 반면 목판본은 명확하게 칼자국이 남거나 혹은 나무를 판 것이라 나무결이 나타나는 경우가 있습니다. 이런 것들이 금속 활자본에는 나올 수 없습니다.

그리고 금속 활자본에는 목판본에서는 발견되지 않는 금속 찌꺼기라 할 수 있는 '너덜이'가 활자 가장자리에 나타나는 경우가 있습니다. 주조할 때 완벽하게 처리되지 않아 활자 옆에 찌꺼기가 너덜너덜하게 남은 것입니다. 이런 것은 목판본에서는 있을 수가 없겠지요.

그리고 금속 활자본의 경우에는 오래 사용한 활자로 인쇄를 하면 글자의 획이 가늘어질 수 있는 반면, 목판본에서는 아예 글자 획이 떨어져 나갈 수 있다고 합니다. 목판은 나무로 만든 것이라 부분적으로 떨어져나갈 수 있는 모양입니다.

마지막으로 검토해 보고 싶은 것은 인쇄된 상태입니다. 금속 활자본은 일반적으로 묵색墨色이 진하지 않고 묵색의 농도도 차이가 많이 난다고 합니다. 그러니까 잉크처럼 바른 묵이 옅게 묻혀져 전반적으로 흐리게 나온다는 것입니다. 그리고 그 농도 역시 동일하게 조절할 수 없어 같은 면에서도 차이가 난다는 것이지요. 그런가 하면 반점斑點이 나타나는 경우도 많다고 합니다. 종이에 잉크가 고르고 선연鮮然하게 인쇄되는 것은 초기에는 쉽지 않은 기술이었다고 합니다.

뒤에서도 보겠지만, 유럽에서 금속 활자 인쇄술을 제일 처음 개발한 구텐베르크도 이 문제에 봉착합니다. 그는 이 문제를 해결하기 위해 아주 훌륭한 방법을 고안해 냅니다. 즉 활판을 더 강하게 내리눌러 종이에 인쇄해야 선명하게 되는데, 이를 위해 그는 포도주를 만들 때 쓰는 포도 압착기를 사용했습니다. 이 점은 나중에 다시 보기로 합니다.

어떻든 우리나라에서는 이 기술이 그다지 발달하지 않아 인쇄 상태가 목판본처럼 깨끗하게 나오지는 않았습니다. 그러나 한국에서 사용한 종이는 유럽 것보다 훨씬 좋은 것이었기 때문에, 구텐베르크처럼 포도압착기까지 사용할 필요가 없었던 것 같습니다.

좌우간 박사님께서는 위의 것들을 참조해서 드디어 『직지』가 순전히 금속 활자로 인쇄된 책이라는 것을 밝히는 데에 성공합니다. 그러면 박사님은 이 사실을 언제 공식적으로 공표했던 것일까요? 이 사실이 세상에 정식으로 공표된 것은 1972년이었는데, 이 해는 유네스코가 "세계 책의 해"로 정한 해였습니다. 이때 파리에 본부를 두고 있던 유네스코에서는 파리의 여러 기관에서 기념하는 행사를 했는데 프랑스 국립도서관에서는 세계의 고서를 모아 "책(불어로는 Livre)"이라는 주제로 전시회를 개최하였습니다. 그때의 대회 표어는 "International Book Year"였다고 합니다.

박사님은 이 전시회에서 한국의 『직지』가 세계 최고最古의 금속 활자 인쇄본이라는 사실을 만천하에 공식적으로 발표했고, 그 이후로 세계문화사의 큰 획이 바뀌게 됩니다. 그때까지는 구텐베르크의 금속 활자 인쇄본이 세계에서 가장 오래된 것으로 인정되었는데, 우리가 그 자리를 대신 꿰차고 들어간 것입니다. 현재 이 책은 프랑스 국립도서관의 귀중본으로 분류되어 동양문헌실 금고에 잘 보관되어 있다고 합니다. 세계적인 보물이니만큼 그들도 보관에 신경을 많이 쓸 것으로 생각됩니다.

청주 흥덕사 터에 세워진 고인쇄박물관에서 학예연구원으로 재직한 라경준 박사는 이 『직지』 원본을 본 소수의 한국인 가운데 한 사람인데, 보존 상태가 아주 좋고 도서관 직원들도 이 책에 대해 많은 애정을 갖고 있다고 보고하고 있습니다. 이 책은 한국에 1972년 12월에 사진본이 소개되어 그제야 한국인도 이 사실을 확실하게 알게 됩니다.

사실은 이 책이 1972년에 처음으로 공표된 것은 아닙니다. 이보다 훨씬 더 일찍 공식적으로 소개된 적이 있습니다. 원래 이 책은 19세기 말에서 20세기 초까지 한국에서 프랑스 공사를 지냈던 콜랭 드 플랑시Collin de Plancy가 수집하여 본국으로 보낸 것입니다. 그는 두 차례 서울에 머물 었는데, 그 두 번째인 1896년과 1902년 사이에 책을 수집한 것으로 추정됩니다. 정확히는 적어도 1900년 이전입니다.

그때 그가 입수한 것은 상하로 되어 있는 전권이 아니라 하권만이었고, 그것도 첫째 장은 뜯어져나간 상태였다고 합니다. 플랑시는 자신이 이렇게 수집한 책에 대해 자기 밑에서 서기관으로 있던 모리스 쿠랑 Maurice Courand에게 서지 목록을 만들게 합니다. 쿠랑의 이 목록은 진즉에 한국어로 번역되어 있습니다. 외교관들이 이런 일을 한 것을 보면, 당시 프랑스가 매우 문화가 높았다는 것을 알 수 있습니다.

어떻든 이 책은 한 골동품상을 거쳐, 결국 1950년에 파리 국립도서관에 기증되어 현재까지 그곳에 보관되어 있습니다. 앞에서 제가 이 책이 잠깐 세상에 나온 적이 있다고 했지요? 그것은 1900년에 파리에서 열린 세계만국박람회 때라고 합니다. 그런데 당시에는 별로 주목을 받지 못한 모양입니다. 이 책이 세계적인 주목을 받게 되는 것은 앞에서 말한 것처럼 1972년으로, 박병선 박사께서 세상에 알리기까지 기다려야 했습니다.

이상한 것은 이미 모리스 쿠랑이 이 책에 대해 자신의 서지에서 "주조된 활자로 인쇄되었다고 알려진 것 가운데 가장 오래된 한국 인쇄본이다"라고 밝혔는데, 그동안 이런 기념비적인 책에 대해 왜 주목하지 않았는지 잘 모르겠습니다. 좌우간 이렇게 해서 위대한 우리의 책은 세상에 공표되었습니다. 그러면 이 『직지』는 어떤 책이고 그 의미는 어떤 것일까요?

『직지』란 어떤 책?

『직지』의 원래 제목은 "백운화상초록白雲和尙抄錄 불조직지심체요절 佛祖直指心體要節"로 되어 있으니 상당히 깁니다. 이 가운데 '직지심체요절' 이라는 것은 중국에 본래 있던 책의 제목입니다. 사실 이 제목을 풀면, 불교 선종의 깊은 가르침이 거의 드러납니다.

이 가운데 가장 중요한 것은 '직지심체'입니다. 선종을 보면 중요한 슬로건 네 개가 있지요? '불립문자不立文字,' '교외별전敎外別傳,' '직지인 심直指人心,' '견성성불見性成佛'이라는 것이 그것입니다. 이 가운데 직지 심체直指心體는 세 번째의 것과 같은 것입니다. 사실은 이 네 슬로건 가운데 세 번째인 직지인심이 설명하기가 가장 어렵습니다. 불교에서 말하는 가장 깊은 마음, 즉 심체心體는 객관화할 수 없는 마음을 말합니다. 통상이 마음을 가장 깊은 마음이라고 하는데, 그보다는 생각하지 않고 주체적으로 아는 마음이라고 보는 게 더 정확합니다.

여전히 어렵지요? 그냥 간단하게 말하면 불성이라고 해도 됩니다. 이 책은 붓다나 그 뒤의 큰 스님들이 근본 마음인 불성에 대해 말한 것을 간추려 정리한 것입니다. 그래서 요절要節이라고 하는 것이죠. '백운화상초록'이라고 맨 앞에 붙어 있는 게 있지요? 이것은 고려 때 스님인 백운 화상이 중요한 것들만 추려서 작성했다는 뜻입니다.

백운 스님(1298~1374년)은 고려 말에 타락한 불교의 정화를 위해 진력한 스님으로 알려져 있습니다. 고려 말에 무섭게 타락한 불교를 치유하려 했던 세 명의 큰 스님이 있습니다. 백운, 나옹, 태고가 그들입니다. 특히 백운 스님은 사상적인 면에서 많은 공적을 쌓게 됩니다. 이 책이 편집된 것도 그런 취지였을 것입니다. 스님은 중국에 가서 석옥이라는 스님에게서 직접 법을 전수받는데, 앞에서 언급한 '불조직지심체요절'이라는 책은 바로 이 스님에서 받은 것이라고 합니다.

백운 스님은 스승에게 받은 이 책을 중심으로 해서 다른 책에서 인용한 내용을 덧붙여 자신의 책을 만듭니다. 그런데 이 책은 백운 자신이 쓴 것이기는 하지만, 출간은 스님이 타계한 뒤에 제자들이 맡게 됩니다. 정확한 연도로 보면, 백운 스님은 돌아가시기 2년 전인 1372년에 원고를 완성합니다. 그러나 정작 이 원고가 출간되는 것은 그로부터 5년 뒤인 역사적인 1377년이 됩니다. 스님의 제자들이 스승의 뜻을 기리기 위해 만들게 되는데, 출간한 곳은 지금은 고인쇄박물관이 들어서 있는 청주의 흥덕사입니다.

책의 크기를 보면 가로 17cm에 세로가 24.6cm이니까, 그리 큰 책이 아니라는 것을 알 수 있습니다. 이 책은 원래 상하 두 권으로 출간되었는데, 이것을 알 수 있는 것은 같은 내용의 책이 목판본으로도 인쇄되었기 때문입니다. 목판본은 여주에 있는 취암사에서 인쇄되었는데, 취암사는 백운 스님이 생을 마친 곳이기도 합니다. 목판본을 보면 상하권 2권 2책으로 되어 있기 때문에, 금속 활자본도 같은 규모일 것이라는 것을 추정할 수 있습니다. 뿐만 아니라 목판본은 지금도 전하고 있어 우리는 『직지』의 전체 체제를 소상히 알고 있습니다.

앞에서 『직지』의 금속 활자본은 하권 한 권만 있다고 했지요? 이 책도 겉표지는 없고 임시로 댄 겉장에 직지直指라는 글자만 씌어 있습니다. 이

「직지」표지

글씨는 조선 시대 때 누군가 쓴 것이라고 합니다. 이런 이야기를 들어 보면, 이 『직지』가 출간되던 당시는 인쇄 문화가 얼마나 발전했기에 금속 활자본을 만들고 또 이어서 같은 내용의 책을 목판본으로 만들었는지 참으로 대단하다는 생각이 듭니다.

좌우간 이렇게 해서 우리의 『직지』는 1972년 이래로 세계에 널리 알려졌습니다. 그런데 이 책이 이렇게 재발견되고 나서 바로 유네스코에 등재된 것은 아닙니다. 이 책이 등재된 것이 2001년의 일이니까, 등재되는 과정이 거의 30년이 걸린 것입니다. 하기야 유네스코가 설렁설렁 아무 것이나 세계 문화재에 등재해주는 것은 아니지 않겠습니까? 또 우리 측에서도 많은 노력을 했습니다. 마침 호재였던 게 1985년 청주 홍덕구에서 옛 절터가 발견되고, 이 절이 바로 홍덕사임이 밝혀졌습니다. 『직지』가 인쇄된 바로 그 절이었던 것입니다.

이것을 계기로 한국 측에서는 국제학술대회를 열기도 하고, 『직지』에 사용된 금속 활자를 만든다든가, 또 홍덕사 터에 '고인쇄 박물관'을 세우는 등 『직지』를 세계에 알리기 위해 나름대로 많은 노력을 했습니다. 그런가 하면 2000년에는 "2000 청주 인쇄출판박람회"를 열어 세계의 출판 인쇄 관계자들을 모아 『직지』를 각인시키는 큰 노력을 기울였습니다. 그 결과 2001년에 드디어 유네스코 세계기록유산Memory of World Heritage에 등재됩니다. 나중에 보겠지만 이때 『승정원일기』도 같이 등재됩니다.

이렇게 해서 『직지』가 등재되는데, 『직지』는 해당 유물이 본국에 없으면서 유네스코에 등재된 유일한 경우라고 합니다. 『직지』를 유네스코에 등재시킬 때 관계한 분의 이야기를 나중에 들어보니, 이런 사정 때문에 걱정을 많이 했답니다. 그런데 등재 여부를 결정하는 마지막 회의에서 『직지』의 해당 국가 부소재에 대한 이의는 없었고, 순조롭게 등재가 결정 되었다고 하더군요. 아마 『직지』가 워낙 중요한 유물이라 그게 해당 국가 에 있든 없든 관계가 없었던 모양입니다.

재미있는 것은 지금 시중에는 『직지』보다 오래 된 금속 활자 인쇄본이 있다는 풍문이 떠돌아다닌다는 점입니다. 제가 중앙 일간지에서 본 것인 데 이런 유물들만 취급하는 도굴꾼에 따르면, 『직지』보다 더 오래된 금속 활자 인쇄본이 있다고 합니다. 이것은 아직 확인되지 않은 것이라 무엇 이라 말할 수는 없습니다. 설혹 그런 서책이 발견된다 하더라도 최고본 이라는 것을 공식적으로 인증 받으려면 많은 기간이 필요하기 때문에 그 건 그때 가서 보아야겠습니다. 그럼 이제 『직지』와 금속 활자의 발명이 갖는 의미를 알아볼까요?

금속 활자 발명의 세계사적 의의

벌써 꽤 오래 된 일이지만, 20세기를 보내면서 지난 천 년 동안 있었던 사건 가운데 가장 큰 것으로 생각되는 100가지 사건을 선정한 적이 있었 습니다. 이 조사는 미국의 유명한 잡지인 『라이프』에서 행한 것인데, 그 때 1위를 차지한 사건이 바로 구텐베르크가 행한 금속 활자의 발명이었 습니다.

참 이상하지요? 지난 천년 동안 얼마나 많은 일이 있었습니까? 후반부만 해도 비록 서양에서 일어난 사건들이지만, 종교개혁이나 프랑스 대혁명, 공산 국가의 출현, 1·2차 세계대전 등 이루 말할 수 없이 많은 사건이 있었습니다. 그런데 왜 구텐베르크의 금속 활자 발명을 가장 큰 사건으로 꼽았을까요? 이것은 아마도 책이 우리 생활에서 차지하는 비중 때문에 생긴 일로 생각됩니다. 금속 활자로 찍은 책이 어떤 의미를 갖는가는 앞에서 잠깐 언급한 적이 있습니다. 인류 문화의 발달이라는 면에서 볼 때 책, 특히 금속 활자본의 중요성은 아무리 강조해도 지나치지 않습니다.

책이라는 게 무엇입니까? 책은 정보나 지식을 축척해서 다음 세대로 전달할 수 있고, 그럼으로써 다른 수많은 사람과 그 정보를 공유할 수 있습니다. 그렇게 해서 엄청난 지식이 쌓이고, 그것이 몇 세대 동안 구축되면 훌륭한 문화가 탄생하게 됩니다. 우리 인류가 그동안 인쇄술을 꾸준하게 발전시켰지만, 금속 활자본이 나오면서 비약적으로 인쇄술이 발전하게 됩니다. 이 물꼬를 튼 게 구텐베르크였기 때문에, 그의 금속 활자 발명을 높이 치는 것입니다.

미국의 저명한 언론학자인 맥루한의 이야기를 들어보면,* 인류사에서 금속 활자의 발명이 갖는 의미는 여기에 그치는 것이 아닙니다. 그는 아예 금속 활자를 쓰는 활판 인쇄술의 발명은 인간사의 혁명이라고 주장하

---

* M. McLuhan, *The Gutenberg Galaxy*, 토론토 대학 출판부. 저는 다음의 책에서 재인용했습니다. 채백, 『출판학』, 한나래, 85~86쪽.

고 있습니다. 이 기술 덕에 인간은 처음으로 혼자 생각하고 사고하는 능력을 가지게 되었고, 그 자연스러운 결과로 개인주의가 싹텄고, 정치적으로는 개인적인 관점이 나타나기 시작했다고 합니다. 더 나아가서 근대 사회의 속성이라 할 수 있는 자본주의나 산업주의, 민족주의, 세속주의 등이 모두 구텐베르크가 금속 활자 인쇄술을 발명한 것에서 비롯했다고 주장했습니다.**

곰곰 생각해 보면, 이 주장은 매우 일리가 있습니다. 책을 혼자 보다 보면 혼자 생각하게 되고, 이런 것들이 개인의식을 발전시킨다는 것이겠죠. 개인의 발견이란 근대 사회에서 매우 중요한 의미를 갖지 않습니까? 근대 사회가 되면서 개인이 중심이 된 시민 계급이 출현하고, 이들은 출판을 통해 근대 사상을 보급하고 전파함으로써 시민 혁명을 이끌어냈다고 볼 수 있습니다. 그래서 카알라일은 이러한 맥락에서 "종이와 인쇄가 있는 곳에 혁명이 있다"고 주장했습니다. 이렇게 보면, 구텐베르크의 금속 활자 발명이 인류사에서 얼마나 큰 의미를 갖는지 알 수 있겠습니다.

우리나라의 금속 활자 인쇄술은 왕실이나 귀족 사회 안에만 제한되어 있었기 때문에, 보급이나 전파가 제대로 이루어지지 않았습니다. 그래서 우리는 금속 활자를 가장 먼저 발명했음에도 불구하고, 그 문화사적 의미는 서양에 비해 떨어지는 문제점이 있습니다. 이 점은 우리 한국인이 솔직하게 인정해야 할 것입니다.

이번에는 시각을 조금 달리 해서, 금속 활자 인쇄술이 인쇄 발달사에

** 채백, 103쪽.

서 어떤 의미를 갖는지 살펴볼까요? 인류가 인쇄술을 본격적으로 발전시키기 전에는, 자연에서 나온 자료에 기록을 하여 사용했습니다. 이때 사용된 것은, 진흙판이나 거북과 같은 동물의 등껍질 혹은 뼈 같은 것, 그리고 대나무나 나무의 얇은 껍질 같은 것들이 있습니다. 우리가 오늘날 쓰는 '책册'이라는 글자가 죽간竹簡을 모아놓은 것을 가리킨다는 것은 잘 알려진 사실입니다. 라틴어로 책을 뜻하는 리베로(그래서 불어로 책을 '리브르livre'라고 하지요)가 나무의 얇은 껍질을 말한다는 것도 같은 맥락에서 이해할 수 있습니다.

이집트에서는 파피루스로 책을 만들었습니다. 이때가 약 기원전 3천 년 전이라고 하는데, 이 기술이 유럽 즉 그리스와 로마로 전달되었습니다. 그러나 파피루스의 원료인 식물이 유럽에는 흔하지 않아 이를 대신해 양피지가 개발됩니다. 양피지란 양 혹은 송아지 가죽을 펴서 얇게 만든 것이지요. 그 뒤로 유럽에서는 모두 이 양피지에 글을 써서 책을 만들게 됩니다. 이렇게 책을 만들려면 손으로 일일이 써야 하니 돈이 아주 많이 들고 여간 수고스러운 게 아니었습니다. 게다가 극소수의 귀족이나 성직자만 볼 수 있는 가독 범위가 아주 제한된 그런 책이었습니다.

제가 이와 관련된 TV 다큐멘터리를 본 적이 있는데, 그 프로그램에서 이런 책 하나를 만들려면 지금 돈으로 약 200만 원 정도가 든다고 하더군요. 이게 어떻게 산출한 것인지는 알 수 없지만, 당시에 웬만한 재력이 없으면 책을 소장하기가 무척 힘든 일이었다는 것을 알 수 있습니다.

그러다 중국에서 종이가 발명되었습니다. 다 아시는 것처럼 종이는 서기 104년에 한漢나라의 채륜이 발명했지요. 그 이전까지 사용한 것은 주로 비단이나 대나무였는데, 비단은 너무 비싸고 대나무 책은 너무 부피가 많이 나가는 약점이 있었습니다. 종이의 발명은 인쇄술 발달사에서 엄청난 혁명을 가져옵니다. 종이에 글을 쓰는 것은 무엇보다도 간편하고 많은 것을 쓸 수 있습니다. 그런가 하면 갖고 다니기에도 대단히 편리합니다. 중국은 이런 종이를 일찍 발명해 드높은 문화생활을 하고 있었고, 우리 한국 역시 중국에서 제지술을 받아들여 벌써부터 같은 수준의 생활을 영위하고 있었습니다.

여러분은 종이와 관련해 한국이 단연 선진국이었다는 사실을 아십니까? 제지술은 중국에서 최초로 발명했지만, 가장 좋은 종이는 한국 정확하게 말해서 고려에서 만들었다는 사실을 말입니다. 이건 우리의 제지술이 중국보다 더 발달해서 그런 것이라기보다는, 재료가 더 좋기 때문입니다. 잘 알려져 있는 것처럼 종이는 닥나무로 만들지 않습니까? 한국의 닥나무가 중국의 닥나무보다 종이를 만드는 데 유리한 조직을 갖고 있다고 합니다. 그래서 그랬는지 중국 송나라 때 선정한 천하 명품에는 반드시 고려지高麗紙가 들어갔다고 합니다. 물론 고려청자도 포함이 되었지요.

우리가 당시 사용하던 종이, 즉 한지漢紙는 가벼울 뿐만 아니라 찢어지지도 않고 먹도 잘 빨아들였습니다. 게다가 내구력이 강해 몇 백 년 정도는 너끈히 갈 수 있었습니다. 이것은 세계 어디서 만든 종이와도 비교가 되지 않았습니다. 저는 우리 조상이 이런 최상품의 종이를 만들었다는 것 자체가, 한국이 최고의 문화국 가운데 하나였다는 사실을 방증한다고 믿습니다. 최고最古 그리고 최고最高의 활자와 함께 최상품인 종이로 책을 만든 민족이 최고의 문화 민족이 아니면 누가 문화 민족이겠습니까?

종이와 관련해서는 재미있는 사실이 하나 더 있습니다. 그것은 다른 것이 아니라 중국의 제지술이 서양으로 전달될 때, 고구려의 유민을 통해 이루어졌다는 사실입니다. 그 주인공은 당나라에서 장수로 활약하던 고선지 장군입니다. 고선지 장군에 대해서는 할 말이 많습니다만 모두 생략하기로 하고, 고구려의 유민이었던 그가 조정의 명을 받고 서역 지방을 정복하기 위해 그쪽 사람들과 싸우는 과정에서 제지술이 전달되었다는 사실만 이야기하겠습니다.

고 장군은 751년 7만 병사를 이끌고 탈라스라는 곳에서 사라센 제국과 타쉬켄트 등 서역 각국의 연합군과 큰 싸움을 벌이게 됩니다. 그런데 안타깝다고 해야 할지 다행이라고 해야 할지, 그 전에는 잘 지지 않던 고 장군이 이 전투에서는 대패를 합니다. 그 결과 2만 5천이라는 중국 병사가 포로로 붙잡히게 되는데, 이 포로 가운데 제지장製紙匠이 있었다고 합니다. 지금도 그렇지만 왜 군대에는 별의별 직업을 가진 사람이 다 오지 않습니까? 그러니 제지장이 군인으로 있었다는 것은 하나도 이상한 일이 아닙니다.

바로 이 장인에 의해 중국의 제지술이 아랍 세계로 전달되었다고 합니다. 그리고 그것이 다시 유럽으로 전달됩니다. 제지술은 그렇게 오랜 기간에 걸쳐 그리고 여러 지역을 통해 유럽에 전해졌습니다. 그래서 유럽에서 만든 종이는 품질이 그다지 좋지 않았던 모양입니다.* 왜 어떤 것이든지 몇 단계를 거쳐 가면 처음의 모습이 많이 변형되지 않습니까? 구텐베르크가 썼던 종이는 우리의 종이보다 10배나 두꺼웠다는 보고도 있는데, 만일 그렇다면 그 질을 알만하겠습니다.

앞에서도 언급했지만, 유럽 종이는 이렇게 두꺼우니까 인쇄할 때 잉크가 잘 안 묻게 됩니다. 이 단점을 해결하고자 구텐베르크는 포도주 제조 과정에서 포도를 으깰 때 쓰는 압착기를 활용했습니다. 활자가 들어 있는 활판을 강하게 눌러 잉크가 잘 찍히도록 한 것입니다. 나름대로 연구를 많이 한 것이지요.

인류 인쇄 발달사에서 종이의 발명 다음으로 주목해야 할 것은 목판 인쇄술의 발달입니다. 물론 그전에도 중국에는 인장印章, 즉 도장과 같은 단순한 형태의 인쇄 문화가 있었습니다. 이런 기술들이 집약되는 것이 바로 목판 인쇄술의 창안이라고 할 수 있습니다. 8세기경 중국에서 처음 시작한 목판 인쇄는 여러모로 혁신적인 인쇄술이었습니다. 아니 목판 인쇄술의 발명과 더불어 인류는 진정한 의미에서 인쇄 시대를 맞이했다고 할 수 있겠습니다. 중국에서 목판 인쇄술이 발명되고 발달할 수 있었던 것은, 앞에서 말한 것처럼 이미 질 좋은 종이가 사용되고 있었을 뿐만 아니라, 좋은 먹이 있었기 때문에 가능한 일이었습니다.

목판 인쇄술의 발명은 서책의 대량 생산 시대를 연 것이라고 할 수 있습니다. 목판이 발명된 후 인류는 목판을 이용해 지속적으로 책을 찍어 냈습니다. 이처럼 목판은 이전의 인쇄보다는 훨씬 발전한 것이지만, 불편한 점도 있었습니다. 가장 문제되는 것은 경제성이었습니다.

---

* 서양의 제지법에 대해 이와 다른 설도 있습니다. 블라셀에 의하면 종이 만드는 법은 2~3세기에 에스파냐나 이탈리아에서 이미 시행되고 있었다고 합니다. 그런데 이때의 종이는 천을 사용하여 만드는 것으로 닥나무를 이용하여 만드는 중국 것과는 달랐습니다. 브뤼노 블라셀, 『책의 역사―문자에서 텍스트로』(시공디스커버리 총서 100), 42쪽.

그 문제점으로 먼저 목판본을 만드는 데 돈과 시간이 엄청나게 들어간다는 점을 들어야겠습니다. 우선 목판 하나를 가공하는 데 드는 공력이 만만치 않습니다. 아시다시피 나무는 시간이 지나면 비틀어지거나 터집니다. 나무는 가공을 하지 않으면 다 이렇게 변형됩니다. 그래서 이런 일이 생기지 않게 오랜 시간을 두고 정성을 들여 가공해야 합니다. 이 점에 관해서는 나중에 『고려대장경』을 볼 때 다시 검토할 예정입니다.

이렇게 어렵게 판을 만들어도, 거기에 글자를 새겨 넣지 않으면 아무 짝에도 쓸모가 없겠지요. 이 글자 파는 데는 또 얼마나 많은 공력이 들어가겠습니까? 그래서 목판본 하나 완성하는 데에는 몇 년의 세월이 걸릴 수밖에 없습니다. 이러니 경제성이 떨어진다는 것이지요.

또 하나의 단점은 목판본으로는 다른 종류의 책은 펴낼 수 없다는 것입니다. 이 점은 더 설명 안 해도 알 수 있을 겁니다. 이렇게 어렵게 만들어 놓으면 그 다음엔 보관이 문제입니다. 방금 전에 언급한 것처럼 나무가 터지거나 뒤틀리고 더욱이 곤충들이 갉아먹습니다. 따라서 목판을 보관할 때는 굉장히 신경을 많이 써야 했습니다. 목판본이 갖는 이러한 약점 때문에 중국인은 활판 인쇄를 생각하기 시작했습니다.

활판 인쇄란 활자를 만들어 그것으로 판을 만들어 찍는 인쇄법을 말합니다. 이렇게 인쇄하게 되면 이점이 많습니다. 활자를 여러 개 만들어서 한 책을 찍고, 그 책이 끝나면 활자를 재배열해서 다른 활판을 만들어 다른 책을 얼마든지 찍을 수 있으니 얼마나 좋겠습니까? 또 한 책을 찍으면서 동시에 다른 원고의 활판을 만들 수 있으니, 시간 절약도 많이 될 수 있습니다.

그래서 중국에서는 활자를 만들게 되는데, 제일 먼저 만든 활자는 북송의 필승畢昇이라는 사람이 11세기 중엽에 흙으로 만든 활자라고 합니다. 놀라지 마십시오. 중국인이 가장 먼저 시작한 것은 활판 인쇄이지, 금속 활자의 발명은 아닙니다. 금속 활자를 처음으로 발명한 영광은 여전히 우리 고려에게 있습니다. 중국은 이렇게 흙으로 만든 활자를 쓰기 시작했는데, 이런 활자들은 불편한 게 많았습니다. 흙으로 만들었으니 깨지기도 쉽고 조판하는 것도 쉽지 않았습니다. 또 한 번밖에는 쓸 수 없어 상당히 불편했던 모양이라 실용화하는 데에는 실패하고 맙니다.

이런 불편함 때문인지, 중국은 활판 인쇄보다 목판 인쇄를 선호하게 됩니다. 게다가 중국은 대국이라 인쇄할 분량도 많았을 터이니, 그런 데에는 목판이 더 적격이었을 겁니다. 결국 중국은 목판 인쇄에 더 역점은 두게 되고, 금속 활자는 우리보다 훨씬 늦은 시기인 1490년대에 가서야 주조해 사용하기 시작합니다.

어찌 됐든 고려는 세계 최초로 금속 활자를 만들고 사용하게 됩니다. 이 활자는 구리와 주석, 납, 아연 등을 소재로 만든 것입니다. 그런데 발명은 고려 때이지만, 조금 더 실용화되는 것은 조선 초기에 가서야 가능하게 됩니다. 이것은 조선이 국시로 삼은 유교를 널리 알리기 위해 유교와 관계된 서적을 찍으려는 목적 때문이었습니다. 사실 고려 때 만든 금속 활자는 많은 부수를 찍을 수 있는 활자는 아닙니다. 이 활자로는 약 20~30부 정도밖에는 찍을 수 없다고 합니다.

조선의 것도 계미자는 조선에서 처음으로 만들어진 탓인지, 고려 것과 비슷한 수준이었습니다. 세종 때 만든 갑인자 이후부터는 고려 활자보다 훨씬 향상된 주조술과 조판술로 좋은 책을 많이 찍을 수 있게 됩니다.

좌우간 고려에서는 앞서 말한 것처럼, 13세기경부터 금속 활자를 이용하여 책을 찍게 되는데, 이것은 구텐베르크가 금속 활자를 발명한 것(1455년)보다 근 200년이 앞선 것이 됩니다. 그러나 고려의 초기 인쇄본은 남아 있지 않으니, 남아 있는 것 가운데 최고인 『직지』(1377년)로 따져도 최초의 금속 활자는 우리가 서양보다 정확히 78년 앞서 있는 것을 알 수 있습니다. 이 78이라는 숫자는 너무도 영광스러운 것이라 저는 아예 외워버렸습니다.

다시 한 번 강조하지만, 문화의 수준을 말할 때 책을 빼놓을 수는 없습니다. 책을 많이 만들고, 많이 보는 민족이 문화가 높은 것은 사실입니다. 그런데 책은 인쇄에 의해서만 양산할 수 있습니다. 따라서 인쇄술이 발달했다는 것은 그만큼 문화가 발달했다고도 볼 수 있겠습니다. 그런 책과 인쇄술이 높은 수준으로 발달한 곳이 바로 고려와 조선이었습니다. 그럼 이 두 나라는 자연히 세계적인 문화국이 되는 것이겠지요?

그러나 인쇄술의 주도권은 서양이?

이런 주장에 대해 어떤 분들은 이렇게 말할지도 모르겠습니다.

'그래요, 고려가 세계에서 최초로 금속 활자를 발명한 것은 맞소. 그러나 한국은 더 이상 금속 활자 인쇄술을 발전시키지 않아 그 기술이 끊어지지 않았소? 대신에 거개의 인류가 얼마 전까지 사용하던 인쇄술은 구텐베르크가 발전시킨 그 기술 아니오? 다시 말해 인쇄술의 대중화에 기여한 것은 구텐베르크 및 서양의 인쇄술이지 고려나 조선의 인쇄술은 아니라는 말이오.'

이 말은 전적으로 맞는 말입니다. 우리 인류가 극히 최근까지 쓰던 인쇄술은 구텐베르크의 기술을 모태로 해서 발전시킨 것입니다. 그가 발명한 인쇄술은 마치 그의 발명을 기다렸다는 듯이, 온 유럽으로 퍼져나갔고 더 나아가서 세계로 전파되었습니다. 그가 금속 활자(그리고 인쇄술)를 발명한 지 50년 쯤 지나 1500년대가 되면, 온 유럽에서 금속 활자를 쓰기 시작했고, 계속 동진해 18세기 후반이 되면 지구 전역에서 금속 활자 인쇄술이 유행하게 됩니다.

한국에 금속 활자 인쇄술이 들어온 것은, 한국이 수입한 대부분의 다른 근대 문명이 그렇듯이, 이 기술을 먼저 수입한 일본을 통해서입니다. 그리고 그 뒤로 한국에서는 극히 최근에 컴퓨터를 사용하여 인쇄하기 전까지는, 당시 수입한 금속 활자 인쇄술을 발전시킨 기술을 쓰고 있었습니다.

이런 의미에서 구텐베르크의 금속 활자 인쇄술의 발명은 세계사에서 말할 수 없이 큰 비중을 갖게 되는 것입니다. 구텐베르크는 원래 보석 세공업자였다고 합니다. 그는 아마 문화보다는 돈 버는 데 관심이 많은 상인이었던 모양입니다. 그가 금속 활자를 발명한 것은 당시까지 사용되던 필사본과 똑 같은 책을 싼 값으로 많이 찍어서 돈을 벌려는 의도에서였다고 합니다. 그래서 그랬던지 그는 기술을 개선하기 위해 필사적으로 노력을 기울였습니다.

이 점은 앞에서도 잠깐 보았습니다. 물론 활자 만드는 것부터 시작해 모든 기술이 다 어려웠지만, 종이에 선명하게 인쇄하는 기술 역시 꽤나 어려웠던 모양입니다. 당시 서양에서 쓰던 종이는 우리의 한지보다 몇 배는 두꺼웠기 때문에, 웬만한 압력이 아니면 선명하게 찍히지 않았던 것이죠. 그래서 그는 용의주도하게 포도주 만들 때 포도를 압착하는 기계를 이용하여 압판壓板을 만들었습니다. 포도주를 만들 때 포도를 으깨기 위해서는 강한 압력으로 포도를 압박해야 하는데, 그는 그때 썼던 기계를 이용했던 것이지요. 돈은 사람을 미치게 하는 모양입니다. 이런 기발한 생각을 가능케 하니 말입니다.

그가 자신이 발명한 금속 활자를 가지고 가장 먼저 인쇄한 것은 흔히 『42행 성서』*로 불리는 책입니다. 그는 이 책 180부를 인쇄하게 되는데 이것은 대단한 기록이라 할 수 있습니다. 고려의 금속 활자로는 20부 정도밖에 인쇄할 수 없었던 것에 비교하면, 구텐베르크의 기술은 매우 발달한 것이라 할 수 있겠습니다. 이러한 인쇄술은 르네상스와 종교 개혁을 만나면서 더욱더 발전하게 됩니다.

특히나 종교 개혁은 인쇄술의 자녀**라고 불릴 정도로 이 시기에 금속 활자는 비약적인 발전을 합니다. 루터와 같은 종교 개혁가들의 사상이 바로 이 인쇄술에 힘입어 유럽 전역으로 확산되기 때문입니다. 루터

---

* 이 책은 전체가 42행으로 되어 있는 것은 아닙니다. 전체 책 가운데 40행 혹은 41행으로 되어 있는 페이지도 있습니다만, 대부분이 42행으로 되어 있어 일반적으로 42행 성서로 불립니다.

** 『한국생활사박물관』 8권(사계절), 95쪽.

가 번역한 성서는 16세기 초에 벌써 430쇄나 찍었다 하니 인쇄술이 얼마나 발달했는지 알 수 있겠습니다.

당시 유럽인이 금속 활자를 가지고 종교서만 찍은 것은 아닙니다. 과학과 문학에 대한 책이 인쇄되기 시작했고, 당시 유럽인들이 축적한 지식을 모은 엄청난 규모의 백과사전을 출간하게 됩니다. 예를 들어 오늘날 백과사전의 대명사처럼 불리는 영국의 브리태니카 백과사전은 1768년에 (금속 활자로) 인쇄되는데, 이러한 것들은 인쇄술이 발달하기 전에는 꿈도 못 꾸던 일이었습니다. 이런 과정을 통해 인쇄 문화는 정보를 전달하는 가장 중요한 매체로 자리잡게 됩니다.

왜 구텐베르크는 금속 활자 발명에 심혈을 기울였을까요? 앞에서도 언급한 것처럼 상업적인 이유도 있었겠지만, 당시 유럽에는 아직 목판술이 발전하지 않았던 것도 그 이유 가운데 하나가 되겠습니다. 목판술이 변변치 못하니까 죽기 살기로 금속 활자를 발전시켰다는 것이지요.

반면 우리나라는 워낙 발전된 목판 인쇄술을 갖고 있었습니다. 그러기에 전력을 기울여 금속 활자를 발전시키려고 하지 않았습니다. 이런 사정이 있는 것도 모르고, 어떤 이들은 앞서 말한 것처럼 고려의 기술이 현대까지 이어지지 않은 것을 가지고 우리의 금속 활자가 갖는 의미를 애써 폄하하려고 합니다.

그렇지만 암만 그래도 세계 최초라는 기록이 어디 그렇게 쉬운 일입니까? 세계 최초라는 것은 아무리 자랑해도 지나치지 않은 놀라운 기록입니다.

그런데 한국인은 별로 그렇게 하지 않습니다. 아니 그다지 관심을 갖고 있지 않다고 하는 게 맞는 말일 겁니다. 이런 사정은 중고교의 교과서만 보아도 알 수 있습니다. 여기에는 그저 우리 조상이 세계에서 최초로 금속 활자를 발명했다고만 써놓았지, 그게 인류 지성사에서 어떤 의미를 갖는지에 대해서는 일언반구의 부가 설명이 없습니다. 그러니 이렇게 배운 학생들이 자신들의 과거 문화에 대해 자긍심을 가질 리가 만무합니다. 그저 시험에 대비하느라 '직지심체요절'이라는 책 이름 외우기에만 바쁠 뿐입니다.

일전에 정수일 선생을 만났더니, 이렇게 훌륭한 유산인 금속 활자를 전공하고 있는 한국학자가 거의 없다는 이야기를 하셔서 깜짝 놀란 일이 있습니다. 한국인이 좋아하는 구호인 '그까이 것 대충'의 정신이 또 도진 것은 아닌지 모르겠습니다. 마음 놓고 자랑해도 되는 것을 정작 당사자인 한국인은 그다지 관심을 가지지 않는 것입니다.

사정이 이러니 독일인이나 중국인이 금속 활자 인쇄술은 자기네들이 먼저 발명했다고 해도 제대로 대응하지 못하는 것일 겁니다. 앞에서도 언급했지만, 정수일 선생이 독일에 갔을 때 우리 한국이 금속 활자를 처음 발명했다고 독일 학자들을 설득하느라 퍽 힘들었다고 했지요? 선생은 더 나아가서 고려나 중국의 금속 활자 인쇄술이 유럽에 전해졌을 가능성에 대해서도 독일 학자들에게 이야기했답니다. 그들도 충분히 가능한 일이라고 고개를 끄덕였다고 하시더군요.

이것은 앞으로 학자들이 면밀하게 연구를 해야 확실하게 될 터인데, 우리 쪽의 학자가 터무니없이 부족하니 상황이 어떻게 전개될지 모르겠습니다.

그런데 불행하게도 이렇게 귀중한 고려의 금속 활자가 한반도에는 딱 두 개밖에 남아 있지 않다고 합니다. 남북한에 각각 하나씩 사이좋게 나누어 갖고 있다고 하는데 금속 활자의 최초 발명국치고는 너무 초라한 기록입니다. 그런데 이 활자도 무덤 소장품으로 나와 실제로 인쇄에 쓰였는지 어땠는지는 잘 모른답니다. 이런 까닭에 우리나라에서 금속 활자에 대한 연구가 많이 진척되지 않았는지도 모르겠습니다. 그러나 그렇다고 한국의 금속 활자가 고려 시대 이후에 답보상태에 있었던 것은 아닙니다.

특히 조선 초에 금속 활자는 비약적인 발전을 합니다. 사실 조선 초는 대단한 시기였습니다. 나중에 다시 보겠지만, 세계에서 가장 훌륭한 문자 가운데 하나로 꼽히는 한글이 만들어진 것도 조선 초 아닙니까? 그런 문자는 아무 때나 갑자기 나올 수 있는 게 아닙니다. 시대의 문화적 총량이 높은 수준에 이르지 않으면, 그런 절세의 문화품은 나올 수 없습니다. 그러니 조선 초에 인쇄 문화가 발전했던 것은 당연한 것이라 할 수 있습니다.

최근에 조선 초의 금속 활자와 관련해서 무척이나 기쁜 소식이 전해졌습니다.* 조선 초에 세종이 한글을 창제한 후, 한글 금속 활자도 만들어지게 됩니다. 그런데 그 실체를 확인하지 못하고 있다가, 극히 최근에 그

---

* 『중앙일보』 2007년 1월 8일자 29면, "야근하며 『두시언해』 보는 순간 똑같다!"

활자를 찾아냈다고 합니다. 당사자는 국립중앙박물관 역사부에 근무하는 이재정 학예사라는 분입니다. 이 분이 2007년 1월에 현재 박물관에 남아 있는 752개의 한글 금속 활자에서 가장 오래된 활자 가운데 하나인 을해자乙亥字(1455년 주조)를 발견한 것입니다. 이런 것을 그쪽 용어로는 '박물관 발굴'이라고 합니다!

여러분은 한글 금속 활자하면 갑인자니 계미자니 하는 것들이 연상될 겁니다. 그리고 이런 활자들이 남아 있을 것이라고 생각하실 겁니다. 예를 들어 세종 31년에 해당하는 1449년경에 갑인자 활자를 이용하여 그 유명한 『월인천강지곡』을 인쇄합니다. 이 활자는 월인석보 활자라고도 불립니다.

이런 활자들이 전해오고 있을 것이라고 생각하는 것은 어쩌면 당연한 일인지도 모르겠습니다. 갑인자니, 월인석보 활자니 하고 마치 있는 듯이 부르니 말입니다. 그러나 안타깝게도 이 활자들은 하나도 전하지 않고 있었습니다. 그래서 지금까지 학계에서는 조선 초인 15세기에 만들어진 금속 활자는 하나도 전하지 않는다는 것이 통설이었습니다. 그런데 이번에 그 설이 깨지게 된 것입니다.

이 학예사가 발견한 것을 보면, 조선의 왕 가운데 가장 불교적인 군주였던 세조는 여러 불경을 번역하여 그것을 한글 활자로 찍어냅니다. 그 가운데 능엄경을 번역하여 『능엄경언해』라는 제목으로 1461년(세조 7년)에 출간하게 되는데, 이 언해본을 찍은 활자가 을해자였습니다. 이번에 이 학예사가 발견한 것이 바로 이 활자입니다. 그러나 이 활자가 주조된 것은 이 책을 찍기 6년 전인 1455년의 일입니다.

1455년이면 구텐베르크가 금속 활자를 이용해 처음으로 책을 찍은 해입니다. 이때에 우리는 한자 금속 활자는 이미 졸업하고 새로운 문자인 한글을 찍는 금속 활자를 만들고 있었습니다. 이 얼마나 멋진 일입니까? 서양에서는 비로소 시작되고 있던 일을 우리는 한창 진행하고 있었으니 말입니다. 그것도 문화의 최고 상징인 책과 관련된 활자를 가지고 말입니다.

이 학예사의 이야기를 더 들어보면, 19세기 이전에 만들어진 금속 활자가(물론 거개가 한자 활자이지만) 40만 개나 남아 있는 나라는 우리나라밖에 없다고 합니다. 물론 이 활자들은 모두 중앙박물관에 있습니다. 우리가 항상 쳐다보고 살던 중국도 금속 활자가 이렇게 많지는 않다고 합니다. 이렇게 출판에 많은 관심을 쏟은 것 자체가 조선이 얼마나 높은 문화국이었나를 보여줍니다. 이제부터는 제발 조선 하면 당쟁이나 하고 여성을 억압한 별 볼일 없는 왕조로 보지 않았으면 좋겠습니다. 조선 왕조는 쓸데없는 전쟁을 일으키지 않고, 이렇게 문화적인 데에 전력을 쏟았다고 보아도 그리 틀리지 않습니다.

이 학예사는 여기서 질문을 하나 던집니다. 왜 조선 정부가 그렇게 많은 금속 활자를 만들었느냐고 말입니다. 아무래도 목활자 인쇄술이 많은 책을 양산하기에 쉬울 텐데 왜 까다로운 금속 활자를 만들었냐는 것이겠죠. 여기에 아직 확실한 답은 없지만, 추정하건대 중앙 정부에서 정본正本을 만들려는 의도에서 금속 활자를 만들었을 것이라고 합니다. 중앙에서 금속 활자로 만든 책을 지방 관아에 보내면, 거기서 목각으로 다시 복각覆刻을 해서 이용했다고 합니다.

복각이라는 것은 인쇄된 책을 한 장 한 장 목판에 붙여서 그것을 파서 인쇄판을 만드는 것을 말합니다. 이렇게 만들기 때문에 복각본은 정본보다 질이 떨어질 수밖에 없다고 합니다. 이런 사실을 통해 우리는 조선 왕조가 중앙과 지방을 막론하고 인쇄 문화 발전에 얼마나 많은 공을 들였는지 알 수 있습니다.

이 책의 원고를 쓰는 중, 다시금 금속 활자와 관련해 신나는 새 소식이 들려와 말씀드리려 합니다. 2007년 5월 1일 자 중앙일보에 보도된 것입니다. 세종 때인 1434년에 만든 초주初鑄 갑인자甲寅字로 찍은 책이 발견되었다는 소식입니다. 주인공은 『풍월정집風月亭集』이라는 문집입니다. 성종의 형인 이정李婷(1454~1488년)이 지은 시문을 모은 책이라고 합니다.

이 책은 성종이 지시하여 만든 것인데, 인쇄된 해는 1489년이라고 합니다. 이런 문집이 간행되었다는 기록은 진즉에 있었는데, 그 실물이 발견된 것입니다. 초주 갑인자는 1434년에 세종의 지시로 만들어졌던 것으로, 조선말까지 다섯 차례에 걸쳐 개량되는 대표적인 금속 활자입니다. 단 이것은 한글이 아니고 한자 활자입니다.

이렇게 새로운 금속 활자본이 발견되니, 언제 또 새롭고 멋있는 책이 나올지 은근히 기대됩니다. 누가 알겠습니까? 어느 날 꿈에도 그리는 『상정고금예문』이 어떤 경매장에 나타날지 말입니다. 그런 날을 기다리며 이 부분에 대한 설명을 마치려고 하는데, 인쇄본에 관한 한 한국은 또 세계 기록을 갖고 있습니다. 세계 최초의 인쇄본인 『다라니경』이 그것입니다. 물론 이것은 활자 혹은 활판 인쇄가 아니라 목판으로 인쇄한 것입니다. 이제부터 그것을 보기로 하겠습니다.

둘째 이야기

세계최초의인쇄본,

『무구정광대다라니경』

751년(경덕왕 10년) 무렵에 간행된
『무구정광대다라니경』.
세계 최초의 목판으로 인쇄한
두루마리 형태의 책이다.

『무구정광대다라니경』은 다소 어렵고 긴 이름으로 되어 있습니다. 그래서 그 뜻을 쉽게 알 수는 없습니다. 그러나 불교 경전 가운데 하나인 이 책은 인류의 인쇄 문화 역사에서 또 하나의 큰 획을 그은 책입니다. 여러분은 국사 시간에 아마 '다라니경' 이라는 약칭으로 배웠을 것으로 생각됩니다(이하 『다라니경』). 인류가 유사 이래 여러 형태로 인쇄를 했지만, 이 책은 현재 남아 있는 인쇄본 가운데에는 가장 오래된 것으로 알려져 있습니다. 『직지』와 더불어 현존하는 인쇄물 가운데 가장 오래된 것이 또 한국의 것이 되고 말았습니다.

이런 것은 하나만 있어도 대단한 것인데, 이렇게 두 개씩이나 되니, 아무리 아니라고 해도, 신라나 고려는 세계적인 문명국임에 틀림없습니다. 여기에다가 나중에 보게 되겠지만, 『고려대장경』까지 가세하면 과거의 한국은 문화가 대단한 나라였음을 알 수 있습니다.

극적이었던 다라니경의 발견

원래 세계 최고最古의 인쇄본을 소장하고 있던 나라는 한국이 아니었습니다. 우리나라가 아니라 일본이 그 주인공이었던 것이죠. 우리의 다라니와 같은 종류의 것으로, 일본에 있는 『백만탑다라니』라는 이름의 경이 바로 그 주인공이었습니다. 그런데 우리의 『다라니경』이 발견되면서 일본 것을 20년이라는 근소한 차이로 앞지르게 됩니다. 이 점은 다시 뒤에 보기로 합니다만, 우리의 『다라니경』이 발견하게 된 경위가 여간 극적인 것이 아닙니다. 그 장면은 많이 알려져 있지만, 하도 극적이라 다시 한 번 보기로 하겠습니다.

1966년의 일이었습니다. 지금도 도굴꾼이 적지 않지만, 당시 우리나라에 있던 문화재는 모두 도굴꾼의 먹이감과 같았습니다. 어떤 간 큰 도굴꾼이 불국사 앞마당에 있는 석가탑을 도굴하려고 마음먹었던 모양입니다. 탑 안에 있는 사리함을 가져가려고 했던 것이겠지요. 그래 밤에 몰래 작업하다, 그만 시간이 부족했던 모양입니다. 석가탑의 돌이 너무 무거웠던 거예요. 도굴꾼들의 이야기에 따르면, 그런 무거운 돌 드는 장치도 아주 쉽게 만들 수 있다고 하더군요. 어찌 보면 당시는 정말 재미있는 시대였던 것 같습니다. 어떻게 큰 절 안뜰에 있는 탑을 해체해서 부장품을 훔쳐갈 생각을 했는지 그때는 그렇게 모든 것이 허술했나 봅니다.

밤새 작업하던 도굴꾼들이 아침 예불할 시간이 가까워져 가는데도 아직 작업을 못 끝낸 거예요. 그래서 할 수 없이 탑신을 대충 제자리에 놓고 도망갔답니다. 이윽고 스님들이 예불하러 나와 보니, 석가탑의 탑신이 이상하게 조금 삐뚤어져 있는 거예요. 그래 무슨 일이 있었구나 하는 생각과 함께 어차피 탑신을 제대로 놓아야 하니, 그 김에 한번 탑을 해체해 보자 하는 생각이 들었던 모양입니다. 그렇게 해서 그해 10월 탑을 해체해 보니, 2층 탑신부에 사리함이 있었고, 바로 옆 공간에서 이 『다라니경』이 발견되었던 것입니다.

곧 이 경의 출간 연대를 조사하게 되었습니다. 이 경이 중국에서 번역된 게 704년이고, 불국사가 창건된 게 751년입니다. 따라서 불국사 창건연대인 751년 이전에 이 경이 만들어진 것으로 학계에서는 추정하게 되었습니다. 이에 비해 일본 것은 770년에 간행되었으니, 우리 것에 비해 적어도 20년 정도 뒤진다고 하는 것입니다.

석가탑 『다라니경』은 발견 당시 앞부분이 심하게 부식되어 있었습니다. 그 뒤 또 산화가 진행되어, 1988년부터 1989년까지 대대적으로 수리하고 보강하여 현재의 모습을 갖추게 됩니다.

『다라니경』은 어떤 경?

이렇게 해서 우리는 세계에서 가장 오래된 인쇄본을 갖게 되었는데, 심각한 문제가 생겼습니다. 중국 측에서 이 『다라니경』이 자기 것이라고 주장하기 때문입니다. 제가 일전에 어떤 TV 다큐멘터리를 보니, 중국의 어느 박물관에서는 이 『다라니경』의 모사품을 진열해 놓고, 아예 중국 것이라는 문구를 써 놓았더군요. 중국에서 만들어서 신라에 보냈다는 것이지요. 이 점은 중요하기 때문에 더 자세하게 보아야 합니다. 그러기 위해서는 이 『다라니경』 자체에 대해서 먼저 보아야 합니다.

이 경은 어떤 성격의 경이고 왜 탑에 봉안되어 있는 것일까요? 우선 『무구정광다라니경無垢淨光陀羅尼經』이라는 다소 생소한 이름은 무슨 의미일까요? 이 이름을 풀이하면, '한없이 맑고 깨끗해 어떤 때(垢)도 없는 빛을 발하는 다라니(주문)를 수록한 경전' 정도쯤으로 해석될 수 있겠습니다. 여기서 말하는 다라니는 신령한 힘을 가진 주문을 말합니다. 여러분이 가장 잘 아는 것으로 '옴마니 반메홈'도 같은 주문입니다.

이 주문에는 신비한 힘이 있어, 주문만 외워도 온갖 나쁜 일을 막을 수 있고 또 좋은 일을 생기게 할 수도 있다고 믿었습니다. 그래서 이런 주문만 암송해도 해탈에 이른다는 불교 종파도 있습니다. 사실 '나무아미타불'도 주문의 일종이라 할 수 있죠. 이 『다라니경』의 내용에는 불교 신앙과 관계된 복잡한 이야기가 있지만, 그런 건 우리의 주제와 직결되는 것이 아니니 모두 생략하기로 합니다.

다만 이 경을 필사하여 탑 같은 곳에 봉안하면, 장수할 뿐 아니라 병이나 재앙이 없어지고, 악업까지 소멸시켜 극락왕생할 수 있게 해준다는 믿음이 불교에 있다는 것만 밝히기로 합니다. 그런데 이렇게 할 때 조건이 하나 있습니다. 그것은 이 『다라니경』을 77회 또는 99회 필사해야 한다는 것입니다. 그렇게 해서 탑 안에 안치하는데, 석가탑 안에 있는 것은 그 여러 번 필사한 것 가운데 하나가 되는 것입니다.

이렇게 우리나라에서 목판 인쇄술이 일찍 발전한 것은 불교와 관계가 깊습니다. 불교는 중국과 한국, 일본에 들어와 유행을 하면서 동양의 보편적 사상으로 간주됩니다. 그래서 얼마나 심도 있는 불교 사상을 탐구하고 얼마나 훌륭한 유적을 갖는가의 여부에 따라, 해당 국가의 문명 수준이 결정되었습니다. 따라서 중국이나 한국 같은 나라에서는 저마다 불교를 진작시키고자 많은 노력을 기울이게 됩니다.

나중에 보게 되겠지만, 『고려대장경』이 만들어진 배경에도 이런 요소가 한몫을 합니다. 불교 문화를 진흥시키려 할 때, 『고려대장경』의 예처럼 불경을 간행하는 것은 가장 중요한 일이었습니다. 또 앞에서 본 바와 같이, 개인적으로는 불경을 많이 쓰는 일, 즉 공양 불사는 당사자의 복을 빌고 죽은 사람의 명복을 기원하는 좋은 수단이 되었습니다. 그 가운데서도 이렇게 쓴 경을 탑 속에 봉안하는 것은 대단히 뛰어난 기복 행위로 여겨졌습니다. 그래서 옛 사람들은 여러 종류의 다라니경을 작게 써서 탑에 봉안하였던 것입니다.

우리나라에서도 이 『다라니경』을 위에서 본 것처럼 77개 내지는 99개를 서사書寫해, 불탑에 봉안하는 일이 진즉부터 유행하고 있었습니다. 그런데 이렇게 많은 경을 손으로만 서사하는 것은 아무래도 힘들겠지요. 따라서 보다 손쉬운 방법인 목판 인쇄법이 나오게 된 것입니다. 그 결과물 가운데 하나가 석가탑 『다라니경』이고 일본의 『백만탑다라니』인 것입니다.

그럼 이 석가탑 『다라니경』이 어떻게 생겼는지 볼까요? 아마 불교 경전에 대해 잘 모르는 분들은 경전을 인쇄한 것이니까, 꽤 클 것이라고 생각할지도 모르겠습니다. 그러나 탑 안에 사리함을 넣는 공간에 곁들여서 넣는 것이기 때문에 절대 클 수가 없습니다. 이 경은 세로 높이가 약 6.6cm 정도밖에 안 되고, 가로는 길이가 약 55cm 정도 되는 종이를 12장 붙여서 만들었습니다. 세로가 7cm도 안 되니 아주 작은 책이지요? 그러나 전체 길이는 6m를 상회하니 꽤 깁니다. 이렇게 길이가 기니 당연히 두루마리 책(이것을 권자본券子本이라고 하지요)의 형태로 만들어졌습니다.

이렇게 작은 종이에 세로로 글을 써 놓았는데, 세어보면 한 면에 62줄로 되어 있는 것을 알 수 있습니다. 그리고 각 줄에는 평균 8자가 인쇄되어 있습니다. 이 정도면 이 경의 크기나 구성이 눈에 들어오십니까? 그야말로 소형 인쇄본입니다. 이 경은 1967년에 국보 127호로 지정됩니다.

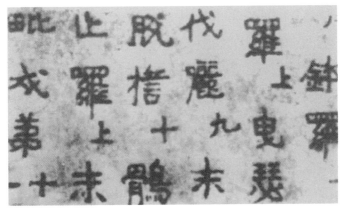

일본의 『백만탑다라니』

見聞離五无間是時
除蓋障菩薩執金剛王
四王帝釋梵天王那羅
延摩醯首羅及天
龍八部等咸礼佛已
同聲白言我等已
蒙世尊加護福此
呪法及造塔法咸此
守衛住持讀誦書寫

석가탑에서 나온 『다라니경』(실물 크기)

당시 석가탑 2층 탑신 내부에서 발견된 사리함 등도 같이 지정됩니다.

석가탑 『다라니경』의 기원 문제를 놓고 중국과의 논쟁을 보기에 앞서 한·일 양국의 『다라니경』을 비교해 보아야겠습니다. 이 두 『다라니경』의 출간 연대는 20년 정도밖에 떨어져 있지 않지만, 그 질에서는 차이가 많이 납니다. 일본 것은 사진에서 보는 바와 같이 대단히 조잡합니다. 그리고 인쇄라고 볼 수도 없는 것이 목판 인쇄라기보다는 도장을 찍은 것처럼 만들었습니다. 그러니까 판목 조각에 글자를 새겨 원판을 만들고, 종이를 밑에 놓고 도장을 찍듯 눌러 찍은 것이라는 것입니다. 그리고 글자체도 밑에 있는 석가탑 『다라니경』과 비교하면 유치한 태가 납니다. 아마 당시 일본은 인쇄술이 그리 발달하지 못했던 모양입니다.

이에 비해 석가탑 『다라니경』은 비록 작은 목판이지만, 확실하게 글자를 새기고 그 위에 잉크를 바른 다음 종이를 대고 문질러서 찍은 것이라, 순전한 목판 인쇄술을 사용하여 찍은 것임을 알 수 있습니다. 또 장정도 일본 것보다 훨씬 앞설 뿐만 아니라, 글자체의 필력도 강하고 먹의 색깔도 진해 일본 것과 많은 대조를 이룬다고 합니다. 결론적으로 말해 석가탑 『다라니경』이야말로 목판 인쇄술의 성격과 특징을 제대로 갖춘 초기의 목판본이라 할 수 있을 것입니다.

『다라니경』이 중국 것이라고?

이 유물과 관련해서 가장 문제되는 것은 앞에서도 언급한 것처럼 중국과 얽힌 기원 문제입니다. 이것은 이 경에 어디서 누가 출간했는지를 밝혀주는 간기刊記가 없어서 생긴 문제입니다. 욕심 같아서는 『직지』처럼 고려의 승려 백운이 썼다고 하는 문구가 있어 나라와 저자의 이름이 확실하게 밝혀져 있으면, 중국에서 시비를 걸지 못했을 텐데 하는 아쉬움이 있습니다.

그러면 중국학자들은 어떤 근거로 이 『다라니경』이 중국에서 만들어졌다고 주장하는 것일까요? 중국학자들은, 이 『다라니경』이 700년대 초에 중국에서 번역되고 인쇄되어 신라로 가게 된 것이라고 주장합니다. 그 근거로 그들은 이 『다라니경』에 당의 여황제로 이름 높았던 측천무후則天武后 때 만들어진 한자가 들어가 있다는 점을 제시합니다. 측천무후는 황제가 되어 자기가 독특한 존재라는 것을 국민에게 각인시키기 위해 새로운 한자를 만드는데, 그 글자들이 이 경문에 들어가 있다는 것입니다.

『다라니경』에는 이 글자들 가운데 4종이 포함되어 있는데, 이 글자들은 하도 독특해 여기에 적기가 힘듭니다. 地 자를 예로 들어 보면 山水土 자를 합해 岺와 같이 완전히 새로운 글자를 만들어버립니다. 땅에는 산과 물과 흙이 있다는 뜻이겠지요. 중국학자들에 따르면 이 경에 이런 글자를 썼다는 것은 당시 당나라가 아니고서는 불가능하다는 것이에요. 그래서 이 경이 당나라에서 제작 인쇄되었다고 주장하는 것입니다.

중국의 이러한 태도를 이해는 할 수 있습니다. 종이나 화약, 인쇄술처럼 고대에 통용되던 '하이테크닉'이 대부분 중국 것인데, 이 가운데 세계 최초의 인쇄물을 작은 변방 국가인 신라에게 뺏기기 싫은 마음이 들수 있겠죠. 앞에서 지나가면서 이야기했지만, 세계 최초의 금속 활자 인쇄본인 우리의 『직지』도 프랑스 국립도서관에서는 중국 책으로 분류되어 있지 않았습니까? 그것을 한국인인 박병선 박사님이 찾아내신 것이고요.

그런 까닭인지 세계 최초의 인쇄본만큼은 중국이 차지하고 싶었을지도 모르겠습니다. 중국학자들의 이러한 주장이 먹혔는지, 중국 과학사를 정리해 세계적으로 이름 높은 니덤Joseph Needham 교수도 자신의 책에 이 경을 중국에서 만들었다고 주장하고 있습니다.

중국학자들의 주장에 대해 한국학자들은 이렇게 응대합니다. 우선 측천무후가 만들었다는 그 글자는 반드시 중국에서만 썼다고 볼 수 없지 않은가? 즉 이 글자가 나온 게 『다라니경』보다 50년이 앞서는데, 그렇다면 신라에도 이 글자가 들어와 통용되고 있어 『다라니경』을 쓸 때 이 글자들을 쓸 수도 있었다는 것이지요. 이 외에도 『다라니경』이 한국산이라는 증거는 적지 않습니다.

그것을 살펴보면, 우선 당시 신라는 『다라니경』을 인쇄할 만큼 인쇄문화가 발전해 있었다는 것을 지적할 수 있습니다. 신라에는 이미 쇠나 돌에 글씨를 새기는 기술이 있었고, 여러 가지 재료를 이용하여 도장을 파는 기술도 많이 발달해 있었습니다. 그런가 하면 종이 역시 신라 때 많이 발달해 있었습니다.

종이 하면 한국 아니겠습니까? 앞에서 말한 대로, 우리나라는 종이 만드는 재료인 닥이 훌륭하기 때문에 좋은 종이를 만들 수 있었습니다. 그래서 한반도에서 만들어진 종이는 희고 섬유질이 풍부해 두껍고 질겨서 오래 가는 것이 최고의 장점으로 꼽히고 있습니다. 종이 질이 그렇게 좋으니까 천년도 더 된 인쇄물이 지금까지 남아 있을 수 있는 것 아닙니까?

들려오는 이야기로는 일본의 종이 전문가들이 『다라니경』의 종이를 조사해보았더니, 신라 종이일 뿐만 아니라 그 제작 시기는 8세기 초인 것으로 밝혀졌다고 합니다. 이것 하나만으로도 『다라니경』이 신라에서 만들어진 것이라고 해야 하지 않겠습니까?

마지막으로 지적하고 싶은 것은 당시 신라에는 인쇄할 때 빼놓을 수 없는 먹이 상당히 발달했다는 사실입니다. 신라 먹은 질이 아주 좋아 진즉부터 중국에도 수출되고 있었습니다. 송연먹이라 불리는 신라 먹은 먹이 번지지 않고 먹색에 윤이 나서 인쇄에 적합했다고 합니다. 게다가 종이마저 최상품이었으니 먹발을 잘 받을 수밖에 없었을 겁니다. 이와 같이 인쇄술이 발달할 수 있는 제반 조건이 잘 갖추어져 있었던 신라는, 중국에서 초기 형태의 목판 인쇄술이 들어오자 곧 목판 인쇄를 시작했을 것으로 추정할 수 있겠습니다.

이외에도 서체나 필법을 가지고 『다라니경』이 신라에서 만들어진 것이라고 추정하는 방법도 있는데, 이것은 너무 전문적이라 여기서는 생략하고 관심 있는 분은 다음 주소로 들어가서 보시기 바랍니다(http://blog.daum.net/bosar/9447443). 이 블로그를 만든 분은 아주 세심하게 『다라니경』에 대한 자료를 모아놓았습니다.

이 『다라니경』과 관련해 요즘에 조금 더 생각해야 할 일이 생겼습니다. 최근(2005년 9월)에 국립중앙박물관에서 발표한 것인데, 석가탑의 중수기가 발견된 것입니다. 이 문헌은 『다라니경』이 발견될 때 같이 나온 것인데, 어떻게 된 일인지 그동안 그 존재 자체도 모르다가 2005년에 새삼스레 발견되었습니다. 그 까닭에 경주 지역 사학자들은 박물관 측에 대고 직무유기라고 마구 비판하기도 했습니다.

이 중수기는 고려 정종 때인 1038년에 만들어져 석가탑에 안치된 것으로 확인되었습니다. 중수기에 씌어 있는 기록을 통해 우리는 두 가지 중요한 사실을 알게 되었습니다. 석가탑은 신라 경덕왕 때 처음으로 만들어진 다음에 한 번도 중수하지 않다가, 1038년에 최초로 중수하게 되었다는 사실과, 석가탑이 고려 초에는 무구정광탑 혹은 서쪽에 있다는 의미에서 서석탑으로 불렸다는 사실이죠. 이 중수기 때문에 생기는 문제점은, 『다라니경』이 석가탑을 만들었을 때 봉안된 것이 아니라, 석가탑을 중수할 때 안치됐을 가능성이 있다는 점입니다.

그렇게 되면 『다라니경』의 연대는 후대로 한참 내려와야 합니다. 이렇게 추정해볼 수 있는 근거 가운데 하나는, 『다라니경』이 나온 뒤 한참 동안 목판으로 인쇄된 다른 책이 발견되지 않는다는 것입니다. 이 경 이후에 인쇄된 것 가운데 가장 처음으로 나온 것은 고려 목종 때인 1007년에 인쇄된 『보협인다라니경』(이하 『보협』)이라고 합니다.

뿐만 아니라 한국의 목판 인쇄는 이 『보협』이 인쇄된 시기인 10세기 말부터 11세기 초까지 성황을 보인 반면, 『다라니경』이 인쇄된 8세기 중엽에 이런 목판본이 만들어졌다는 것은 희귀한 일이라고 전문가들은 말합니다. 그러니 『다라니경』이 8세기에 인쇄되지 않았을 수도 있다는 것입니다. 확실한 것은 이 중수기가 완전하게 판독되어야 알 수 있다고 하는데, 이런 기록들은 판독하는 데 시간이 많이 걸린다고 합니다.

그러나 지금까지 전문가들은 대체로 석가탑 『다라니경』이 탑을 만들 때 안치되었을 것으로 추정하고 있습니다. 우선 전문가들은 『다라니경』

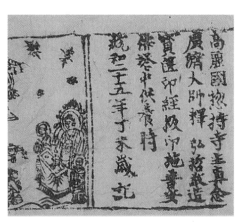

『보협인다라니경』

을 『보협』과 비교해 보고, 글자체나 책의 구성에서 전자가 후자에 비해 고졸하고 유치하다는 데에 입을 모읍니다. 석가탑의 것은 판각술이 훨씬 떨어질 뿐만 아니라, 『보협』에는 판화도 있어 체제가 잘 갖추어져 있는 반면, 『다라니경』에는 그런 것이 없다는 것이지요. 『다라니경』이 만일 이 중수기를 만들 때 같이 만들어졌다면, 『다라니경』에는 『보협』 정도 혹은 그 이상의 인쇄술이 구현되어야 하는데, 그렇지 않으니 연대적으로 볼 때 앞설 수밖에 없다는 것입니다.

사실 간단하게 생각해 보아도 석가탑이면 최고의 탑인데 그런 탑에 넣을 『다라니경』이라면 당시 최고의 기술을 이용하여 인쇄하지 않았겠습니까? 『다라니경』은 그런 최고의 인쇄술과는 거리가 멀다는 것이지요. 다시 말해 『다라니경』은 석가탑을 만들 당시의 수준에 맞는 인쇄술로 만든 경이라고 할 수 있겠습니다. 이렇게 생각해 보면, 『다라니경』이 8세기 중엽에 만들어졌다는 것은 사실로 보입니다.

지금까지 우리는 활자와 관계된 우리나라의 여러 가지 유물을 보았습니다. 한국은 활자와는 확실히 특별한 인연이 있는 나라인 것처럼 보입니다. 우리나라가 활자나 인쇄와 연관해서 세계 기록을 두 개나 보유하고 있기 때문입니다. 그것도 그저 그런 두 개가 아니고 문화의 척도라 할 수 있는 활자 혹은 인쇄본을 인류사 전반全般에서 최초로 발명한 것이니, 보통 기록이 아닌 것이죠? 이런 것은 하나만 있어도 대단한 건데 우리는 두 개나 보유하고 있는 것입니다. 그런데 우리 조상이 지니고 있던 혁혁한 문기는 이제부터 시작입니다.

이 마당을 끝맺기 전에 한번 이야기하고 싶은 것은, 저는 이전부터 우리나라 출판사에 대해서 의문 갖고 있었습니다. 현재 한국인은 책을 안 읽기로 정평이 나 있습니다. 이것은 출판 관계자들을 만나면 한결 같이 듣는 이야기입니다. 저도 학교에서 학생들을 가르치면서 항상 느끼던 생각입니다. 앞 책에서도 언급했지만 우리나라에 노래방은 수만 개에 달하는데, 도서관은 500개에 불과하다고 하니 그 실정을 알 수 있겠습니다.

그런데 우리 국민이 담합을 한 것처럼 책을 안 읽는데도 출판사는 하루가 멀다 하고 생겨납니다. 그리고 신간도 무진장 나옵니다. 이 까닭에 한국은 지금 출판에 관한 한 세계에서 항상 10위 언저리에 있습니다. 이 것은 출간되는 책의 양을 가지고 계산한 것인데, 물론 이 가운데 참고서나 어린이용 도서가 많은 부분을 차지하지만, 어찌됐든 엄청난 책들이 출간되고 있습니다. 책을 이렇게 안 읽는데도 책이 많이 나오는 이유는 무엇일까요?

여러 가지 이유가 있겠지만 우리 한국인에게는 워낙 강한 문기 전통이 있어서, 다시 말해 책을 내는 행위가 문화적으로 내재화 되어 있어서, 우리 자신도 모르는 사이에 조상에게 물려받은 대로 행동하는 것은 아닌지 모르겠습니다.

요즘 잘 하는 말로 한국인에게는 출판이라는 문화적 행위가 그네들의 DNA 속에 담겨 있어서 그저 그 내장된 프로그램에 따라 자신의 행위를 펼쳐나가는 것이라고 할 수도 있겠습니다. 그리고 출판하는 행위가 고도의 문화적 태도로 간주되는 경향이 있어, 좋은 인문학 계통의 출판사를 운영하는 것이 선망의 대상으로 보이는 일마저 생겨나고 있습니다. 이런 제반 사항들이 모두 한국이 활자 혹은 인쇄 선진국이라는 면모를 유감없이 보여주고 있습니다.

지금까지 우리는 활자를 중심으로 한 한국인의 문기에 대해 보았습니다. 이제부터는 다른 각도에서 한국인의 문기를 보려고 합니다. 한국인이 활자를 만든 것은 책을 찍기 위함인데, 책에는 여러 가지 사실들이 기록됩니다. 활자가 하드웨어적인 것이라면, 기록되는 것은 요즘 유행어로 콘텐츠가 되겠습니다.

한국의 조상은 이 콘텐츠를 만드는 데에도 드높은 정신을 유감없이 발휘했습니다. 앞에서 본 『직지』가 유네스코에 등재되어 있듯이(『다라니경』은 약간의 논란 때문에 아직 등재되지 못하고 있습니다), 이제부터 볼 것들도 모두 유네스코에 기록 유산으로 등재되어 있는 것입니다. 그 가운데 우리는 우리 민족의 보물인 『고려대장경』부터 보기 시작할 것입니다.

드높은 기록 정신을 가진 사람들

앞에서 본 것처럼, 우리 조상이 이렇게 활자를 처음 만들고 발전시킨 것은 모두 책을 만들기 위함이었습니다. 한국은 세계 출판사出版史에 남을 만한 서책을 적지 않게 남겼습니다. 그리고 그 책들은 세계 유산이 되어 한국뿐만이 아니라 온 인류가 보호해야 하는 보물이 되었습니다. 앞에서 본 『직지』나 『다라니경』이 모두 그런 사실을 말해줍니다만, 이 책들은 금속 활자든 목판이든 인쇄로 한 것 가운데 가장 오래되었다는 것이지, 그 내용이나 정신이 아주 우수해서 뽑힌 것은 아닙니다.

한국에는 세계에서 유례를 찾아보기 힘든 드높은 기록 정신으로 만들어진 서책들이 꽤 있습니다. 이제 우리는 그것을 보려 하는데, 그런 서책이 너무 많은 관계로 여기서는 온 세계가 인정한 것들만 보기로 하겠습니다. 온 세계가 인정했다는 것은 이 유물이 더 이상 한국 한 나라만의 유물이 아니라, 온 인류의 유물이 되어 인류가 같이 보호해야 한다는 사실을 말합니다.

이런 것들은 보통 유네스코가 지정하여 보호하는데, 한국의 유물 가운데 이 기관에 등재된 서책은 앞에서 본 대로 『직지』와 『조선왕조실록』과 『승정원일기』와 『훈민정음』이 있습니다. 이 네 유물이야말로 한국의 문기를 대표하는 서물書物들임에 틀림없습니다. 그런데 극히 최근(2007년 6월)에 두 가지 서물이 추가로 세계기록유산에 등재되었습니다. 이 장의 주인공인 『고려대장경』과 조선 왕조의 『의궤』가 그것입니다.* 이 가운데 『직지』는 이미 보았고, 이제부터는 『고려대장경』을 보려합니다.

『고려대장경』은 그동안 등재를 희망하고 있었는데, 사실 생각해 보면 등재된 거나 다름이 없었습니다. 왜냐하면 대장경은 최근까지 등재되지 않았지만, 대장경을 보존하고 있는 장경각은 세계문화유산에 등재되어 있었기 때문입니다.

기록문화유산과 그냥 세계문화유산은 조금 다릅니다. 후자는 경주 역사 지구나 고인돌, 창덕궁, 종묘 등과 같은 걸출한 세계의 부동산적인 문화유산을 지칭하는 것이고, 전자는 부동산이 아닌 서책書冊 중심으로 이루어져 있습니다. 장경각이 등재되어 있다는 것은 물론 그 건물 자체가 뛰어나기 때문에 그런 것도 있겠습니다만, 그보다는 그 안에 세계의 보물인 대장경이 있기 때문일 것입니다. 이 건물은 대장경을 보존하는 기능을 하지 않으면 의미가 없기 때문에, 이 건물과 대장경은 하나로 보아야 할 것입니다.

어떻든 이 마당에서 우리는 이 기록문화유산 가운데 대장경과 더불어 『조선왕조실록』과 『승정원일기』를 보게 될 것입니다.

---

* 그렇습니다. 이 글을 쓰던 중인 2007년 6월 14일 남아프리카공화국의 프리토리아에서 열린 유네스코 세계기록유산 자문위원회에서 『고려대장경』과 조선 왕조 『의궤』의 세계 기록문화유산 등재가 결정되었다고 합니다.

셋째 이야기

동북아시아에서 가장 완벽한 대장경,
『고려대장경』

고려 고종 때 대장도감에서 판각한 대장경.
경판은 국보 제32호이다.
대장경은 부처님의 설법과 계율, 논문을 모두 모은 것을 말하며,
경판은 현재 81,258매가 남아 있다.

우리는 초등학교 때부터 시작해서 적어도 고등학교 국사 시간까지 『고려대장경』에 대한 이야기를 많이 들었습니다. 하지만 『고려대장경』이 어떤 면에서 우수한 유물인지 말해 보라고 하면, 모두 '쭈뼛거리기'만 할뿐 정확한 이야기를 하지 못합니다. 대단히 훌륭한 유물인 것 같기는 한데, 대관절 어디가 어떻게 훌륭해서 그런지는 잘 알지 못하고 있습니다.

『고려대장경』에 대해서는 참으로 할 말이 많습니다만, 독자 여러분의 이해를 돕기 위해 우리 대장경을 한 마디로 표현하면 무엇이라고 할 수 있을까요? 아무리 복잡한 사안도 간단명료하게 정의내리면, 그 사물을 이해하는 데 큰 도움을 줍니다.

'『고려대장경』은 한문으로 번역된 대장경 가운데 지금 남아 있는 것 중에서 세계 최고最高이면서 가장 오래된(最古) 것'이라고 이해하시면 됩니다. 영어로 하면 'oldest & best'라고 표현할 수 있겠죠. 그리고 현재 남아 있는 대장경 가운데 유일한 완본이라는 사실도 우리 대장경의 가치를 한층 더 높여줍니다.

대장경 발간의 의미

그동안 우리는 국사 시간에 대장경이란 단어를 많이 들어왔습니다. 그런데 학생들에게 정작 대장경이 무엇을 뜻하는지 아느냐고 물어보면 명확한 대답이 나오지 않습니다. 그럴 때마다 저는 속으로 '이거 큰일 났구나. 이렇게 자기 문화 전통을 몰라서 어떻게 세계화 시대에 살아남을 수 있겠는가?' 하면서 걱정을 합니다.

몇 년 전 여름에 영어로 한국 종교와 문화에 대해 가르친 적이 있었는데, 그때에도 미국 학생은 불교의 삼보(불·법·승)나 대장경에 대해 정확하게 대답을 했습니다. 반면 한국 학생들(교포 학생들)은 그런 단어조차 들어보지 못했다고 하더군요. 한국의 불교 역사가 1600년이라는 게 무색했습니다. 우리가 한국 사람인 한은, 우리의 전통 사상에 대해 기본적인 것은 알고 있어야 합니다.

우리는 불교 경전 모음집을 대장경이라고 한다는 것까지는 알고 있습니다. '대'는 크다는 뜻이니 설명할 필요 없고, 장경만 설명하면 되겠습니다. 여기서 중요한 것은 장경의 '장藏'입니다. 장은 산스크리트어로 '피타카'라고 하는데 이것을 한자로 옮긴 것입니다. 피타카는 무엇을 뜻할까요? 이것은 광주리를 뜻합니다. 왜 광주리라고 했을까요? 초기 불교를 보면, 당시에는 종이가 없으니까 경을 나뭇잎 위에 써서 광주리에 넣어 보관했다고 합니다. 그런 연유로 해서 경을 '장(피타카)'이라고 부른 것이지요.

대장경은 그냥 피타카가 아니라 트리피타카라고 합니다. 앞에 있는 '트리'는 무엇을 뜻할까요? 이것은 셋을 뜻합니다. 왜 셋일까요? 대장경에는 크게 나누어서 세 가지 문헌이 포함됩니다. 이른바 이것을 경經·율律·론論 삼장이라고 합니다. 이 세 가지가 포함되기 때문에 삼이라는 숫자가 들어간 것입니다. 그래서 『고려대장경』은 영어로 부를 때 "트리피타카 코리아나Tripitaka Koreana"라고 부릅니다. 한국(고려)의 삼장이라는 뜻이지요.

그럼 경·율·론은 무엇을 말하는 것일까요? 우선 '경'이란 불교를 창제한 붓다의 말씀에만 붙일 수 있는 글자입니다. 가장 귀중하고 높은 것이라, 이것은 어느 누구도 바꿀 수 없습니다. 다음으로 '율'은 승려가 지켜야 할 계율을 의미합니다. 승려는 수도자이기 때문에 일반인과는 달리 지켜야 할 것이 많습니다. 그래서 이렇게 명확하게 구분해 놓았습니다.

마지막으로 '론'은 가장 훌륭한 스님들의 저작을 지칭하는 단어입니다. 그러니까 요즘 말로 하면 붓다 말씀에 대한 주석서쯤으로 이해하면 되겠습니다. 이 론에 포함되려면 웬만한 내용 가지고는 안 됩니다. 그 말씀이 붓다의 수준에까지 근접해야 붙일 수 있는 이름입니다. 대승불교의 철학을 완성한 용수(나가르쥬나) 보살의 저작 정도가 되어야 론에 포함될 수 있고, 한국 학자들 가운데 론의 수준에 해당하는 글을 써서 대장경에 포함된 사람은 원효 대사밖에 없는 것으로 알고 있습니다.

이렇게 셋을 합쳐서 삼장이라고 하는데, 독자 여러분은 손오공에 나오는 삼장법사를 알고 계실 겁니다. 이때 삼장은 그 승려의 이름이 아니죠. 이 분의 이름은 그 유명한 현장玄奘 법사이고, 삼장이란 승려에게 붙일 수 있는 최고의 영예를 나타내는 명칭입니다. 삼장법사란 칭호를 받을 수 있는 분은 바로 경·율·론 세 가지에 완전 통달한 분을 말합니다. 그 방대한 경전을 하나로 꿰어서 알고 있고, 계율에 대해서도 환할 뿐만 아니라 잘 지키고, 역대 불교의 탁월한 논문에 대해서도 확실하게 이해하고 있는 분을 말합니다.

그러니까 불교를 처음부터 끝까지 완전 마스터한 스님을 일컫는 게 바로 삼장법사라는 단어입니다. 불교에 대해서 이러한 기초적인 지식을 갖고 보면, 불교에서 가장 중요한 것을 모아 놓은 것이 대장경이라는 사실을 알 수 있습니다. 그래서 중국의 역대 왕조나 고려 같은 문화 선진국에서는 대장경 인쇄에 박차를 가했던 것입니다.

그럼 여기서 대장경 간행과 관련해서 가장 기본적인 질문을 던져보겠습니다. 여러분도 잘 아시다시피 우리에게 전해진 『고려대장경』은 몽골이 침입해 온 극히 혼란한 시기에 무신 정권에서 만든 것입니다. 우리는 이런 질문을 할 수 있겠지요. 아니 전쟁 통에 싸우기도 바쁠 텐데 웬 경전 제작이냐고 말입니다.

생각해 보십시오. 예를 들어 6·25 전쟁 때 남한 정부가 싸우다 말고 엄청난 돈을 들여서 무슨 탑이나 상징적인 건물을 짓는다고 하면 국민이 가만있을까요? 그런데 고려 정부는 한가하게(?) 경판이나 만들고 있었단 말이죠. 오늘날의 입장에서 보면 어리석어 보이기까지 합니다.

그런데 고려의 관리들이 그렇게 어리석었겠습니까? 대장경 제조 사업은 엄청난 돈과 인력이 듭니다. 위정자가 아무리 바보라도 그런 돈을 허투루 쓰지는 않습니다. 나름대로 목적이 있었던 것입니다. 그럼 어떤 것을 노리고 고려의 위정자들은 이런 엄청난 역사役事를 시작했을까요? 아울러 왜 동북아시아의 위정자들은 불경 간행에 그렇게 많은 관심을 쏟았을까요?

여기에 대한 교과서적인 답변은 고려 정부가 대장경의 간행을 통해 붓다의 힘을 빌려 전쟁에서 승리하려고 했다는 것입니다. 국사 시간에도 이렇게 배웠습니다. 물론 이 답변이 틀린 것은 아닙니다. 불교의 일반적인 믿음에 따르면, 불교에서 가르치는 진리를 보다 많은 사람에게 전하면 큰 복을 받게 된다고 합니다.

이렇게 가르침을 전하는 방법에는 경전을 인쇄해서 유포하는 일이 가장 효율적인 방법이지 않겠습니까? 인쇄란 것은 다량을 한꺼번에 찍을 수 있기 때문에, 그만큼 파급효과가 클 것이기 때문입니다. 동북아시아 국가에서 대장경을 앞 다투어 찍었던 데에는 이런 이유도 있었습니다. 또 마침 목판이 중심이 된 인쇄술도 상당히 발달해 있어서 하드웨어적인 면도 뒷받침이 되었습니다. 이런 모든 것들을 다 갖춘 나라는 당시에 중국과 고려 정도였습니다. 물론 시작은 중국이었습니다. 그러나 이러한 것들이 전부는 아닙니다.

이 대장경이 전시에 만들어졌다는 데 주목해야 합니다. 전시에 가장 중요한 것은 민심을 한 데로 모으는 일일 것입니다. 그래야 온 국민이 단결하고 전쟁에 효율적으로 대처할 수 있기 때문입니다. 고려 정부가 전시에 대장경을 만든 것은 바로 이러한 이유 때문이었습니다. 당시는 국교가 불교였으니까 온 국민이 불교 신자였습니다. 불교도들을 단합시키려면 붓다의 이름으로 전쟁을 치러야 할 텐데, 그 중에서도 부처님이 우리 편이라고 주장하는 게 가장 좋을 것입니다.

이러한 주장이 그냥 말이 아니라, 사실이라는 것을 보여주기 위해 고려 정부는 대장경을 판각하기 시작했습니다. 대장경을 만드는 공덕으로 고려는 부처님의 보호를 받을 수 있고, 이 전쟁을 승리로 끝낼 수 있다는 확신을 보여주려 했던 것입니다. 그렇게 되면 국민은 한결 안정된 마음을 갖고 전쟁에 대처할 수 있을 것이기 때문입니다. 한 마디로 말해서 대장경은 당시 고려인에게 모든 것의 중심 혹은 구심점이 되었던 것입니다.

이런 사정을 몽골군도 잘 알고 있었던 것 같습니다. 1232년의 2차 침입 때, 몽골 군대가 대장경을 불질러버린 것입니다. 이때 몽골군의 대장군은 국사책에 항상 등장하는 살례탑인데, 이 사람은 우리의 영웅인 승병장 김윤후金允候가 쏜 화살에 맞아 전사하게 되지요.

대장군이 죽은 탓인지 몽골군의 주력 부대는 퇴각하고, 잔병들이 고려에 남았던 모양입니다. 이때 고려에 배신자가 나타나는데 홍복원洪福源이 바로 그 사람입니다. 지금 추측으로는 이 배신자의 안내를 받아 고려에 남아 있던 몽골군이 당시 대구 팔공산 부인사符仁寺에 보관되어 있던 대장경을 불사르게 됩니다. 이때 이들은 내친 김에 경주까지 가서 황룡사 구층탑도 소실시켜 버립니다. 이 탑은 이때 소진되어 다시는 원형을 찾지 못하고 지금까지 터로만 내려오게 되었습니다.

여기서 우리는 이런 질문을 던질 수 있습니다. 왜 몽골군은 굳이 대구까지 가서 대장경판을 불질러 버렸을까 하는 의문 말입니다. 이것은 몽골 군대가 『고려대장경』이 고려인의 정신적인 지주였다는 것을 잘 알고 있었다는 것을 의미합니다. 『고려대장경』을 제거함으로써, 또 다른 지주라 할 수 있는 황룡사 구층탑도 같이 없앰으로써, 요새말로 하면 국론을 분열시키려고 했던 것이지요. 실제로 모든 것을 불교에 걸고 살던 시대에 불교에서 가장 귀중하게 생각하는 부처님 말씀을 적은 경이나 부처님의 무덤이라 할 수 있는 탑(호국탑)과 같은 중심 상징물이 약탈당하면, 국민은 정신적으로 많은 타격을 받을 것으로 생각됩니다.

대장경의 중요성을 잘 알고 있던 고려 조정은 이 최초의 대장경이 소진된 뒤, 곧 이어서 1236년에 새로운 경판을 만드는 데 착수했습니다.

이것이 두 번째 대장경인데, 우리에게 남아 있는 것은 바로 이 경판입니다. 이에 대해서는 조금 있다가 자세하게 볼 예정입니다.

대장경은 최고 문명의 상징

대장경의 간행 목적은 방금 전에 본 것처럼 국론의 통일을 위한 것도 있었습니다. 그와 더불어 고려가 문화 대국이라는 것을 만천하에 과시하려는 의도도 있었을 것입니다. 이것을 이해하려면 당시 불교가 동아시아에서 차지하고 있던 위치를 잘 파악해야 합니다.

불교는 인도 북부에서 배태되어 서서히 동진해 일본과 동남아에 전파됩니다. 불교가 워낙 장대하게 전파되었기 때문에, 아랍 지방(페르시아)의 동쪽부터 일본에 이르기까지, 그 넓은 지역에 있던 국가들은 적어도 한 번은 불교 국가가 되는 경험을 하게 됩니다. 동남아도 이슬람교가 들어오기 전에는 온통 불교 일색이었습니다.

게다가 불교는 당시까지 있던 종교 가운데 가장 보편적이고 국제적이었다고 할 수 있습니다. 제가 다른 책에서 언급했지만, 중국이나 한국에 들어온 불교는 인류가 생산한 대표적인 문명들이 두루 섞여서 만들어진 엄청난 문화 복합체cultural complex입니다. 그것은 왜일까요?

불교는 인도에서 나왔으니 순인도적인 종교라 할 수 있습니다. 그러나 불교는 전파되는 과정에서, 간다라 지역에서는 그리스 문명을 만나고, 중앙아시아에서는 메소포타미아 문명을 만나고, 중국에서는 중국 문명을 만나게 됩니다. 그래서 인류가 배태한 대표적인 4가지 문명이 죄다 섞인 게 불교라고 할 수 있는 것입니다. 불교가 보편적이라고 한 것은 이런 이유 때문입니다.

따라서 당시에는 불교를 열렬하게 신봉하는 것이 문화국의 지표가 되는 것으로 간주되었습니다. 그래서 불교를 받아들인 나라들은 불교와 관련된 문화적 요소들을 많이 발전시켰습니다. 그 가운데 대표적인 것이 바로 대장경입니다. 물론 대장경 이외에도 사원이나 불상, 탑 등 유형 문화재가 많이 있습니다. 하지만 대장경은 그 가운데서도 으뜸을 차지한다고 하겠습니다.

그것은 왜일까요? 불교에서 가장 중요한 것은 부처님 말씀이기 때문입니다. 그래서 불교 경전은 "내가 이렇게 (부처님 말씀을) 들었다"로 시작합니다. 불교의 목적이 깨달음에 있다면, 깨달을 수 있게 해주는 것은 부처님의 법문입니다. 그 법문을 가시화 혹은 물질화시킨 것이 바로 대장경입니다. 따라서 대장경은 부처님 자신처럼 귀중한 것입니다. 이것을 갖고 있다는 것은 불교의 핵 혹은 하트heart를 갖고 있는 것이 되니, 얼마나 영예스러운 일이겠습니까? 따라서 대장경을 보유하는 국가라면, 문명의 중심에 있는 것으로 간주되었던 것입니다.

또 앞서 본 대로, 인쇄에는 많은 인력과 엄청난 예산, 수준 높은 기술과 노하우가 필요합니다. 이런 것을 다 보유하고 있는 국가는 선진국이 아닐 수 없습니다. 그리고 대장경 같은 것을 만들어내기 위해서는 정치적으로는 강한 중앙 집권력이 있어야 하고, 수많은 문화적 엘리트가 있어야 합니다. 이런 조건이 두루 갖추어진 나라는 이웃나라가 쉽게 보고

침범할 수 없습니다. 그런 까닭에 당시 대장경을 갖고 있다는 것은, 오늘날로 치면 핵무기를 갖고 있는 것과 비슷한 상징적인 힘을 갖고 있는 것이라고 말하는 사람도 있습니다.

당시에는 이런 대장경을 소지하고 있는 나라가 많지 않았습니다. 북방불교의 대장경 조성 사업이 중국에서 시작되었다는 것은 잘 알려진 사실입니다. 10세기 후반 북송에서 만든 『촉판대장경』이 바로 최초의 대장경이 됩니다. 그 다음으로는 요나라에서 만든 『거란대장경』이 두 번째입니다. 『고려대장경』은 이 두 대장경 다음에 만들어지게 됩니다. 고려 것보다 앞서 만들어진 이 두 대장경은 전란 통에 모두 타버리고 없어져 버립니다. 그래서 우리 『고려대장경』이 가장 오래된 대장경으로 남은 것입니다.

그 이후에는 몽골이나 티베트처럼 불교에 대단한 열정을 지닌 국가들만 대장경을 만들게 됩니다. 여기서 예외가 되는 나라가 일본입니다. 일본은 우리의 고려나 조선 초에 해당하는 시기에, 대장경을 만들 만한 재력이나 문화력이 충분하지 않았습니다. 아무래도 대륙에서 떨어진 고립된 섬에서 생활했으니, 그럴 만도 했겠습니다. 일본에서는 그때 근 50년 동안 대장경을 만들려고 했지만 결국 성공하지 못했습니다.

그러나 그들은 문화적인 변방국의 이미지에서 탈피하고자 대장경을 소유하고픈 열망이 강했습니다. 당시 일본의 권세 있는 절에서는 『고려대장경』을 간절히 원하게 됩니다. 문화국인 고려에서 부처님 말씀을 판각한 경판을 절에 모셔 놓으면, 훨씬 권위가 높아 보이기 때문입니다. 이런 저런 이유로 일본에게는 우리 대장경이 매우 긴요했습니다.

이럴 때 가장 손쉬운 방법은 남이 만든 대장경을 가져오는 것이었습니다. 그래서 일본의 정치 지도자들은 조선에서 대장경을 불하받으려는 계획을 짭니다. 그들은 조선 초부터 중종 초까지 80여 차례나 조선에 사신을 보내, 끈질기게 대장경을 인도해 달라고 조릅니다. 문화 국가가 되려는 그들의 소망은 이처럼 대단했습니다. 일본 조정은 조선에 사신을 보내, 이제 숭유억불 정책을 펴는 마당에 불경은 필요 없을 터이니, 대장경을 그네들에게 인도하라고 합니다.

그 조건으로 왜구를 막아주고 왜구에게 붙잡혀간 조선 사람을 인도해 주겠다는 약속도 제시합니다. 그래서 실제로 세종 어떤 해에는 그해 동안 왜구가 한 번밖에 출몰하지 않았다는 기록이 있습니다. 이런 사정 때문에, 조선 조정이 대장경을 달라는 일본의 요구에 부응할 수밖에 없었던 것입니다. 그런 끈질긴 요구가 있어 조선 조정은 대장경 가운데 극히 일부분을 일본에 전하기도 합니다. 또 인쇄본을 준 것도 여러 차례가 됩니다.

이때 재미있는 일화가 있는데, 일본 사신이 단식을 한 것이 그것입니다. 세종 때의 일인데 일본 사신이 대장경 하사를 간청하자, 세종은 처음에는 줄 뜻을 비쳤던 모양입니다. 세종처럼 학문에 통달한 분이 이런 일을 했다는 게 조금 이상하시죠? 이것은 아마 세종 초기의 일이라, 세종도 불교에 별 관심이 없을 때 일어난 일 같습니다. 그러자 유신들이 반대를 했습니다.

유신들이 반대를 한 것은 불교를 아껴서 그리 한 것은 아니었습니다. 유신들의 주장을 대충 정리해 보면, '대장경판 자체는 아깝지 않은데 나중에 더 큰 것을 달라고 할지 모르기 때문에 안 된다'는 것이었습니다.

이것은 불교를 미워한 유신들의 속 좁은 처사라 하겠습니다. 아무리 불교가 싫다고 해도, 어떻게 조상 대대로 이어 내려오던 것을 남에게 줄 생각을 했을까요?

이 소식을 들은 일본 사신은 단식을 시작했다고 합니다. 조선에 가서 꼭 경판을 가져오라는 막부의 엄명이 있었기 때문에, 고육지책으로 단식을 했던 것이지요. 그러나 이것도 성공하지 못합니다. 그러자 일본 조정은 대마도와 연계해서 무력을 사용하려는 계획까지 세웠다고 합니다. 대장경은 이만큼 중요한 문화 상징물이었기 때문에, 일본이 그토록 가져가고 싶어한 것이지요. 이 정도 설명이면 대장경 간행이 갖는 의미가 이해되셨을 것입니다. 그럼 지금부터는 대장경 자체에 대해서 보기로 하지요.

『고려대장경』은 어떤 문화물?

앞에서 잠시 언급했지만 지금 우리에게 남아 있는 대장경은 보통 재조再雕 대장경이라 불리는 것으로, 고려가 첫 번째로 만든 대장경은 아닙니다. 고려 정부는 중국의 북송에서 대장경을 만들자, 여기에 자극받아 1011년(현종 2년)에 처음으로 대장경을 만들기 시작합니다. 이렇게 해서 완성된 대장경은 첫 번째로 만들었다는 의미에서, 초조初雕 대장경이라고 불리지요.

이것은 북송의 대장경을 저본底本으로 해서 만들었는데, 완성되기까지 70여 년이라는 장구한 세월이 걸립니다. 북송 것을 참고로 해서 만들었지만, 더 많은 경이 수록되었기 때문에 북송 것의 개선본이라 할 수 있습니다. 이 대장경은 전체적으로 보면 동북아시아에서는 송과 거란 다음으로 세 번째로 만들어진 것인데, 앞의 두 대장경보다 우수한 것으로 평가됩니다.

그러나 앞에서 언급한 것처럼, 이 대장경은 대구 근처에 있는 부인사에 보관되어 있다가 몽골군의 침입 때 불타 없어지고 맙니다. 그러나 다 없어진 것은 아니고, 국내와 일본에 아주 조금 남아 있다고 합니다. 일본 교토의 남선사南禪寺에는 이 대장경의 경판도 40권 정도가 남아 있고, 인쇄본도 1,500여 권이 있다고 합니다.

이 대장경 다음으로 대각국사 의천이 이른바 『속장경』을 찍었습니다. 이것은 경전은 아니고, 경전을 위시한 불교 관련 전적典籍의 목록을 만든 것입니다. 이 『속장경』은 원래의 이름이 있긴 한데 너무 복잡해서 여기서는 언급하지 않겠습니다. 당시 의천은 국내에 있던 불교 책들을 두루 수집했을 뿐만 아니라, 중국 각지를 돌아다니면서 책을 모으고 일본 등지에서도 책을 구입하여 방대한 목록을 만들었습니다. 이것도 앞의 대장경과 같이 몽골의 침입 때 대부분이 불타서 없어집니다. 다만 잔본의 일부분이 송광사나 일본 교토에 있는 동대사東大寺에 조금 남아 있다고 합니다.

이제 우리의 주인공인 대장경을 볼 차례가 되었습니다. 앞서 언급한 대로 1232년(고종 19년) 몽골이 침입하자, 고려 조정은 1236년 강화도에 대장도감大藏都監을 설치하고 사업을 시작합니다. 그러나 실제로 판각이 시작된 것은 1238년에 이르러서입니다. 바로 경문을 판 것이 아니라 이

전에 있던 대장경을 바탕으로 교정도 보고 편집을 하느라 시간이 걸린 것입니다.

당시 강화도에만 관청을 설치한 것이 아니라, 진주 근처의 남해 연안에도 분청이라 할 수 있는 분사分司를 두어 강화도와 같이 진행시켰습니다. 이 대역사를 총지휘한 수기守其라는 승려는 아주 꼼꼼하게 모든 과정을 감독합니다. 이 분사를 설치한 지역의 소재에 대해서는 몇 가지 설이 있는데, 남해군 '대사리'는 그 가운데 유력한 후보입니다. 이곳은 움푹 들어가 있어 밖에서는 잘 보이지 않습니다. 또 간만干滿의 차가 커, 밀물 때 목재를 운반했다 썰물 때 이 나무들을 쉽게 뻘에 담글 수 있었습니다. 그만큼 나무들을 처리하기에 아주 좋은 장소였다고 합니다. 특히 목재 운반이 아주 용이했다고 합니다. 섬진강 하구에 목재를 부려 놓으면, 조류 때문에 저절로 대사리 안쪽으로 들어오기 때문입니다.

목재는 보통 자작나무를 썼다고 알려져 있는데, 그 외에도 우리나라 전역에서 나는 나무들을 썼습니다. 그 가운데서도 산벗나무나 동백나무를 위시해 단풍나무, 박달나무 등을 많이 사용했다고 합니다. 자작나무는 경판의 마구리용으로만 사용했다고 하더군요.

목재를 고를 때에도 상당히 까다로웠습니다. 적어도 50~60년이 넘은 나무라야 했고, 자르는 시기도 겨울에 국한했습니다. 겨울에 잘라야 목질이 치밀해 뒤틀리지 않고, 변형이 되지 않기 때문이랍니다. 산의 어느 부분에 있는 나무를 자르는가도 중요시했는데, 이왕이면 북쪽 계곡에서 자란 나무를 선호했다고 합니다. 이것 역시 겨울에 나무를 자르는 것과 같은 원리입니다.

그럼 이 나무를 어떤 공정을 거쳐 가공했는지 볼까요? 나무는 가공을 잘 못하면 나중에 뒤틀리거나 터질 수 있고 또 벌레들이 파먹을 수 있기 때문에, 많은 주의를 기울였습니다. 지금까지 알려진 것을 보면, 일단 원생목原生木을 약 3년 넘게 뻘에 넣었다고 합니다. 그 다음에는 그 나무들을 꺼내어 일정한 크기로 자른 뒤, 소금물 통에 넣어 쪘다고 합니다. 그래야 목재의 결이 부드러워져 판각하기도 쉽고 해충의 공격도 막을 수 있었다고 합니다.

이종호 박사 같은 과학자들의 보고에 의하면, 소금물은 벌레나 곰팡이가 서식하는 것을 방지합니다. 또 나무진이 나무 내부로 골고루 들어가게 해, 뒤틀림이나 갈라지는 것도 막아준다고 합니다. 하지만 나무에 들어간 많은 습기를 잘 말리는 일도 중요했습니다. 말릴 때는 반드시 그늘에서 해야 하고, 바람이 잘 통하는 곳이어야 했습니다. 햇빛이 있으면 나무가 터질 수 있기 때문입니다. 말리는 기간도 상당히 길었다고 합니다.

다 말린 뒤에는 표면을 매끄럽게 하는 작업을 해야 합니다. 글자를 새기는 작업은 그 다음부터 가능하게 됩니다. 이 글씨 새기는 과정에 대해서는 곧 상세하게 볼 것입니다. 판각이 다 마쳐지면, 다시금 해충이 공격하는 것을 막기 위해 옻칠을 합니다. 또 경판이 뒤틀리는 것을 방지하기 위해, 양 끝에 각목을 대고 경판의 네 모서리에 구리를 붙입니다. 이렇게 해서 전체 공정이 끝나게 됩니다.

이때 썼던 구리판의 순도는 거의 100%에 달해, 어떻게 13세기에 그렇게 순도가 높은 구리를 만들 수 있었는지 현대 과학자들도 깜짝 놀란다고 합니다. 그런가 하면 이 구리판을 고정하기 위해 썼던 못들 역시 주조 기술이 뛰어나 현재까지도 녹이 슨 못이 거의 없다고 합니다.

참으로 당시의 과학 기술이 대단하지요? 당시 세계적으로도 이런 기술을 갖고 있는 나라가 그리 많지 않았을 겁니다. 대장경 만드는 기간이 몇 십 년씩 걸렸던 것은, 이렇게 수많은 단계를 거쳐야 하기 때문에 자연스러운 결과로 생각됩니다.

이제 판각하는 과정에 대해 조금 자세하게 볼까요?* 판각하기 위해서는 우선 원고가 나와야 합니다. 그런데 정확한 원고를 만드는 작업도 만만치 않았습니다. 이전의 대장경보다 훌륭한 대장경을 만들기 위해서는, 처음에 만든 초조 대장경을 저본으로 삼아 내용을 확인합니다. 그 다음, 송이나 거란의 대장경과 일일이 대조·확인해서 다르게 나타나는 글자들을 골라냅니다. 그 가운데 어느 글자가 가장 적합한지 심사숙고해서 글자를 선정합니다. 따라서 이런 작업을 할 수 있는 사람은 불경에 해박한 고승이 아니면 안 되었습니다. 경전을 줄줄 외고 있어야 이런 일을 할 수 있지 않겠습니까? 그래서 대장경 편수에는 학식이 높은 고승들이 대거 참여했습니다.

이 긴 과정이 끝난 다음, 이것을 가지고 원고를 만들었습니다. 이때 원고란 종이에 경전 내용을 써서 경판에 붙이는 것을 말합니다. 그것을 가지고 각수刻手가 새겨나가는 거지요. 그런데 원고를 쓰는 사람마다 글씨체가 다르면 안 되겠죠? 이 원고는 많은 관료와 문인이 참여해 썼지만,

---

* 이 과정에 대한 자세한 것은 앞에서도 인용한 『한국생활사박물관』(제8권), 78~83쪽을 참조하면 됩니다. 특히 여기에는 좋은 그림이 있어 이해하는 데에 큰 도움이 됩니다.

한 사람 글씨처럼 보이게 하기 위해 많이 연습한 다음에 썼다고 합니다. 그러려면 또 글씨체의 본이 있어야겠죠? 당시에 중국에서는 경을 쓸 때 구양순체가 기본이었고, 글씨체로는 가장 단정한 해서체가 쓰였기 때문에 고려도 그 예를 따랐습니다. 그러니까 『고려대장경』은 구양순체의 해서체로 쓰인 것이라 할 수 있겠습니다. 참으로 대단한 정성입니다.

그 다음 과정으로 이렇게 완성된 원고를 판목에 붙입니다. 글씨를 쓴 면이 나무에 닿도록 하고 풀로 붙인 다음, 그 위에 풀을 또 바릅니다. 그것이 마르게 되면, 글씨가 잘 보이게끔 식물성 기름을 발랐습니다. 이 과정까지 끝나야 비로소 판각을 시작할 수 있었습니다.

경판이 수도 없이 많았기 때문에, 아마 셀 수 없이 많은 각수가 필요했을 것입니다. 그런데 능숙한 각수라도 하루 종일 40~50자를 파는 것이 고작이라고 합니다. 이렇게 계산하면 한 명의 각수가 한 달 동안 만들 수 있는 경판은 두 장 내외가 됩니다. 그러니까 글자만 파는 데도 얼마나 엄청난 인력이 들었는지 알 수 있겠습니다. 그러나 전체 공정을 보면, 이보다 훨씬 더 많은 인원이나 물자가 필요했을 것입니다. 이에 대해서는 조금 있다가 보게 됩니다.

이렇게 해서 새기는 과정이 끝나면, 그 다음은 인쇄공의 차례가 됩니다. 인쇄공은 경판 위에 먹물을 골고루 칠하고 종이를 조심스레 얹습니다. 그 다음 머리카락을 밀랍과 반죽하여 만든 '문지르개'로 가볍게 문지르면, 종이 위에 글자가 나타나게 됩니다. 이것은 초벌 인쇄 같은 것입니다. 당장 인쇄본을 찍어내는 것이 아니라, 이 초벌 인쇄본으로 다시 한 번 탈자나 오자가 있는지 살펴보게 됩니다. 그래서 잘못된 글자나 줄이 있으면, 그것을 도려내고 새로운 글자나 줄을 새겨 감쪽같이 끼워 넣었다고 합니다.

매 경판을 만들 때마다, 이렇게 복잡하고 각고의 노력이 들어가는 과정이 있었습니다. 이 과정이 얼마나 힘든가는 여기까지만 보아도 아시겠지요? 이것은 고려가 재정적으로나 문화적으로 매우 앞선 나라였기 때문에 가능한 일이었습니다. 문화적으로 이런 큰 역사役事를 할 수 있는 나라는 당시 세계적으로도 얼마 되지 않았을 것입니다.

고려는 이런 작업을 16년 동안이나 계속했습니다. 더구나 싸움을 하면서 이런 큰일을 했다는 게 잘 이해가 안 될 겁니다. 이때 만든 대장경은 한 면에 23줄이 들어갔고, 각 줄에는 14자가 씌어졌습니다. 따라서 경판의 한 면에는 각각 322개의 글자가 들어가게 됩니다. 이에 비해 초조 대장경에는 한 줄에 15자를 썼다고 합니다. 초조 것을 저본으로는 했지만, 그 체제를 따르지는 않고 더 업그레이드 시킨 것을 알 수 있습니다. 그리고 경판의 크기는 가로 70cm, 세로 24cm이고 두께는 2.8cm입니다. 무게는 대체로 2,830g에서 3,400g 정도가 된다고 합니다.

우리 대장경을 가지고 왜 팔만대장경이라고 하는 것일까요? 그것은 경판이 8만 개를 조금 상회하기 때문입니다. 정확히 하면 81,258장에 달하는 판목인데, 이중에 121장이 겹치니 더 정확히 하면 81,137장이라고도 할 수 있겠습니다.* 양면에 판각을 했으니 전체 면수는 162,516면이

---

* 이 대장경에는 1,511 종류의 불경이 들어가 있는데, 이것을 다 합치면 6,805권이 된다고 하는데 숫자가 번거로워 본문에는 쓰지 않았습니다.

되고, 각 면에 322자의 글자가 있으니 전체 글자 수는 52,382,960자, 즉 5천 2백만이 넘는 엄청난 숫자입니다. 이것은 나중에 보게 될 『조선왕조실록』과 글자 수가 비슷하니, 우리 조상의 글자에 대한 사랑은 남다르다고 하겠습니다. 이것을 따로 정리하면 다음과 같은 모습이 되겠습니다.

고려 오백 년의 가장 큰 국책 사업

이와 같이 대강만 보아도 대장경을 만드는 데에 들어간 인력이나 예산이 엄청난 것을 알 수 있습니다. 그런데 이것을 나름대로 계산한 사람들이 있어 그들이 발표한 내역을 소개할까 합니다. 주인공은 'KBS 역사 스페셜팀'으로 그들이 계산한 것을 보면 눈이 휘둥그레 해질 정도입니다.

우선 나무를 봅니다. 40cm 굵기에 1~2m짜리 통나무 하나면 대개 6장 정도의 목판을 만들 수 있다고 합니다. 그러니까 8만이 좀 넘는 경판을 만들기 위해서는, 통나무 1만 5,000개 이상이 필요하게 됩니다. 이것을 판각을 하는 데까지 옮기는 데에도 많은 인원이 들 것입니다. 하지만 어디서 벌목하느냐에 달라지니, 이 점에 대해서는 이 팀의 계산을 따르지 않겠습니다.

그 다음에는 목판에 붙일 원고입니다. 하루에 한 사람이 붓글씨로 쓸 수 있는 글자 수가 1,000자 정도라고 합니다. 따라서 5,200만 자 이상을 다 쓰려면 연인원이 5만 명 이상이 필요하다는 계산이 나옵니다. 들어가는 종이도 장난이 아닙니다. 판면이 16만이 조금 넘으니까 종이도 그만큼 필요하겠지요. 그러나 파지도 생길 터이니 다 고려하면 그 3배인 50만 장이 필요하다는 추산이 나옵니다. 그러나 종이의 문제는 재생해서 썼을 가능성이 있기 때문에 실제로는 계산이 달라질 수도 있겠습니다. 어떻든 이렇게 보면 하루 한 사람이 만들 수 있는 종이가 50장 정도이니 이 종이 만드는 데에만도 1년에 1만 명쯤이 필요하다는 계산이 나옵니다.

그 다음에 가장 시간이 많이 드는 작업은 판각입니다. 한 사람이 하루에 새길 수 있는 글자 수를 30~40자(이종호 박사는 위에서 본 것처럼 40~50자로 잡았는데 어떤 것이 정확한 것인지는 모릅니다)로 잡으면 5,200만 자 이상을 판각하려면 적게 잡아도 125만 명이 필요한 것으로 나옵니다.

판각이 다 된 경판에 칠하는 옻 액도 녹록치 않습니다. 경판 한 장에 5g 정도의 옻이 필요한데, 경판 전체로 확대해서 계산하면 400kg 정도가 필요하다고 합니다. 옻의 하루 채취량은 150그루에서 400g이 되니, 400kg을 채취하려면 연인원 천 명이 동원되어야 한다고 합니다.

이 이외에도 인원은 훨씬 더 많이 필요합니다. 인쇄만 하는 사람이나 교정 보는 사람, 구리 장식을 만드는 사람 등등 보조 인원도 상당히 많이 필요한 것은 당연한 일입니다. 따라서 이 사업은 고려 500년 동안 가장 큰 국책 사업이라 할 수 있습니다.

이렇게 만들어진 대장경은 당시 몽골군을 피해 도망갔던 강화도로 옮겨 섬 안 여러 곳에서 보관됩니다. 그러다 1318년부터는 강화도 안에 있는 선원사禪源寺에 안치하게 됩니다. 그런데 그 많은 경판을 어떻게 남해서부터 강화도까지 날랐을까요? 당연히 뱃길을 따라 강화도까지 갔겠지요.* 그리고 지정된 장소까지는 수레에 싣거나 사람이 직접 머리에 이어서 날랐을 것으로 추정됩니다. 부처님의 말씀인 경판을 나르는 것 자체가 공덕을 쌓는 일로 여겨졌기 때문에, 많은 사람이 기쁜 마음으로 동참했을 것으로 생각됩니다.

이보다 더 궁금한 것은 강화도에 있던 경판이 언제 어떻게, 그리고 왜 해인사로 옮겨졌나 하는 것입니다. 대장경의 무게를 추산해 보면, 280톤 정도가 되니 오늘날의 운송 수단으로 옮기려면 4톤 트럭 70대 정도가 필요하겠습니다. 이렇게 무거운 것을 어떻게 350km나 멀리 떨어져 있을 뿐만 아니라 아주 깊숙한 산 속에 위치한 해인사에 운반했는지, 현대의 우리들은 잘 모르고 있습니다. 경판을 옮긴 해에 대해서도 여러 설이 있지만, 태조 7년인 1398년에 이성계가 한강에서 경판을 옮기는 것을 지켜보았다는 기록이 있어, 그 해에 운반했다는 설이 가장 유력합니다.

어떻게 옮겼는가에 대한 것은 두 가지 견해로 나뉘는데, 내륙으로 계속 운반했다는 견해와 뱃길로 부산까지 갔다가 다시 낙동강을 거슬러 올라와 해인사로 이송했다는 것이 그것입니다. 왜 해인사였을까요? 여기에도 여러 설이 있지만, 해인사의 지정학적인 위치가 가장 중요한 역할을 했다고 전합니다. 그러니까 해인사는 북방 민족의 침입을 피할 수 있게 충분히 남쪽에 있을 뿐만 아니라, 일본(왜구)의 침략을 피할 수 있게 충분히 내륙에 있다는 점 때문입니다.**

---

* 조운선에 실으면 20여 척이면 그 많은 대장경을 다 실을 수 있다고 합니다.

** 이에 대한 자세한 내용은 김종명(2002), "『고려대장경』과 장경각—인쇄 문화의 보물창고" (『유네스코가 보호하는 우리 문화유산 열두 가지』)를 참조하기 바랍니다. 이외에도 『고려대장경』에 대한 김종명 교수의 설명은 다른 어떤 논문보다 잘 정리되어 있어 일목요연하게 대장경에 대해 이해할 수 있게 해줍니다.

지금 우리는 이 대장경이 남아 있으니까 그러려니 하지만, 이것이 유실되지 않고 지금까지 남아 있는 것은 하늘이 도운 것이고 보관소를 정말로 잘 고른 덕택입니다. 또 우리 조상들도 엄청난 노력을 한 것입니다. 한 번 생각해 보세요. 임진란 때 전국에 있는 절 가운데 남아난 게 없이 죄다 불탔는데, 어떻게 우리 대장경은 무사했을까요? 그야말로 신기한 일 아니겠습니까?

이외에도 일제 때 일본으로 송출되지 않은 점이라든가, 6·25 때 전쟁의 포화를 비켜간 것 등은 모두 신이하기 짝이 없는 일입니다. 그저 부처님의 가피력에 힘입었다고 하면 될까요? 그 덕도 있을지 모르지만 조상들이 노력한 것도 크게 작용했을 겁니다. 임란 때에도 일본군이 대장경을 탐내지 않았을 리가 없지요. 일본군이 해인사 바로 앞에 있는 성주까지 점령했는데, 곽재우 장군이 이끄는 의병과 승병들이 해인사를 지켜 대장경이 안전했다고 하더군요.

그 다음 위기는 당연히 우리나라가 일본에 의해 주권을 빼앗긴 일제 때 맞이하게 됩니다. 1915년에 당시 조선 총독이던 데라우치 마사다케寺內正毅가 우리의 대장경 전체를 일본에 가져가려는 계획을 세웠기 때문입니다. 그러나 워낙 방대한 양이고 무게가 많이 나가 실행에 옮기지 못하고 말았다고 합니다. 참으로 다행한 일이었습니다. 데라우치가 조금만 더 무모했으면 큰일 날 뻔 했습니다.

진짜 위기는 한국 전쟁 때 맞이합니다. 남쪽으로 내려온 북한군 가운데 인천 상륙 작전 때 북으로 가지 못하고 남게 된 천여 명이 해인사가 있는 산에서 게릴라 활동을 벌였다고 합니다. 그때 한국군은 이들을 소탕하기 위해 미군에 공중 지원을 부탁했는데, 미군은 한국에 대해서 잘 모르니까 그냥 해인사를 폭격하라고 명했다고 합니다. 절은 게릴라들의 은닉처가 될 수도 있기 때문이었을 겁니다. 이 이야기는 아주 중요한 것이라 조금 더 자세하게 언급해야겠습니다.

때는 1951년 12월 18일의 일로, 이때 폭격을 명받은 분은 김영환 대령이라는 분이었습니다. 그런데 이 분은 해인사에 대장경이 있다는 것을 잘 알고 있었습니다. 그래서 우리 조국의 귀중한 유산을 지키겠다는 일념 아래, 여러 이유를 들어 결국에는 해인사 폭격 명령을 따르지 않습니다.

휴! 안도의 한숨이 나오는 순간입니다. 그때 우리 공군이 가지 않고 미국 공군이 출격했으면, 해인사고 대장경이고 모든 것이 쑥밭이 됐을 텐데 하는 생각에 정신이 아찔해집니다. 김 대령님 같은 분께는 우리가 어떻게 감사를 드려야 할지 모르겠습니다. 군인이 명령에 불복하면 벌로 사형까지도 받을 수 있는데, 김 대령님은 그것을 감내하고 우리의 문화재를 지키신 것입니다. 그런 김 대령님을 기리기 위해 조계종에서는 감사의 비를 세웠습니다. 이 비는 해인사 어귀에 있으니, 여러분도 해인사가는 길이 있으면 꼭 들러보시기 바랍니다.

이런 예는 『조선왕조실록』의 경우에도 반복됩니다. 아무리 봐도 우리는 훌륭한 조상을 두었습니다만, 아직도 이런 문화 영웅들을 잘 대접하지 않는 것 같아 안타깝습니다.

이 정도면 대장경 자체에 대해서는 충분히 설명이 된 듯합니다. 이제부터는 앞서 간간이 설명이 되었지만, 우리의 대장경이 어떤 특징을 갖고 있고, 어떤 면에서 우수하다고 하는 것인가에 대해 종합해서 보겠습니다.

『고려대장경』은 어떤 면에서 우수하다는 것일까?

이 면에 대해서는 앞서 인용한 한국학중앙연구원의 김종명 교수가 정리한 것이 제일 낫기 때문에, 그 분의 설명을 따라가 보겠습니다. 김 교수에 의하면 『고려대장경』은 동북아시아에서 이루어진 한역漢譯 대장경 가운데 '포괄성'이나 '정확성,' '예술적 완성도' 그리고 '역사적 중요성'의 시각에서 보았을 때, 가장 훌륭한 대장경이라고 합니다. 그러니까 한 마디로 말해서, 우리 대장경은 완성도 면에서 볼 때 다른 어떤 대장경보다 뛰어나다는 것이지요.

우선 포괄성이 무엇을 뜻하는지 살펴볼까요? 이것은 『고려대장경』이 동아시아에서 만들어진 대장경 가운데 가장 모범적인 대장경이라는 의미입니다. 물론 우리 대장경은 앞에서 말한 것처럼, 만들 때 송나라의 것을 모본母本으로 사용하고, 거란 대장경의 영향도 많이 받게 됩니다. 그러나 우리 대장경은 이 두 대장경에 포함되지 않은 불교 전적도 두루 포함하고 있습니다. 뿐만 아니라, 이 장경들이 현재에는 전하지 않기 때문에, 그 내용을 알고 싶으면 오로지 『고려대장경』을 통해서만 가능합니다. 그러한 의미에서 우리의 대장경이 갖는 중요성은 참으로 대단하다고 할 수 있습니다. 『고려대장경』에만 포함되는 책들의 제목은 너무 전문적인 것이라 생략하기로 하겠습니다.

이와 같이 『고려대장경』은 그 내용이 가장 충실할 뿐만 아니라, 오자나 탈자가 지극히 적기 때문에, 그 뒤에 만들어진 대장경들의 저본이 됩니다. 가령 청나라 말에 편찬한 『빈가정사頻伽精舍 대장경』이나 1980년대에 대만에서 만든 『불광佛光 대장경』 등은 모두 『고려대장경』을 모델로 해서 만들었다고 합니다.

우리의 『고려대장경』을 본 따 만든 대장경 가운데 우리의 특별한 주의를 끄는 것은, 일본이 20세기 초에 만든 『대정신수大正新修 대장경』입니다. 이 대장경은 일본의 대정(1912~1925년) 시대 때 만들어졌기 때문에 『대정신수 대장경』이라고 불리는데, 지금까지 아시아에서 만들어진 대장경 가운데 가장 포괄적인 대장경으로 간주되고 있습니다. 그도 그럴 것이 여기에는 한역漢譯된 경전뿐만이 아니라, 인도의 산스크리트어 경전 그리고 남방 불교의 팔리어 경전 등과 같이 망라할 수 있는 불교 전적들을 대소승 구별하지 않고 모아 놓았기 때문입니다.

『고려대장경』은 북방 불교의 한역 경전들만 모아 놓은 것에 비해, 일본 것은 북방 불교의 경전은 물론 번역되기 전의 산스크리트어본本을 비롯해 남방 불교 경전인 팔리어본까지 망라하고 있습니다. 따라서 그 포괄성에서 지금까지 인류가 만든 어떤 대장경보다 넓습니다. 그래서 이 일본 대장경의 간행은 현대 불교학의 입장에서 보면 가장 위대한 업적이라고 할 수 있습니다.

20세기 초에 일본에서 이런 대장경이 편수되었다는 것은, 나름대로 큰 의미가 있습니다. 앞에서 고려에서 대장경이 만들어졌다는 것은 고려가 동아시아에서 중심 국가 계열에 서 있다는 것을 보여주는 상징적인 징표라고 했지요? 일본은 당시에는 문화적 및 재정적 역량이 미치지 못해 대장경을 만들지 못하고 있다가, 20세기 초에 와서 그 소망을 이루게 되었습니다. 그것도 지금까지 만들어낸 대장경 가운데 가장 결론적인 대장경을 만들어냈습니다.

이것은 인도의 불교 문명이 일본에 와서 완성 내지는 꽃을 피우게 됐다는 것을 의미합니다. 한국의 불교학자 가운데는 인도 불교가 한국에 와서 통불교가 되면서 열매를 맺었다고 주장하는 사람들이 있는데, 그것은 일본의 실정을 몰라도 한참을 모르는 것입니다. 일본은 20세기 초에 이와 같이 불교도 확실하게 정리했을 뿐만 아니라, 한자를 총집대성한 『한화漢和 대사전』을 만들어냄으로써, 중화문명을 나름대로 정리하게 됩니다. 일본이 중국이나 한국보다 근대화가 빨리 된 것은 이 같은 예를 통해서도 알 수 있습니다.

일본 대장경의 뛰어남은 그 포괄성 때문에 온 세계의 불교학자들이 불교를 연구할 때에는 반드시 이 대장경을 참고한다는 데에 있습니다. 그만큼 포괄적이고 정확하니까 그럴 것입니다. 그리고 이 대장경은 원래의 한문 원문을 그대로 둔 것이 아니라, 한문 문장에 방점을 찍고 토를 달아 해석하기 훨씬 수월하게 해 놓았습니다. 한문을 하는 분들은 잘 아시겠지만, 한문은 방점만 찍어주면 해석은 반은 된 것 아닙니까? 이 대장경은 진즉에 일본어로 번역이 되었다는데, 옛 표현들이 많아 지금 다시 현대 일본어로 재번역하고 있다고 합니다.

여기서 제가 말하고 싶은 것은 이런 최고의 대장경을 만들 때 일본학자들은 우리의 『고려대장경』을 기본틀로 해서 만들었다는 사실입니다. 『고려대장경』이 워낙 훌륭하니까 다른 대장경들을 젖혀 놓고 고려 것을 저본으로 한 것입니다.

일본 대장경 이야기는 그만 하고, 다시 『고려대장경』으로 돌아가지요.

『고려대장경』의 다음 특징으로 생각할 수 있는 것은 정확성입니다. 흔히 『고려대장경』에는 오자나 탈자가 하나도 없다고 알려져 있는데, 그것은 사실이 아닙니다. 사람이 하는 일에 어찌 실수가 없을 수 있겠습니까? 게다가 글자 수가 5천만 자가 넘는데 오탈자가 하나도 없다는 것은 불가능한 일이겠지요. 가령 시示 자를 역亦 자로, 혹은 보살마하살菩薩摩訶薩을 보살마보살菩薩摩菩薩로 쓰는 등의 오류가 발견되었답니다.

그런데 놀라지 마십시오. 어떤 스님이 『고려대장경』에 나오는 오탈자를 찾아보았더니, 130여 자밖에 나오지 않았답니다. 이에 비해 『신수대장경』은 580여 자가 나왔다고 하고요. 이것을 가지고 『신수대장경』보다 『고려대장경』이 더 정확하다고 할 수 있는지는 모르겠지만, 좌우간 『고려대장경』의 5천만 자 가운데 오류가 이것밖에 안 나왔다는 것은 거의 기적에 가깝다고 할 수 있겠습니다.

대장경이 이렇게 정확할 수 있었던 것은 앞에서 언급한 수기 스님이라는 당대의 석학 덕택입니다. 스님은 이전에 있던 대장경들을 아주 꼼꼼하게 비교하고 대조하여, 틀린 글자는 잡아내 고치고, 빠진 글자는 집어넣었습니다. 더구나 스님은 그 내용을 담아 『교정별록校正別錄』이라는 책을 만들었습니다. 이 책을 보면 각 경전의 번역자나 권수, 주석, 제목을 확인하고, 경전이 진짜인지 위작인지를 판단하는 과정을 거쳤음을 알 수 있습니다. 뿐만 아니라 빠지거나 착오가 있는 부분을 어떻게 선별하여 고쳤는가를 자세히 적고 있습니다.

우리는 이 『별록』을 통해 『고려대장경』 자체에 대해서 잘 알 수 있습니다. 뿐만 아니라 우리 대장경이 중국의 대장경들과 어떤 관계에 있었는지에 대해서도 한눈에 파악할 수 있습니다. 따라서 별록은 대장경을 연구하는 데 아주 중요한 자료가 된다고 합니다.

다음 장점으로 볼 것은 『고려대장경』이 갖고 있는 예술성입니다. 『고려대장경』에서 사용한 글씨체는 구양순체라고 앞에서 언급한 적이 있습니다. 아시다시피 구양순은 중국 송나라 때 가장 뛰어난 명필가였습니다. 그리고 그의 글씨체는 품위 있기로 이름 높습니다. 저는 전체 5천만 개의 글자가 한 글씨체로 되어 있다는 게 놀랍기만 합니다. 이렇게 많은 글자가 있지만, 한 사람이 쓴 것 같으니 믿기가 어렵다는 것입니다.

대장경의 글씨체는 한말 최고의 지식인이던 추사도 찬탄을 금치 못했다고 합니다. 추사라면 어떤 분입니까? 조선말에 동북아시아를 대표하는 지식인 아니었습니까? 추사의 문기文氣는 중국에서도 확실하게 인정을 받았습니다. 게다가 글씨라면 당대 최고 아니었습니까? 자신의 서체까지 만들었던 분이었으니까, 그 분의 감식안이 얼마나 높았겠습니까? 그런 추사가 칭송한 글씨라면 『고려대장경』의 글씨가 얼마나 뛰어난 것인지 알 수 있지 않을까요?

이렇게 우리 대장경이 예술적으로 뛰어났던 것은, 전하는 것처럼 대장경을 판 각수들이 한 자 한 자 팔 때마다 절을 했기 때문인지도 모르겠습니다. 그만큼 정성을 다했기 때문에, 자못 남다른 예술적인 경지에 오른 글씨를 새길 수 있지 않았을까 하는 생각을 해봅니다.

대장경은 목판 자체로도 의미가 있지만, 목판의 진정한 의미는 인쇄에 있습니다. 『고려대장경』도 그동안 여러 차례 인쇄되었습니다. 그것을 전부 볼 필요는 없을 것 같고, 현대에 와서 인쇄된 것만 보기로 하겠습니다. 우리 대장경이 가장 최근에 인쇄된 것은 1963년부터 1968년까지 12부가 인쇄된 것입니다. 이것은 일본이나 미국, 오스트리아, 영국 등지에 보내지고, 국내에서도 몇 부를 보관하고 있다고 합니다.

그러나 『고려대장경』은 워낙 양이 방대합니다. 그래서 일반인도 편리하게 대장경을 접할 수 있게, 1976년 동국대학교에서는 대장경을 축소해서 48권으로 영인해 일반에 내놓았습니다. 그러나 이렇게 해도 대장경의 원문은 한자로 되어 있기 때문에, 한문 교육을 받지 않은 거개의 한국인은 대장경을 이해할 수 없었습니다. 그래서 진즉에 국역 사업이 진행되었는데, 워낙 양이 방대하니까 시간이 엄청 걸렸습니다. 이 번역에 소용된 시간이 1965년부터 2001년까지니까, 37년이라는 세월이 걸린 것입니다.

또 시대는 바야흐로 컴퓨터 시대에 접어들어, 대장경의 전산화 작업을 시작했습니다. 이 작업은 고려대장경연구소의 소장인 종림 스님의 주도 아래 시작되었는데, 1993년에 시작해서 2002년에 마무리를 짓게 됩니다. 이것 역시 9년이라는 짧지 않은 세월과 많은 경비가 투여되었습니다. 이제 우리 대장경은 어떤 주제나 용어로든 검색해서 필요한 내용을 추출하는 일이 가능해졌습니다(관심 있는 분은 http://www.sutra.re.kr로 가시면 됩니다).

나중에 보게 되지만, 『조선왕조실록』도 이런 작업이 가능해져 연구하는 사람이 얼마나 편해졌는지 모릅니다. 이전 같으면 그 방대한 자료를 다 뒤져야 하는데, 이제는 주제어 하나면 치면 어디에 박혀 있든지 관계된 내용이 다 뜨니 얼마나 대단합니까?

종림 스님은 우리 대장경이 활자 매체 시대에는 좀 뒤쳐졌지만, 전자

매체 시대에는 앞서 가서 세계 불교학계에서 기본 교재로 널리 쓰이길 바란다고 밝혔습니다. 그러나 앞으로의 미래를 확실하게 점칠 수 없는 게, 일본의 『신수대장경』도 벌써 전산화 작업에 들어갔기 때문입니다. 아직 완성은 안 된 것으로 알고 있는데, 이것이 완성되면 불교학자들이 또 『신수대장경』 쪽으로 경도될 가능성이 있습니다. 이것은 조금 더 지켜봐야 하겠습니다.

이 정도 설명이면, 『고려대장경』에 대한 설명은 대강 된 셈입니다. 대장경과 관련해서 어느 하나 대단하지 않은 게 없었습니다. 엄청난 재력은 말할 것도 없고, 드높은 문화력 그리고 섬세한 예술성과 과학성 등등, 당시의 고려는 우리가 생각하는 것보다 훨씬 더 문화가 높고 문기가 충만했다는 것을 알 수 있습니다. 그 높은 문화를 정작 우리 후손들은 제대로 실감하고 있지 않습니다. 워낙 훌륭해 우리의 능력으로는 파악이 잘되지 않기 때문일지도 모르겠습니다.

대장경과 관련해서 아직 볼 것이 하나 더 남아 있습니다. 바로 장경각입니다. 사실 유네스코에 먼저 등재된 것은 대장경이 아니라 이 장격각이라고 했습니다. 대장경이 말할 수 없이 훌륭한 것은 당연한 일이지만, 장경각도 그에 버금가게 훌륭하기 때문에 세계문화유산이 된 것입니다. 이제 그에 대해 보기로 하겠습니다.

장경각은 대장경을 보관하기 위해 지은 것이지만, 이런 유의 건물로는 세계 유일의 것이며, 세계에서 가장 큰 목조 창고 건물이라는 평가를 받습니다. 장경각의 구성은 사진에서 보는 바와 같이 큰 건물 두 개와 작은 건물 두 개로 되어 있습니다. 큰 건물 가운데 앞의 것은 수다라장修多羅藏* 이라 불리고, 뒤의 것은 법보전法寶殿으로 불립니다. 그리고 양쪽 끝에 동 사간고東寺刊庫와 서사간고西寺刊庫가 있는데, 이 네 건물은 모두 국보 52 호로 지정되어 있습니다. 그리고 수다라장과 법보전에 보관되어 있는 경판은 국보 32호에, 그리고 동·서 사간고에 보관되어 있는 고려 각판은 국보 206호에 지정되어 있습니다.

동·서 사간고에 보관되어 있는 것은 절에서 그때그때 필요에 따라 만든 경판들입니다. 그래서 사간고寺刊庫라 불리는 것이지요.

이 건물들이 언제 지어진 것인지는 잘 알지 못합니다. 대장경을 해인사로 옮기고 약 100년이 지난 1488년에 처음으로 이 건물들을 복구했다고 하고, 그 뒤에도 수차례 복구했다고 합니다. 지금 우리가 확실히 알고 있는 것은 1622년에 수다라장을 고치고 1624년에는 법보전을 고쳤는데, 그때의 모습이 지금까지 전해 내려온다는 것입니다. 그러니까 이 건물들은 380년 정도 된 것이라고 할 수 있습니다.

장경각의 특징을 말할 때, 기둥 108개는 108번뇌를 상징한다고 하고,

---

* '수다라'는 불법의 요체를 풀어쓴 경문을 뜻하는 수트라sutra를 말합니다.

그 안에 깨달음의 상징인 부처님의 말씀이 있으니, 이것은 번뇌 속에 깨달음이 있다는 것을 보여준다고 하는 그럴듯한 이야기들이 있습니다. 그러나 이것은 후대에 지어낸 이야기 같아 보입니다.

장경각의 진정한 특징은 당시 수준으로서는 가장 뛰어난 과학에 바탕해서 지어졌다는 데 있을 것입니다. 이에 대해 앞에서 인용한 김종명 교수는 아주 간명하게 정리해서 '통풍은 최대한 잘 되게 하는 한편 반대로 습도는 낮게, 그리고 온도는 적당하게 유지할 수 있게' 만들었다고 표현했습니다.

이런 장치들은 경판이 최적의 상태에서 보관될 수 있도록 하기 위해 만들어진 것입니다. 그런데 장경각은 밖에서 보면 별 특징이 없는 것처럼 보입니다. 왜냐하면 수직 창살로 만든 나무 창문들만이 벽에 있을 뿐, 별다른 장치가 없어 아주 단순하게만 보이기 때문입니다.

장경각이 나무 경판을 잘 보호할 수 있게 만들어진 비밀은 바로 이 나무 창문에 있습니다. 사진에서 관찰할 수 있는 것처럼 위와 아래의 나무 창문 크기가 다릅니다. 이것은 공기의 순환을 극대화시켜서 통풍을 원활하게 할 수 있게 만든 장치입니다. 조금 더 자세하게 보면, 앞 건물인 수다라장의 경우 앞 벽의 아래 창문은 위 창문보다 그 크기가 4배가 되는 반면, 뒷벽의 경우에는 위의 창문이 아래 것보다 1.5배가 큽니다. 왜 이렇게 창문의 크기를 다르게 지었을까요?

이것은 당시 고려인이 유체 역학을 통해 공기의 흐름에 대해 잘 알고 있었다는 것을 말해줍니다. 뒷벽의 경우 위의 창문이 큰 것은 신선한 공기가 많이 들어오게 하기 위한 것이며, 이렇게 들어온 공기는 반대편 창

해인사 장경각

장경각 수다라장 현판

위 아래 창문의 크기가 다르게 지었다.

문으로 빠져나가기 전에 건물을 충분히 순환하게 됩니다. 그리고 아래 창문이 작은 것은 다른 의도도 있겠지만, 건물 뒤쪽 땅에서 습기가 올라오는 것을 막아주는 역할을 합니다.

고려인은 이렇게 구조를 가지고 장경각 내부의 온도나 습도를 조절했지만, 그것만으로는 부족하다고 생각해 건물을 만든 재료를 가지고 같은 효과를 꾀했습니다. 이것은 고려인이 대장경의 보호를 위해 그만큼 용의주도하게 행동했다는 것을 말해줍니다.

이 두 건물을 보면 벽이 모두 흙으로 되어 있고, 바닥은 진흙으로 마감해 놓았습니다. 흙의 효능에 대해서는 그다지 설명이 필요 없겠지요. 더운 여름에는 서늘하게 해주고 겨울에는 반대로 따뜻하게 해주며, 습도가 높으면 습기를 머금고 반대의 경우에는 습기를 내뱉는 등 자동으로 습도를 조절해주지 않습니까?

이것 가지고도 충분치 않다고 생각해서, 바닥에는 구멍이 많이 뚫린 숯과 소금, 그리고 석회를 몇 층으로 해서 상당한 깊이로 깔아 놓았습니다. 이것은 장마 때를 대비한 것으로 생각됩니다. 장마 때에는 습도가 평소보다 몇 배 높아지기 때문에, 물건이 부패하는 것을 방지하기 위해서는 특별한 대책이 필요합니다. 위에서 본 것처럼 창문의 크기를 달리 한다거나 바닥이나 벽을 흙으로 만드는 것 가지고는 어림없습니다. 그래서 고려인은 바닥에 숯, 소금, 석회를 번갈아 가면서 몇 층으로 쌓은 것입니다. 그래야 여름에는 과도한 습기를 흡수하고 겨울에는 그 반대의 기능을 할 수 있었습니다.

또 지붕의 구조도 직사광선을 피하고 공기의 흐름이 자유롭게 될 수 있게끔 만들어진 것도 잊어서는 안 되겠습니다. 그런가 하면 이런 구조적인 면에서 뿐 아니라, 경판을 놓는 방식이나 경판 자체의 구조를 통해서도 공기의 순환이 잘 될 수 있는 방책을 강구했으니, 고려인의 지혜나 용의주도함은 놀랍기만 합니다.

사진에서 보는 바와 같이 두꺼운 나무로 선반을 만들었는데, 각 선반에는 두 단씩 경판을 둘 수 있게끔 했습니다. 이것은 단 사이에 공기가 더 잘 통하게끔 하려는 의도로 생각됩니다. 또 경판을 보면 손잡이 역할을 하는 마구리 부분은 두꺼운 데에 비해, 본문이 있는 부분은 얇게 만들어서, 경판을 쌓아 놓았을 때 경판 사이로 공기가 자연스럽게 흐르게 했습니다.

당시의 과학 수준이 대단하다는 것도 알 수 있지만, 자연을 이용하는 점에서 매우 뛰어났다고 생각됩니다. 그러니까 아주 친자연적인 가치관을 가지고 건축한 것이라는 것이죠. 친자연적인 건축 요소 가운데 빼놓을 수 없는 재료가 나무입니다. 그래서 장경각도 나무로 지어졌고, 그 안에 있는 판도 나무로 만들어졌습니다. 그런데 나무의 치명적인 약점은 불에 약하다는 것입니다. 장경각도 불이 나면 한 번에 소진될 수 있다는 것이지요.

그런 걱정 끝에 1960년대에 박정희 대통령은 장경각을 새로 지을 것을 명령하게 됩니다. 새 건물로 경판을 옮겨 안전하게 보존하고, 원래의 장경각은 그대로 보존하자는 생각이었습니다. 새 건물은 절 동쪽 계곡에 세워졌습니다. 이 건물에는 당시로서는 최첨단인 기계를 사용하여 앞에서 보았던 요인들, 즉 통풍·온도·습도를 조절하는 장치를 해놓았다고

장경각 내부. 두꺼운 선반 위에 2단씩 경판을 쌓도록 했다.

합니다. 에어컨디션 장치 같은 것을 해 놓았겠지요.

그런데 놀랍게도 새 집에 옮겨진지 얼마 안 되어 경판에 곰팡이가 끼기 시작했습니다. 이것을 두고 현대 과학의 참패라고 말하는 사람도 있습니다. 경판이 조상이 만들어 놓은 곳에서는 멀쩡했는데, 현대에 새로 만든 건물에서는 금세 문제가 생기니 말입니다.

그러나 개인적인 생각이지만 그렇게 말하는 것은 속단이 아닐까 싶습니다. 1960년대 과학 수준이라는 게 지금과 비교하면 천양지차가 있지 않을까요? 만일 장경각을 지금 새로 만든다면 아주 잘 만들 수 있을 것으로 생각됩니다. 어떻든 이 프로젝트는 실패로 돌아갔고 경판은 다시 제자리로 돌아가 현재까지 있습니다.

새로 만든 장경각은 어찌 됐냐고요? 그 건물은 그 뒤 승려들의 선방으로 사용하고 있다고 합니다. 제가 해인사는 가끔 가지만 그 건물을 아직 확인하지 못했는데, 다음에는 꼭 찾아봐야 하겠습니다.

이렇게 장경각에 대해 여러 가지 설명을 했지만, 아직도 풀리지 않는 문제들이 꽤 있답니다. 가령 장경각의 구조가 보여주는 지극히 정확한 설계를 충분하게 설명하지 못하는 점이나, 건물에 곤충이나 동물들이 접근하지 않는 점 등은 아직도 제대로 규명되지 않는 문제라고 합니다.

장경각이 잘 지어진 건물이라는 것은 당시 고려(혹은 조선 초)의 건축 문화 수준이 분명히 매우 높았을 것이기 때문에, 충분히 이해할 수 있습니다.

그런데 고려의 건축술 수준을 어떻게 알 수 있을까요? 그것은 지금까지 남아 있는 고려 시대 건축물들을 보면 됩니다. 그런 건물이 얼마 안 남아 있지만, 대표적인 것으로 부석사의 무량수전을 보세요. 이 건물은 우리나라에서 가장 아름다운 건물이라는 평을 받고 있지 않습니까?

그런데 잊어서는 안 될 게, 이 건물이 있는 곳은 고려의 서울이었던 개경에서 한참 떨어진 산 속이라는 사실입니다. 부석사가 있는 곳은 개경과 비교하면 아주 궁벽한 촌이라는 겁니다. 이렇게 멀리 떨어져 있는 산골짜기에 지어진 건물의 수준이 이 정도라면, 수도 개경에 있던 건물들은 얼마나 잘 지어졌을까요? 아마도 대단한 수준이었을 겁니다.

조선은 건축 문화의 진작振作에는 별로 관심이 없었기 때문에, 이렇게 뛰어난 건축술이 계승되지 않았습니다. 고려가 가진 건축술의 수준을 생각하면, 장경각을 짓는 것은 그다지 어려운 일이 아니었는지도 모릅니다.

이런 일보다 더 신비로운 사실은 앞에서도 잠깐 언급했지만, 장경각이 그동안 해인사에 일어났던 수차례의 화재에도 불구하고 의연히 살아남았다는 것입니다. 해인사가 건립된 후 7차례의 화재가 있었다고 하는데, 어찌 된 일인지 장경각과 경판은 그 화마들에서 벗어날 수 있었답니다. 물론 불교도들은 그것이 부처님의 가피력이라고 하겠지만, 객관적인 입장에서 볼 때에도 신이神異로운 일이 아닐 수 없습니다.

옛 건물에 가장 무서운 것은 불이었습니다. 특히 궁궐에서는 불을 막기 위해 그야말로 별짓을 다했습니다. 예를 들어 '드무'라는 이름의 물통 같은 것을 두어, 화마가 그 물에 자신을 비춰보고 무서운 제 모습에 놀라 도망가게 한 것이 그것입니다. 얼마나 불이 무서웠으면 이렇게 주술적인 방법까지 동원했을까요?

장경각이 불을 피할 수 있었던 이유를 군이 설명해 보면, 장경각의 위치를 가지고 설명할 수도 있을 겁니다. 장경각은 주지하다시피 주법당(대적광전) 뒤에 있어, 해인사 절 전체로 보면 가장 뒤에 있을 뿐만 아니라, 높이도 대적광전보다 훨씬 높게 지어졌습니다. 원래는 법당이 2층이어서 장경각을 많이 가리고 있었던 모양인데, 19세기 말에 법당이 화재로 전소된 다음 다시 지을 때 1층으로 지었다고 합니다.

법당을 낮게 지음으로써 뒤에 있는 장경각을 높인 것이지요. 이것은 해인사가 법보사찰이라는 사실을 두드러지게 보이려는 의도였을 것으로 추정됩니다. 법보인 부처님 말씀이 들어 있는 장경각을 가장 높이 치켜세우는 게, 해인사에게는 맞는 구성이라는 생각이지요. 어쨌든 그런 까닭에 장경각은 더욱더 높아졌고, 그 덕에 화마를 피할 수 있었던 것은 아닌지 모르겠습니다.

우리는 이렇게 해서 장경각의 설계가 경판을 보존하기 위해 합리적이고 친자연적인 과학을 이용하여 지어졌다는 점과, 그런 점이 높이 인정되어 유네스코에까지 등재되었다는 것을 알 수 있었습니다. 이 정도면 『고려대장경』과 장경각에 대해 나름대로 세심하게 보았다고 할 수 있겠습니다. 『고려대장경』이 훌륭하다는 설명은 이전부터 많이 들으셨을 테지만, 이 정도로 훌륭한 유물인지는 잘 모르셨을지도 모르겠습니다.

이제 우리는 고려를 넘어 조선으로 갑니다. 조선조에도 우리 조상은 문기를 유감없이 발휘해 세계적인 수준의 문화물文化物을 적지 않게 배출합니다. 이것들은 현재 국제적으로 인정받아 유네스코 세계 기록유산에 등재되어 있습니다.

넷째 이야기

세계 최대의 단일 왕조 역사서,
『조선왕조실록』

『조선왕조실록』을 보관하던 경상북도 봉화군의 태백산 사고 모습.
이 사고의 건물은 실록각, 선원각, 포쇄각, 근천각 등의 부속 건물로 이루어졌으나,
현재 사고 건물은 남아 있지 않고 그 터만 확인할 수 있을 뿐이다.
1930년대 사진.

이제 우리는 우리 조상들의 찬연한 기록 정신을 알 수 있는 자료인 『조선왕조실록』(이하 『실록』)에 대해 보려고 합니다. 『실록』이라는 이름만 들어도 가슴이 설렐 정도로, 『실록』은 우리 조상의 드높은 문기를 보여줍니다.

『실록』은 한 마디로 어떻게 표현할 수 있을까요? 어떤 사물을 이해하려 할 때, 그것에 대한 단순한 설명은 그 사물을 정확하게 이해할 수 있게 도와줍니다. 『실록』에 대한 가장 단순한 설명은 이 장의 제목으로 쓴 "세계 최대最大의 단일 왕조 역사서"입니다. 단일 왕조의 역사를 적은 책 가운데 가장 오랜 기간의 역사를 적은 책이라는 소리입니다.

단순하게 책의 권수로만 따지면, 중국의 명이나 청의 『실록』이 더 많습니다. 그러나 기간으로 따지면, 중국 것은 우리의 『실록』에 비교가 안 됩니다. 『명실록』(『대명실록』)이나 『청실록』(『대청역대실록』)이 300년도 안 되는 것에 비해, 우리 『실록』은 472년이나 되는 장구한 세월의 역사를 적은 책이기 때문입니다. 그래서 양도 우리 『실록』이 중국 것보다 훨씬 더 많습니다.

온 인류 역사에서 이렇게 500년 이상을 간 왕조는 대단히 희귀합니다. 게다가 그 긴 기간 동안에 나라에서 일어난 일을 꼼꼼하고 세밀하게 기록한 나라는, 제가 과문한 탓인지 몰라도, 조선밖에는 없습니다.

이런 기록 정신이 인정되어 『실록』은 1997년에 『훈민정음』과 함께 유네스코의 세계기록유산에 등재됩니다. 나중에 다시 언급하겠습니다만, 같은 왕조 역사 기록이지만 중국 것은 등재되지 못합니다. 기록 정신으로 따지면, 우리 『실록』이 중국 것을 훨씬 능가하기 때문입니다. 물론 『실록』이 지닌 우수성이 진즉에 인정되어 국내에서도 이미 1973년에 국보 151호로 지정되었지요.

나중에 따로 보겠습니다만, 조선조에 만들어진 기록물 가운데 유네스코에 등재된 것은 『실록』 말고도 『승정원일기』가 있습니다. 조선 시대의 기록 문화는 참으로 남다른 데가 있습니다. 여러분의 이해를 위해 몇 가지만 예로 들어볼까요?

오늘날 국무회의의 기록이라 할 수 있는 『비변사등록』이 가장 먼저 떠오릅니다. 그 다음에 외교 일지日誌라 할 수 있는 『전객사일기』, 죄인을 다스리던 의금부 기록인 『의금부등록』, 그리고 『승정원일기』와 비슷한 성격인 『일성록』 등 높은 기록 문화를 자랑하는 서책들이 한이 없습니다.

조선에는 이와 같은 정부의 서책만 있는 게 아니지요. 조선의 사대부들은 누구보다도 문기가 높은 분들이었습니다. 그래서 웬만한 분들은 개인 문집을 남깁니다. 그런 문집이 얼마나 많은지는, 아예 파악도 안 된 실정입니다. 그럴 수밖에 없겠지요. 각 성씨 집안마다 훌륭한 선조가 계시면, 다 문집을 갖고 있을 테니 말입니다. 그래서 조선의 기록 문화가 남다른 데가 있다는 것입니다.

외물外物보다는 항상 내심內心에 더 역점을 둔 조선

우리는 방금 전에 제시한 서책의 방대함에서 우리 조상의 하늘을 찌를 듯한 역사 정신 혹은 기록 정신을 절감할 수 있었습니다. 제가 과문한 탓인지 몰라도, 역사 기록에 대해 이렇게 감연하고 철저한 태도로 대했던 민족은 일찍이 없었습니다.

우리는 보통 우리 조상의 이른바 '스케일'을 이야기하면서, 우리 조상이 너무 '쪼잔했다'고 말을 하는 경우가 많습니다. 그래서 우리 한국인은 중국인이 경복궁을 보고서, '왕이 사는 궁궐치고는 너무 작지 않나?' '경복궁은 중국 북경에 있는 자금성과 비교해 볼 때, 자금성의 행랑채에 불과하다'는 조롱에 가까운 언사를 해도, 어쩔 수 없이 긍정하는 경우가 종종 있습니다. 문화적 열등감이나 패배감과 함께 말입니다.

절대로 그렇게 주눅들 것이 없는 게, 조선조의 우리 조상은 궁궐 건설 같은 외적인 데에 힘을 쏟은 게 아니라, 내면적인 데 힘을 썼기 때문입니다. 힘을 쓰는 방향이 달랐던 것이죠. 사실 자금성과 비교해 볼 때 경복궁도 결코 작은 규모가 아니라는 것은 신기를 설명했던 앞의 책에서 말한 바 있습니다. 넓이 면에서 볼 때 경복궁이 자금성의 $\frac{4}{7}$가 된다고 하니 반이 넘습니다.

앞 책에서 저는 경복궁을 제대로 보려면 궐내의 영역만 봐서는 안 되고, 풍수 지리학적으로 사산四山에 해당하는 북악산과 남산, 인왕산, 낙산 안에 들어오는 영역을 모두 보아야 한다고 했습니다. 그래서 우리 조상의 스케일은 작은 게 아니라 사실은 엄청났다고 말했습니다.

그러나 이번에는 다른 각도에서 경복궁을 볼까 합니다. 경복궁이 영역적으로 자금성보다 훨씬 작게 보이는 것은 담이 높지 않고, 건물이 크지 않다는 이유도 있습니다. 그럼 왜 조선의 정치인들은 한 나라의 정궁을 저렇게 작은 규모로 지었을까요? 이 궁을 지을 때 정도전이 왕실의 위엄은 지키되 백성에게 짐이 되지 않게 지으라는 의미에서 "검소하면서도 누추하지 않고, 화려하면서도 사치하지 않게 짓는 것이 가장 아름다운 것"이라고 말한 것은 아주 유명한 이야기입니다.

여기에는 유교의 높은 정치 이념이 반영되어 있습니다. 조선의 왕실은 유교 이념을 정치에서 온전하게 실현하기 위해 무진 애를 썼습니다. 그래서 유교의 종주국인 중국보다 더 유교 이념에 입각해서 정치를 했습니다. 조선은 인류 역사상 유교의 이상주의적 정치를 실현한 유일한 나라로 기억될 수 있을 것입니다.

유교의 정치 이념이 무엇일까요? 여러 가지가 있을 수 있겠습니다만, 가장 대표적인 것은 아무래도 맹자가 주장한 '여민동락與民同樂' 사상이라고 할 수 있습니다. 이 사상은 말 그대로 백성과 (모든) 즐거움을 같이 한다는 사상이지요. 그래서 왕은 무엇을 하든 어버이로서 백성을 염두에 두고 조신操身을 잘 해야 했습니다. 왕이라고 마음대로 할 수 있던 게 아니었기 때문에, 사치나 향락에 빠질 수 없었습니다. 왕은 항상 백성을 두려워해야 했고, 자신을 다지며 검약에 앞장서야 했습니다.

사실 건축학적으로 볼 때, 조선은 건축이 그렇게 발달한 나라는 아닙니다. 유학, 그 가운데서도 성리학이 정치 이념으로 있었기 때문에 건물을 크게 짓고 으스대는 그런 외향적인 문화보다는 내면을 단속하고 욕심을 줄이는 데 더 많은 관심을 두었기 때문입니다.

반면에 고려는 불교가 국시國是였기 때문에 부처님 나라로 표상되는 절을 장엄하게 꾸미기 위해, 외양이 아름답고 화려한 건물을 많이 만들었습니다. 고려 때의 건물들이 얼마나 화려했을 것인가에 대해서는 앞에서 무량수전을 예로 들어 간단하게 보았습니다. 그런 고려와 비교해 보면, 조선은 건축에 신경을 쓰지 않았다고 할 수 있습니다. 조선인들은 건축 같은 물질 문화보다는 정신적인 것을 더 강조했습니다.

저는 조선의 이러한 정신을 서원에 갔을 때 많이 발견합니다. 향교에 가면 늘 은행나무가 있듯이, 서원에 가면 항상 배롱나무가 심어져 있는 것을 발견할 수 있습니다. 이 나무는 예쁜 분홍색 백일홍이 피는 나무인데, 일명 해골나무라고도 합니다. 이 나무를 이렇게 부르는 이유는 껍질이 벗겨져 속살이 다 드러나 보이기 때문입니다.

왜 서원에 이 나무를 심었을까요? 그 이유는 이 나무처럼 마음속을 투명하게 하여 겉과 속을 다르게 하지 말고 살라는 데에 있습니다. 한 마디로 삿된 마음을 갖지 마라는 것이지요. 논어를 보면 "생각에 삿됨이 없게 하라(思無邪)"라는 구절이 나오는데, 바로 이 정신을 구현한 것이 이 배롱나무라고 생각한 것입니다. 서원에서 기숙하는 선비들은 아침 저녁으로 이 나무를 보면서, 마음을 다시 다지고 논어의 높은 정신을 실천하려고 노력했을 겁니다.

조선의 왕들이 검박하고 겸손했다는 예를 하나만 더 들어볼까요? 제가 들고 싶은 예는 바로 임금님의 밥상인 수랏상입니다. 여러분도 사극 같은 것을 통해서 이 수랏상을 보신 적이 있을 겁니다. 모조품이지만 이 수랏상을 보시려면 경복궁에 가시면 됩니다. 경복궁에는 임금의 처소인 강녕전이 있는데, 이 안에 수랏상을 진열해 놓았더군요. 요즘에는 강녕전 안까지 들어갈 수 있게 해 놓아, 임금님이 어떻게 살았는지 알 수 있어 좋습니다.

이 수랏상에는 밥상이 세 개가 나옵니다. 가장 큰 상은 지름이 65cm

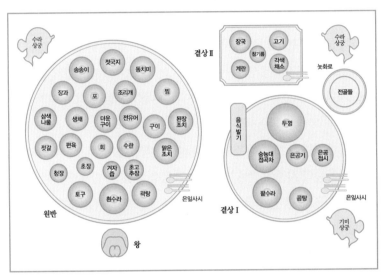

궁중음식 수라상 반배도

정도가 되고, 그 외에 작은 원반圓盤이 있으며, 이보다 더 작은 사각형의 책상반이 하나 더 있습니다. 그리고 수랏상은 조선인들이 밥상에 놓을 수 있는 가장 많은 가짓수의 반찬인 12첩 반상으로 되어 있지요. 이때 12첩이란 밥과 국, 그리고 김치나 장류를 빼고, 12가지 반찬을 말합니다. 물론 이외에도 전골 같은 음식이 첨가됩니다.

여러분은 이 수랏상을 보면 생각나시는 게 없습니까? 저는 이 상을 볼 때마다 조선이 큰 나라는 아니지만, 그래도 유서 깊은 나라인데 임금 밥상의 규모가 이것밖에 안 되는가 하는 생각에 보기에 민망합니다. 이것도 모자라 가뭄이나 홍수 같은 천재지변이 나면, 임금은 다 본인의 부덕의 소치라 해 반찬의 숫자를 줄입니다.

우리가 영화를 보면, 유럽의 영주들은 큰 식당에 아주 긴 식탁을 놓고 수많은 사람의 시중을 받아가면서 온갖 폼을 다 잡고 밥을 먹는 것을 종종 목격했을 겁니다. 중국의 황제는 밥의 종류만 9가지를 먹었다고 하니, 반찬의 숫자는 말할 것도 없겠지요.

이런 것에 비해 우리 조선의 임금들은 너무 검박한 생활을 했습니다. 온 백성의 어버이로서 모범이 되어 자신부터 철저하게 돌아보는 그런 절제 있는 생활을 한 것입니다. 저는 이런 것이야말로 조선 정치의 핵심이라고 생각합니다. 그렇게 정치를 했으니 조선이 500년 이상을 간 겁니다.

어떤 이들은 그 졸렬한 왕조, 혹은 그 유약하고 비인간적인 왕조가 참 지겹게도 오래 갔다고 비아냥거리는데, 왜 우리 조상을, 또 우리의 과거를 그런 식으로 폄하하고 매도하는지 모르겠습니다. 우리는 우리의 역사를 얼마든지 긍정적으로 볼 수 있습니다. 아니, 우리가 긍정적으로 보지 않으면 누가 우리를 긍정적으로 보겠습니까? 우리를 세울 수 있는 것은 우리이지, 다른 어떤 나라 사람도 우리를 대신해서 우리를 세워주지는 않을 겁니다.

이와 같이 조선인들은 다른 어떤 것보다도 인간의 내면적 가치를 진작하는 데 역점을 두었습니다. 이런 정신 아래 만들어진 것이 바로 이제부터 보려고 하는 『실록』입니다. 내면적 가치 가운데서도 조선 정부는 역사 기록에 많은 비중을 두었습니다.

이 『실록』을 만드는 정신은 보통 춘추필법春秋筆法이라고 불립니다. 이것은 공자가 썼다고 전해지는 『춘추』에 나타난 정신에 따르는 것입니다. 대의명분에 충실하면서, 비판적인 태도로 객관적인 사실에 입각해 역사를 서술하는 태도를 말합니다. 여기서 말하는 대의명분이란 유교에서 말하는 왕의 법도를 제대로 지켰는가를 말합니다.

이런 잣대에 의거해, 칭찬과 비난을 엄격히 해서 유교적 이념에 어긋나는 것은 철저히 배격합니다. 그 때문에 아무리 왕의 뜻에 거슬려도 있는 그대로 쓰는 엄중한 태도가 춘추필법의 근간을 이루게 됩니다. 역사를 이렇게 쓰는 이유는 후세에 교훈을 남기고 보다 나은 정치를 하기 위함입니다.

이런 기록 정신은 유교의 종주국인 중국에서 비롯된 것이지요. 그러나 정작 이 정신을 제대로 실현하려고 노력한 건 조선이었습니다. 그런 의미에서, 조선은 중국보다 더 유교적이라 할 수 있습니다. 유교의 교설에 대한 연구는 아무래도 조선은 종주국인 중국보다 조금 못했지만 실천면에서는 중국을 능가했습니다.

그래서 중국인은 조선이 그네들보다 더 유교적이고 공자의 가르침을 철저하게 따른다고 칭찬(?)을 했지요. 아무튼 이렇게 해서 탄생한 것이 『실록』이고, 그리고 『일기』를 비롯한 조선의 수많은 기록물들입니다. 그럼 『실록』은 구체적으로 어떤 것이며, 어떤 면 때문에 유네스코에 등재된 것인지 보도록 하겠습니다.

『조선왕조실록』이란?

이제 『실록』을 정식으로 설명하려고 합니다. 보다 나은 이해를 위해, 여러분에게 친숙한 사극을 통해 보는 것이 좋겠다는 생각입니다. 솔직히 말해서 저는 사극을 잘 보지 않습니다. 그 가장 큰 이유는 사극에서 묘사하고 있는 것이, 역사적인 사실과 너무 동떨어져 있기 때문입니다.

예를 들어, 언젠가 TV 채널을 지나치다 사극 '대장금'을 보게 되었는데, 화면에 중종(임호 분)이 대장금(이영애 분)과 창덕궁의 부용지를 걷는 장면이 나오더군요. 지엄한 왕이 비나 빈이 아닌 신분이 별로 높지 않은 여성과 궁내를 데이트 하듯 걷는 게 너무 생경했습니다. 그뿐만이 아니라, 저 언덕 위에서는 대장금을 사모하는 민성호(지진희 분)가 질투의 눈을 하고 왕과 대장금을 바라보고 있었습니다.

이런 일은 과거에 절대로 있을 수 없는 일이지요. 궐내에서 산책하는 왕을 신하가 몰래 궁궐의 언덕 위에서 쳐다보고 있다니요? 이것 외에도 과거에 결코 나올 수 없는 일들이 사극에는 수두룩하게 나옵니다. 이렇게 비판하면, 드라마 연출가들은 드라마를 역사물로 보지 말고 창작물로 봐달라고 합니다. 그러나 그들이 아무리 그렇게 말해도 보는 국민은 그 드라마에 나오는 것들을 모두 역사적 사실로 생각합니다.

이와 같이 우리 국민은 역사책보다는 이 사극을 가지고 역사 공부를 하기 때문에 더더욱 문제가 됩니다. 국민이 잘못된 경로를 통해 역사 공부를 하고 있는 것이지요. 물론 드라마를 만드는 분들도 힘든 점이 많이 있을 줄 믿습니다. 이 점은 앞으로 계속해서 같이 생각해 보아야 할 문제입니다.

조선 시대를 무대로 한 사극을 보면, 왕이 대신들과 회의를 할 때 그 옆에서 아무 말도 안 하고 계속해서 죽어라고 뭔가를 쓰기만 하는 두 사람이 있습니다. 이들이 바로 조정에서 가장 중요한 기록을 적는 관리들인 사관史官과 주서注書입니다. '사관' 은 물론 『실록』을 쓰는 관리이고, '주서' 는 나중에 보게 될 『승정원일기』를 쓰는 관리입니다.

이 가운데 우리는 우선 사관이 쓴 『실록』을 보겠습니다. 『실록』은 앞에서 잠깐 본 대로, 472년 동안의 역사를 쓴 것으로 1413년(태종13년)에 『태조실록』이 처음으로 편찬되고, 마지막은 25대 임금인 철종 시대를 적은 『실록』이 1865년(고종 2년)에 편찬하게 됩니다. 물론 철종 뒤에도 고종과 순종이 있었지만, 이 분들의 시대에 대한 기록은 조선조가 아니라 조선총독부에서 편찬했기 때문에 『실록』에 넣지 않습니다.

이 25대에 걸친 임금들의 시대에 일어난 일들을 왕 별로 연대순으로, 이것을 보통 편년체編年體라고 하지요, 기록한 것이 『실록』입니다. 『실록』에는 들어가야 할 내용들이 정해져 있는데, 대부분 정치적인 성격을 갖는 것들입니다. 예를 들어 왕의 공식 일정이나 국가의 공식 행사, 주요 정치적 사건, 고위 관리의 인사, 천재지변 등은 반드시 들어가야 할 내용입니다.

그렇다고 『실록』에 다른 내용이 없다는 것은 아닙니다. 이런 정치, 경제에 관련된 내용 외에도 법률이나 천문, 의약, 음악, 예술, 종교, 사회 문화, 풍습과 같은 생활 문화에 관한 내용 등 매우 다양한 기사들이 들어 있습니다.*

보통 왕이 죽으면, 그 다음 왕이 부왕에 대한 『실록』을 정리하게 됩니다. 『실록』은 양도 대단합니다. 총 1,893권에 888책이라 하는데, 이 체제는 현재 우리가 부르는 책 체제와 다르기 때문에 실감나게 글자 수로 표현해 보겠습니다. 『실록』에 씌어진 글자 수는 총 5,300여만 자라고 하는데, 이것은 우리가 앞에서 본 『고려대장경』과 거의 같은 양입니다.

『실록』의 위대한 점은 글자 수에만 있는 것이 아니라 다른 나라의 『실록』은 필사본으로 되어 있는 것에 비해, 우리 것은 단 4부를 찍으면서도 활자를 만들어 인쇄본으로 만들었다는 데에 있습니다. 이런 점들이 인정되어 『실록』은 1997년에 『훈민정음』과 더불어 유네스코에 세계기록유산으로 등재되게 됩니다.

다시 말하지만 『실록』이 세계의 유산이 되었다는 것은, 이제 한국만의 유산이 아니라 세계가 같이 보존해야 할 인류의 문화유산이 된 것입니다. 이것은 『실록』의 역사 기록이 한국에만 해당되는 것이 아니라, 세계

---

* 윤영인, "『조선왕조실록』─조선의 모든 것을 담은 진실의 바다," 『유네스코가 보호하는 우리 문화유산 열두 가지』, 280쪽.

사를 연구하고 서술하는 데에도 긴요한 자료가 되기 때문에, 유네스코가 이 점을 인정한 것입니다.

『실록』은 쉽게 말해서 조선의 정사正史입니다. 정사란 국가가 공식으로 주관해서 정리해 만든 국사國史입니다. 우리나라는 이미 고려 시대부터 『실록』 편찬을 제도화 했습니다.

그런데 이 『실록』에 대해 오해가 있는 것 같아 우선 말씀드릴 것은, 이 『실록』 자체가 정사가 되는 것은 아니라는 것입니다. 엄밀히 말해 『실록』에 있는 기록들은 정사를 만들기 위한 자료가 되는 것입니다. 이 『실록』은 사관들이 왕 옆에서 쓴 사초史草를 중심으로 만들게 되는데, 당대에는 이것을 계속해서 모아놓기만 합니다. 그러다 그 왕조가 망하면, 새 왕조가 이것을 바탕으로 전 왕조의 역사를 만듭니다. 그런 과정 끝에 마지막으로 나오는 게 정사가 되는 것입니다.

어려웠나요? 그럼 고려의 경우를 가지고 설명해보겠습니다. 지금 우리에게는 『고려사』라는 고려의 정사가 남아 있습니다.* 이 『고려사』는 세종 때 편찬된 것인데, 이 책은 고려 시대에 작성된 『고려왕조실록』을 바탕으로 만들어진 것입니다.

그러니까 우선 고려의 사관들이 쓴 사초가 중심이 되어 각 왕마다 왕조실록이 만들어졌는데, 이것이 조선에 전해지고 조선 정부는 이것을 바탕으로 고려의 정사인 『고려사』를 만들었다는 것입니다. 고려의 실록 역시 아마 『조선왕조실록』처럼 방대한 양이었을 것입니다. 이것을 대폭 축

---

* 이외에도 『고려사절요』라는 정사 책도 있습니다만 번거로워 포함시키지 않았습니다.

소 정리해 에센스만 뽑은 게 바로 『고려사』인 것입니다.

이렇게 정사를 만들면, 그 자료가 된 『실록』들은 두 갈래의 운명에 처해졌다고 합니다. 하나는 불태워 없애버렸다는 것이고, 다른 하나는 따로 보관했다는 것입니다. 따로 보관했을 것이라고 주장하는 학자들은 『고려왕조실록』이 궁궐 안에 있는 춘추관이나 충주 사고 같은 데에 보관되어 있다가, 임진란 때 소실되었을 것으로 추정합니다.*

이 때문에 오늘날 고려사를 전공하는 학자들은 대단히 안타까워합니다. 『고려실록』이 남아 있어야 고려조에 있었던 풍부한 사실들을 접할 수 있을 터인데, 정사를 만들면서 그것을 대폭 정리했기 때문입니다. 그런 의미에서 볼 때 조선조 전공학자들은 운이 좋았다고 할 수 있겠습니다.

그러면 『조선왕조실록』은 어떻게 되었어야 정상이었을까요? 만일 조선이 일제에 의해 망하지 않고 다른 한국 왕조에 의해 망했다면, 그 다음 왕조가 『조선왕조실록』을 바탕으로 『조선사』라는 정사를 편찬했을 겁니다. 그리고 『실록』은 폐기처분하던지 어디다 보관하던지 했을 겁니다. 그런데 일제는 우리나라의 왕조를 계승한 정식 왕조가 아니었던 까닭인지 정사까지 만들지는 않았습니다.

물론 일제는 그네들의 취향대로 한국을 사정없이 내려깎는 역사를 편찬할 요량으로, 조선사편수회를 만들어 우리 역사 왜곡에 본격적으로 들어가게 되는데, 이렇게 해서 만들어진 한국사는 절대로 정사라고 볼 수 없겠죠? 사정이야 어떻든, 우리의 『실록』은 이런 과정 끝에 보관될 수 있어

---

* 박홍갑, 『사관 위에는 하늘이 있소이다』(가람기획), 92쪽.

서 우리는 조선의 역사와 문화에 대해서 아주 소상하게 알게 되었습니다.

그럼 이 『실록』은 어떤 과정을 거쳐 만들어지는 걸까요? 앞에서 말한 것처럼 국왕이 사망하면, 다음 왕이 춘추관 안에 '실록청'을 임시로 만들어 『실록』 편찬에 들어가게 됩니다. 그런데 여기서 또 확실히 알아야 할 것은, 원래 『실록』이란 왕이 죽으면 바로 다음 왕대에 만드는 것이 아니라는 것입니다. 중국에서는 왕이 죽고 적어도 3대가 지난 다음에 만드는 것을 원칙으로 했습니다.

이 제도는 일리가 있는 게, 왕이 죽은 다음에 바로 『실록』을 편찬하게 되면, 전왕 밑에서 관리를 하고 있던 늙은 신하들이 살아 있기 때문에 공정한 필법으로 만들 수 없지 않겠습니까? 게다가 이 늙은 신하들은 『실록』 편찬의 책임자가 될 터이니, 더더욱 공정하기 힘들 것입니다.

그런데 이와 같이 집필 연대를 3대 뒤로 하지 않고, 다음 대로 하는 관례를 만든 것은 태종이었습니다. 태종은 자기 아버지인 태조 이성계의 『실록』을 빨리 만들고자 했습니다. 그 이유를 생각해 보면 수긍이 가기도 합니다. 이성계가 고려의 신하들을 얼마나 많이 죽였습니까? 또 그가 새 왕조를 열기 위해 얼마나 많은 무리수를 두었겠습니까?

사관이 이런 것들을 가감 없이 있는 그대로 기술하면, 자칫 이성계가 행한 역성혁명 자체가 부정될 수도 있다고 생각한 것입니다. 그래서 태종은 자신이 살아 있을 때 관여해서 왕조에 유리하게 『실록』을 쓰려 한 것입니다. 물론 사관들은 크게 반대했습니다.

그러나 태종이 누굽니까? 자신이 왕이 되기 위해 많은 사람을 물리치고 죽인 강자 아닙니까? 그러니 사관들도 별 소리 못하고 그의 뜻대로

『실록』을 편찬하게 됩니다. 그 결과 1대 뒤에 편찬하는 것이 관례가 되어, 그 전통이 계속해서 이어져 내려오게 됩니다. 이 때문에 『실록』의 서술에는 계속해서 직필 대 곡필의 논쟁이 끊이지 않게 됩니다.

어떻든 이렇게 해서 실록청이 임시로 만들어지면, 기본 자료를 수집하기 위해 사관들이 그동안 정리한 사초를 다 가져오게 합니다. 그런데 이 사초를 둘러싼 이야기들이 재미있습니다. 사관들이 왕과 신하들이 국사를 논하는 자리에 빠짐없이 참여해, 그들이 나눈 이야기들을 적은 것이 사초라고 하지 않았습니까? 제가 재미있다는 것은, 이렇게 해서 만든 사초를 자기가 속한 관청에 제출하는 것이 아니라, 사관 자신의 집으로 가져가 비밀리에 보관해야 하기 때문입니다.

사관은 이것을 보관하고 있다가, 왕이 죽은 다음에 『실록』을 만들기 위해 실록청에 제출하라고 하면, 그때 가서야 이 사초를 제출해야 했습니다. 이때 사초를 제출하지 않으면, 자식을 가둔다거나 위중한 벌금을 물게 하기 때문에 안 낼 수가 없었다고 합니다. 그리고 자신이 쓴 내용에 대해서도 일절 발설하면 안 되었습니다. 이를 어기면 사화史禍와 같은 큰 문제가 생길 수 있기 때문에, 여기는 사관에게는 엄한 벌이 내려졌다고 합니다. 이때 실록청의 토대가 된 춘추관은 공자의 춘추필법에 따라 역사를 기록하는 기관이라고 보면 무방하겠습니다.

여러분도 이 춘추관이란 이름에 익숙하실 겁니다. 왜냐하면 요즈음에도 춘추관이라는 이름으로 불리는 건물이 있기 때문입니다. TV 뉴스를 보면, 청와대에서 기자들이 보도를 할 때 항상 춘추관 앞에서 하지요? 사실 '청와대'라는 이름은 매우 천박한 것입니다. 조선조에는 건물마다 유서 깊은 이름을 지어 불렀지, '푸른 기와집'과 같은 저자 거리에 있는 건물 이름 같은 것으로 궁궐 건물의 이름을 쓴 적이 없습니다. 이것은 분명 미국의 화이트 하우스를 본 따 이름 지었을 것입니다.

어쨌든 지금 청와대에 있는 춘추관은 청와대 관계자들이 기자 회견할 때 많이 쓰는 건물입니다. 그런데 그 이름은 그럴 듯한데, 원래의 의미와는 별 관계가 없습니다. 직필을 해서 왕과 신하들의 간담을 서늘하게 했던 그런 기록 정신과는 아무 관계가 없기 때문입니다. 춘추관이 원래 그런 곳이었다는 것을 아는 청와대 관리가 얼마나 되는지 모르겠습니다. 이렇게 봐도 저렇게 봐도 요즘의 문화 의식은 바닥을 헤매고 있는 게 틀림없습니다.

『실록』은 이렇게 모은 사초만을 가지고 만드는 것은 아닙니다. 사초 외에 중요한 것으로는, '시정기時政記'라 불리는 것이 있습니다. 시정기란 정부 각 기관에서 보고한 문서들을 3년마다 묶어 인쇄한 후 보관한 자료들을 말합니다. 그러니까 사초가 사관 개인이 쓴 기록이라면, 시정기는 공적인 기록이라고 하겠습니다. 이 이외에도 『승정원일기』나 앞에서 살펴본 『비변사등록』, 『일성록』 등과 같은 주요 기관의 기록들도 참고합니다. 또 필요하면 개인의 문집이나 『일기』까지도 참고하게 됩니다.

이렇게 모아진 수없이 다양한 자료를 가지고 『실록』 편찬에 들어가게 되는데, 그 과정이 자못 복잡합니다. 그리고 관직 이름도 너무 많이 나와, 이 과정을 이해하는 데 오히려 방해가 됩니다. 따라서 대거 생략하고, 줄거리만 이야기하도록 하겠습니다.

이 『실록』을 편찬할 때, 최고 책임자는 의정부의 세 정승 가운데 한 사람이 맡게 됩니다. 그리고 실무자는 중견 관료와 젊은 문신들을 세 개의 실에 나누어 배치하게 되는데, 이 때문에 나이로도 서로 견제하고 각 실마다 서로를 견제하는 세가 형성됩니다. 이런 배려는 모두 『실록』이 높은 수준을 유지할 수 있게 만든 동인動因이 되었습니다. 각 팀들이 서로 견제하게 되니까, 어떤 집단의 이해에 따라 사료의 내용을 마음대로 고치거나 첨삭할 수 없었기 때문입니다.

그리고 세 팀을 걸치면서 사료가 세 번 정리되기 때문에, 아주 정제된 내용을 얻을 수 있었습니다. 첫 번째 단계에서 나온 원고를 초초初草라고 부릅니다. 그 다음 단계에서는 초초에 빠진 내용은 보태고 불필요한 것은 덜어낸다거나 틀린 것을 고쳐 중초中草를 만들게 됩니다. 이것을 가지고 고급 관리들이 체재體裁와 문장을 통일하는 등 마지막 점검을 해 정초正草를 완성하게 됩니다. 『실록』의 내용을 이루는 것은 바로 이 정초로서, 이것을 잘 제본해서 책으로 만들어 각 사고에 보관하면 『실록』 편찬 사업은 끝이 나게 됩니다.

이런 과정에 또 재미있는 이야기가 있습니다. 이렇게 해서 『실록』 만드는 일이 끝나면, 초벌 원고라 할 수 있는 초초와 수정 원고라 할 수 있는 중초는 없애버리게 되는데, 그 과정이 아주 재미있습니다. 이 원고들을 없애버리는 이유는 사초의 내용에 워낙 민감한 사항들이 많아, 밖으로 알려지면 큰 화가 일어날지도 모르기 때문입니다.

그래서 이 두 벌의 원고는 그냥 태워버릴 수도 있었겠습니다만, 조선의 위정자들은 그렇게 하지 않고 자원을 절약하는 의미에서 글자를 물로 씻어버리는 방법을 택했습니다. 이것을 세초洗草라고 부르지요. 환경을 아끼는 조상의 섬세한 마음이 읽혀서 좋습니다. 세초하는 장소는 우리가 잘 알고 있는 세검정 바로 밑이었다고 합니다.

세검정이란 이괄 등이 광해군의 폐위를 도모하며 칼을 씻었다는 장소로 알려져 있는데, 그 바로 밑에 차일암遮日庵이 있습니다. 바로 이 차일암에서 차일(햇빛을 가린다는 의미인데 지금 말로 하면 천막이 되겠습니다)을 치고 세초를 했다고 합니다. 이때에 많은 병사들이 동원되어 보안을 유지하는 등 경계가 삼엄했다고 합니다. 지금도 그곳에 가면 차일을 설치하기 위해 뚫어 놓은 구멍이 선연하게 보입니다.

또 재미있는 것은 그 종이입니다. 아니 그 종이가 얼마나 좋은 것이기에 물로 씻은 다음에도 또 쓸 수 있었던 것일까요? 물론 왕실의 『실록』을 적는 종이이니 가장 좋은 것을 썼겠지만, 그래도 종이는 물에 약한 법인데 대단하다는 생각이 듭니다. 앞에서 저는 종이는 우리나라가 중국보다 더 좋은 것을 만들어냈다고 했는데, 그게 허언은 아닌 모양입니다.

이렇게 해서 완성된 『실록』은 사고史庫에 보관됩니다. 이 사고와 얽힌 이야기도 꽤나 많습니다. 또 역사를 지켜 후손들에게 귀감이 되려는 조상의 드높은 정신을 느낄 수 있어 좋습니다. 사고와 관련된 이야기들은 너무 많아 아주 간략하게만 보겠습니다.

원래 『실록』은 2부를 만들어 한 부는 궁궐 안의 춘추관에 두고, 다른 하나는 고려 때부터 사고였던 충주 사고에 보관했습니다. 그런데 충주 것만 가지고는 안 되겠다 싶은 조선 정부는 1445년에 전주, 성주에도 사고를 만들어 총 4부의 『실록』을 보관하게 됩니다. 이것만 가지고도 우리 조상의 역사를 중시하는 마음을 읽을 수 있습니다. 그런데 진짜 사건은

세검정 오른쪽 너른 바위가 차일암이다.

임진란 때 터집니다.

일본군이 쳐들어와 우려했던 대로 경복궁 춘추관에 있던 『실록』과 충주, 그리고 성주에 있던 『실록』들은 모두 불에 타 없어지게 됩니다. 그때 남은 것은 전주 사고에 있던 것인데, 전주 것이 남을 수 있었던 것은 조상들의 집요하고 드높은 상문尙文—상무尙武가 아닙니다—정신이 있었기 때문입니다.

전쟁이 터져 1592년 6월에 이미 적군이 금산까지 진격했다는 소식을 들은, 태인 지역에 살고 있던 선비 안의安義와 손홍록孫弘祿은 『실록』을 지켜야겠다는 일념 아래 바로 전주로 달려갑니다. 그리곤 『실록』과 태조의 영정을 보관하고 있던 전주 경기전으로 가서 그곳을 지키던 참봉 오희길吳希吉에게 급보를 전합니다.

여러분은 전주 한옥마을에 있는 경기전에 가보신 적이 있는지 모르겠습니다. 경기전은 전주가 이성계의 고향이기 때문에 그의 영정을 보관하기 위해 만든 건물입니다. 그리고 그 바로 옆에는 전주 사고 건물을 복원해 놓았기 때문에 사고도 구경할 수 있습니다. 전주 한옥마을은 한국의 전통 문화를 체험하고자 하는 분들에게는 여러 모로 유용한 곳이니, 시간이 되면 한번 방문하시면 좋을 겁니다.

『실록』을 대피시키자는 데 의견을 모은 두 분은 주위에 있는 지인의 도움을 받아, 전주 사고에 있던 태조부터 명종 때까지의 『실록』 804권을 태조의 영정과 함께(이때의 영정은 단지 그림에 불과한 것이 아니라 이성계의 분신과 같은 것이라 대단히 중요한 것입니다) 이고 지고해서 힘들게 내장산으로 피신시킵니다. 그러다 내장산도 안심하지 못해 더 깊은 산속으로 운반하게 되는

데, 이렇게 해서 『실록』을 지킨 세월이 무려 14개월이었습니다.

두 분이 정부에 『실록』을 인계할 수 있었던 것은 그 다음 해 7월이 되어서야 가능했습니다. 저는 이 과정에 대한 자세한 이야기를 읽은 적이 있는데, 그때 조상에 대한 존숭감이 치밀어 오르는 것을 참을 길이 없었던 기억이 새삼 납니다. 만일 이때 『실록』 옮기는 데에 주동을 한 두 분이 아니었더라면 어찌됐을까요?

이제는 세계 유산이 된 『조선왕조실록』의 반은 없어졌겠지요? 그렇게 되면 우리 『실록』이 '세계 최대의 단일 왕조 역사서'니 하는 그런 영광스러운 호칭도 얻지 못했을 것이고, 세계 유산에 등재되지 않았을 수도 있었을 겁니다. 나중에 보게 되지만 『승정원일기』는 임진란과 이괄의 난 때 불타 없어져, 조선 중기 이전의 기록은 없습니다. 이것과 비교해 볼 때, 『실록』은 온전히 보존했으니 이 두 분의 은공이 얼마나 큰지 모르겠습니다.

진정한 문화 영웅은 바로 이런 분들이 아닌가 싶습니다. 그래서 그 지역에서는 이 두 분의 크나큰 공을 인정해, 정읍의 칠보면에 남천사藍川祠라는 사당을 만들어 이 두 분을 기리고 있다고 합니다. 그러나 아직도 이런 분들에 대해 우리 후손들이 너무 관심을 갖지 않는 것 같아 안타깝기만 합니다.

이렇게 해서 간신히 『실록』을 손에 입수한 조선 정부는 전쟁이 끝나자 전쟁으로 국가의 재정이 파탄지경에 이르렀는데도, 1603년에 『실록』의 재출간 사업을 시작합니다. 이것은 조선의 위정자들이 무엇보다도 조상의 역사를 중요시했기 때문일 것입니다. 이런 예에서 우리는 다시금 한국 문화에 깔려 있는 성성星星한 문기의 기운을 느낄 수 있습니다.

이 다음부터 『실록』을 보관하는 사고의 변천이 복잡한데, 이에 대해 잘 아는 독자들에게는 다소 진부한 내용일 수 있겠지만, 우리 조상이 역사를 보존하려는 숭고한 정신을 읽을 수 있기 때문에 간략하게나마 보기로 하겠습니다.

전란 후 조선 정부는 전주 것을 저본으로 해서 다시 4부의 『실록』을 만듭니다. 이번에는 전쟁의 화를 피하기 위해, 아주 산골에다가 사고를 만듭니다. 물론 한양에 있는 춘추관에도 한 부가 보관됩니다. 그리고 강화도의 마니산, 봉화의 태백산, 영변의 묘향산, 평창의 오대산에 각각 한 부씩 보관하게 됩니다. 그러나 이것들도 전란에서 자유롭지 못하다고 생각한 나머지, 이괄의 난이나 병자호란의 발발 뒤에 더 안전한 곳을 찾아 옮깁니다.

특히 춘추관 것은 이괄의 난 때 소진되어, 그 이후로 춘추관에는 더 이상 『실록』을 보관하지 않게 됩니다. 그 외에 묘향산 것은 무주의 적상산으로, 마니산 것은 같은 강화도 안의 정족산으로 옮기게 됩니다. 이같은 과정을 겪은 뒤 조선말에는 사고가 적상산, 정족산, 태백산, 오대산 이렇게 4개가 남게 됩니다.

일제시대에 들어오면 더 복잡해집니다. 정족산과 태백산 것은 조선총독부가 갖고 있다가, 1930년 규장각 도서와 함께 경성제국대학, 지금의 서울대학으로 이전되고, 그것이 그대로 이어져 지금까지 서울대 규장각에 보관되어 있습니다.

그런가 하면, 적상산 것은 구황궁 장서각(이 기관은 일제 때에는 창경궁 안에 있다가 지금은 한국학중앙연구원으로 이전되어 있습니다)에 보관되어 있다가, 6·25

때 북한군이 가져가 지금은 김일성대학에 보관되어 있는 것으로 알려져 있습니다.

마지막으로 오대산 것은 동경제국대학으로 반출됐다가, 1923년 관동 대지진 때 거의 소실되었는데, 남은 약간의 『실록』이 몇 년 전 우리나라 로 반환되었죠. 이렇게 보니까 『실록』의 운명은 참으로 기구하다 하겠습 니다. 아울러 어떻게 해서든 자신들의 기록을 후손들에게 남겨, 후세의 귀감이 되게 했던 조선의 문기 정신이 한없이 부럽기만 합니다. 이런 정 신을 우리 후손들은 불행하게도 현재로서는 많이 잃어버렸습니다. 지금 그 기운이 서서히 부활하는 움직임이 보입니다만, 조선의 수준까지 가려 면 얼마나 많은 시간이 걸려야 할지 잘 모르겠습니다.

『실록』은 무엇이 뛰어나기에 세계 유산이 되었을까?

첫째, 모든 기록 남기기

실록 전통이 사실 우리나라에만 있는 것은 아닙니다. 실록은 유교의 춘추필법 정신에 따라 쓴 것이기 때문에, 유교를 신봉한 중국이나 일본, 베트남에도 있었습니다. 물론 이런 전통은 중국에서 비롯된 것이지요. 그런데 우리의 『실록』처럼 왕조 전체 기간을 통틀어서 기록한 실록은 중 국의 『명실록』과 『청실록』밖에 없다고 합니다.

단순히 권수로만 따지면 중국 것이 조선 것보다 많습니다만,* 그 다룬 기간을 보면 『조선왕조실록』이 472년으로 단연 앞선다고 앞에서 이야기했습니다. 게다가 우리의 『실록』은 단 4부를 만들면서도 활자로 인쇄하고 그 원본까지 남겼습니다. 이에 비해 중국 것은 필사본으로 되어 있고, 중간 중간 고친 부분도 있다고 합니다. 이런 때문인지 중국의 실록은 유네스코에 등재되지 않았습니다.

제가 계속 이야기합니다만, 이런 것을 통해 보면 조선이 인간의 역사 기록에 대해 얼마나 많은 관심을 갖고 있었는지 잘 알 수 있습니다. 한마디로 인문 정신이 대단했던 것이지요. 저는 이 주제에 대해 강의를 할 때마다, 저도 모르게 거의 소리를 지르면서 묻습니다.

"중국과 조선 중 어느 나라가 더 문명국입니까? 역사 기록은 소홀히 하고 궁궐 같은 것만 크게 지은 중국과, 그 반대로 하드웨어에는 신경을 덜 쓰고 역사 기록 같은 소프트웨어에 더 신경을 쓴 조선 중 어느 나라가 더 문명국입니까? 사정이 이런데도 왜 우리 한국인은 잘 알지도 못하면서, 중국에 대해 문화적인 열등감 혹은 패배감을 갖습니까?"

이렇게 청중들을 향해 크게 외친답니다.

그러면 대개는 수긍하는 눈치를 보입니다만, 조상의 이런 높은 인문 정신을 실감을 못해서 그런지, 서로 얼굴만 바라보면서 '긴가민가' 하는 표정을 감추지 않습니다.

겉으로 볼 때에는, 이런 이유에서 『실록』이 세계 유산이 됩니다만, 『실록』이 진정으로 우수한 점은 다른 데에 있습니다. 무엇이냐고요? 그것은 우리의 『실록』이 다른 나라 것들에 비해, 공정성과 객관성이 뛰어나다는

---

* 권수로만 따지면 『명실록』은 2,964권이고 『청실록』은 4,404권인 반면, 조선의 『실록』은 1,893권입니다.

점입니다. 이것은 왕이 행한 거의 모든 일을 사관이 기록하고, 이 『실록』의 기록을 후세의 왕들이 볼 수 없게 만든 조선의 실록 전통에서 비롯된 것입니다.

앞에서 말한 대로 TV 사극을 보면, 국왕이 국무회의를 할 때 그 옆에서 열심히 적는 사람이 있다고 했지요? 이 가운데 사초를 적는 사람을 사관이라고 했고요. 저는 이번에 이 책을 준비하면서 많은 사실을 새롭게 공부하게 됐는데, 특히 이 실록의 기록 전통에 대해서 아주 많은 것을 알게 되었습니다. 이번 원고를 쓰기 전까지는 이러한 사관 전통이 조선 초부터 확립된 것이라고 알고 있었는데, 조사해 보니 그렇지는 않았습니다.

예를 들어, 국왕과 대신들이 하는 국무회의 때 사관이 들어가는 것은 당연한 일인데, 처음부터 그랬던 것은 아니었더라고요. 역사 기록을 보면, 사관들이 국무회의에 들어가 기록하기 시작한 것은 조선의 두 번째 왕이었던 정종 후반기에나 가능하게 되었다고 합니다. 그러나 이것도 항상 가능했던 것은 아닌 것 같고, 계속 실랑이를 하면서 들어갔다 못 들어갔다 한 모양입니다.

사정이 이렇게 된 것은 아마도 왕조가 건국한 초창기라 제도가 아직 정비되지 않아 생긴 일 같습니다. 게다가 이성계나 그의 아들들은 문보다는 무에 강한 무장들 아닙니까? 그러니 이런 역사 기록 전통을 세우는 데에는 다소 소홀할 수도 있지 않았을까 하는 생각입니다.

사관이 국무회의 때 들어가 기록하게 된 것도 왕이 그냥 들어오라고 해서 회의에 참석했던 것이 아니라, 사관들이 부단히 주장하고 집요하게 요구한 대가로 가능하게 된 일이었습니다. 조금 있다 사관에 대해서는 따로 보겠습니다만, 사관들은 낮은 벼슬임에도 불구하고 그 곧음이 대단했습니다. 그래서 높은 벼슬로 올라가려면 사관 자리를 거쳐야 할 정도로 사관은 대단한 명예직이었다고 하지요. 사관들은 부단히 왕(그리고 중신)들과 신경전을 벌여 국무회의와 같은 각종 주요 회의에 참석할 수 있게 되는데, 그 단적인 예는 정종의 동생인 태종 이방원 때에 사관으로 있었던 민인생(閔麟生)을 들 수 있습니다.*

태종이 편전(便殿)에서 회의할 때 일이었습니다. 편전이란 정전 바로 뒤에 있는 건물로 임금이 매일 아침 일찍 국무회의를 하던 곳이지요. 경복궁으로 치면 근정전 바로 뒤에 있는 사정전(思政殿)이 되겠습니다. 민인생이 들어가려 하니 도승지(왕의 비서실장)가 말렸습니다. 태종이 이 광경을 보고 민인생에게 편전에는 들어오지 말라고 부드럽게 말했습니다. 그러나 민인생은 이때 『실록』 청사에 남을 이야기를 남깁니다. "신이 만일 곧게 쓰지 않는다면, 위에 하늘이 있습니다"라고.

여담입니다만, 이 민인생은 후에 태종이 사냥하러 가는 데까지도 따라갔던 모양입니다. 태종이 그를 뒤늦게 발견하고 불만을 표시하자, 민인생은 '사관으로서 직분을 다하기 위해 왔다'고 꼿꼿하게 말했다고 합니다. 사실 사냥 가는 것이야 쉬고 기분전환 하러 가는 것인데, 그런 데까지 자신의 언행을 기록하는 사관이 오는 것을 왕이 좋아 했을 리가 없겠지요. 이 민인생은 후에 안타깝게도 신하의 예를 잃어버렸다는 죄목으로 귀양을 가게 됩니다. 나름대로 사관의 의무를 다하려고 편전을 엿보고

---

* 이 이야기는 박홍갑, 『사관 위에는 하늘이 있소이다』, 29~31쪽에 자세히 나와 있습니다.

휘장을 들추고 했던 일이 괘씸죄에 걸려들게 된 겁니다.

이것은 초기에 사관의 전통이 아직 확립되지 않았기 때문에 생긴 일로 생각됩니다. 어찌 됐든 조선의 실록 전통은 이렇게 패기 있고 추상秋霜 같은 사관들의 노력에 의해 서서히 만들어집니다. 사관들의 직필 전통, 즉 사실을 있는 그대로 적고 가감 없이 묘사하는 기록 정신은 하루아침에 만들어진 것이 아닙니다. 이런 전통이 확고하게 섰기에 패륜아처럼 굴고 모든 것을 제 멋대로 했던 연산군도 "내가 두려운 것은 사서뿐이다"라고 말했다고 합니다. 궁궐을 유흥장으로 만들고 전횡을 부렸던 연산군도 그런 자기 모습이 후대에 남겨지는 것은 두려웠던 것입니다.

사관의 입장에서 보면, 왕의 일거수일투족을 한결같이 기록하는 것이 대의大義에 맞지만, 왕의 입장에서 보면 이런 사관의 행동은 지긋지긋했을 것이 분명합니다. 여러분도 생각해 보십시오. 여러분을 누가 밤낮으로 쫓아다니면서 여러분이 무슨 말만 하면 하나도 빠짐없이 기록을 한다면 견딜 수 있겠습니까? 짜증이 나고 신경질이 나서 돌아버리지 않을까요? 왕에게 사관이란 자신을 감시하고 자신에 관한 모든 것을 기록해 후세에 남기려고 하는 존재였을 테니, 얼마나 신경이 쓰였겠습니까?

조금 전에 본 것처럼, 태종 같은 왕들이 사관을 멀리 하려 했던 그 마음이 충분히 이해가 됩니다. 재미있는 것은 왕의 동정에 대한 기록을 더 확실하게 하겠다고, 왕의 잠자리까지 기록해야 된다는 이야기도 있었다는 것입니다. 그래서 여자 사관을 뽑아서 왕의 침실에서 일어나는 일을 적자는 의견이 있었던 모양입니다. 그러나 실행은 안 된 것 같은데, 어쨌든 조선의 사관들이 지닌 기록 정신은 대단하다 하겠습니다.

반면 그것과 반비례해서 왕들이 그만큼 힘들었으리라는 것은 당연한 일이겠습니다. 조선 시대의 정치를 아주 간단하게 보면, 왕권과 신권의 주도권 쟁탈전으로 볼 수 있습니다. 세습 군주제에서는 자칫하면 왕권이 지나치게 강해져 전횡을 할 수 있습니다. 이것을 견제하는 것이 귀족들인데, 이 사관 제도야말로 전형적인 왕권 견제책이라 할 수 있습니다. 왕의 언행을 후세에 남기겠다는 위협(?)을 가해 그들의 전횡을 미연未然에 방지하려고 했던 것입니다. 조선이 오백 년 이상을 지속한 것은 다 이런 훌륭한 제도가 뒷받침되었기 때문입니다.

『실록』을 이야기하게 되면 반드시 사관이 나옵니다. 그들이 주인공이기 때문입니다. 따라서 사관에 대해서도 잠시 언급이 있어야겠습니다. 기록을 직접 하는 역할을 맡은 사관은 잘 알려진 것처럼 결코 높지 않은 벼슬입니다. 이들은 소속이 예문관인데(춘추관에 소속되는 것은 겸임한 것입니다) 관직의 등급은 정7품부터 정9품까지에 해당하니, 직급 자체는 외려 낮다고 할 수 있습니다. 9품은 가장 말단 아닙니까?

이것은 아마 사관이라는 직책이 육체적으로든 정신적으로든 결코 쉬운 직책이 아니기 때문에, 젊은 관리에게 맡긴 것 아닌가 하는 생각이 듭니다. 생각해 보십시오. 노상 쪼그리고 앉아서 쉴 새 없이 글만 써대는 일이 어찌 쉽겠습니까? 게다가 그렇게 쓴 것을 집에까지 가져가서 잠을 줄이면서까지 정리해야 하고, 더욱이 그것을 비밀리에 잘 보관해야 하니 일이 얼마나 귀찮겠습니까? 그런 까닭에 사관의 일은 밑의 관리들에게 맡겼을 것입니다.

그러나 그렇다고 해서 사관들이 무시되었던 것은 아닙니다. 청직淸職

이고 대단한 명예직이라, 정승이 된 사람이라도 사관 경력이 없으면 열 등감을 느끼고 사관들을 시기하는 경우마저 있었다고 합니다. 사관이 지녀야 할 높은 춘추필법의 직필 정신이 인정을 받은 것입니다.

사관이라는 자리는 아시다시피 품계는 낮지만 너무나 중요한 자리인지라 아주 엄선해서 뽑았습니다. 그 절차가 대단히 까다로울 뿐만 아니라, 여러 조건을 만족시켜야 했습니다. 여기서 말하는 조건이란 친족과 처가와 외가에 흠이 없는 것 등을 말합니다. 게다가 본인은 삼장三長, 즉 재才 · 학學 · 식識을 갖춰야 합니다. 나중에는 여기에 덕까지 포함됩니다.

사정이 이러하니 사관되기가 참으로 힘들었겠습니다. 그러나 이런 까다로운 절차나 자격을 다 만족시킬 수 있는 사람이라면, 반드시 높은 자리까지 갈 수 있는 여건을 다 갖추었다고 볼 수 있겠습니다. 사관의 자격에 대해서 앞의 주에서 인용한 박홍갑 교수는 이렇게 말합니다.

사관의 붓자루는 엄정하고 객관적이어야 한다. 추호도 개인적인 감정을 개입시켜 남을 폄하하거나 사건을 호도하고 왜곡해서는 안 된다. 또한 권세와 세도가의 논리에 곡학아세하는 자세는 더더욱 안 된다. 곡필을 배척하고 직필을 생명처럼 여겨야 하는 역사의식을 가진 자만이 사관의 업무를 수행해야 하기 때문이다.*

그동안 제가 본, 『실록』에 관한 글 가운데 사관의 정신을 가장 잘 묘사하고 있어 인용해 보았습니다. 사관들이 이렇게 철저하니 그 무서운 왕이었던 태종 이방원도 사관을 귀찮아하면서도 두려워했다고 하지요.

한번은 그가 사냥을 나갔다 활을 쏘는 차에 실수하여 말에서 떨어진 모양입니다. 그런 경황이 없는 상황에서 그가 가장 먼저 내뱉은 첫 마디가 "이 일을 사관이 알지 못하게 하라"는 말이었답니다.** 아마 최고 강자로서의 면모가 깎이는 게 두려워 그랬던 것 같습니다. 이렇듯 사관은 말단 관리였음에도 불구하고 왕마저 두려워하는 존재였습니다. 아무리 보아도 조선이 많은 어려움 속에서도 500년 이상을 지속할 수 있었던 것은 다 이런 높은 인문 정신이 있어서 가능했을 것이라는 생각이 듭니다.

둘째, 객관성과 공정성

사관이 이렇게 왕이 있는 곳이라면 어디든 출몰하여 기록을 남겼다는 점에서 후세의 높은 지지를 받지만, 이것 말고도 우리 『실록』이 세계적으로 인정받는 점이 또 있습니다.

다른 나라의 『실록』과 비교해 볼 때, 공정성이 높다는 점에서 큰 인정을 받은 것이 그것입니다. 이러한 인정은 대체로 두 가지 조건에 따라 결정된 것입니다. 두 가지 조건이란 우선 기록된 사초를 왕이 볼 수 없었다는 것이었고, 두 번째로 사관은 자신이 기록한 사초에 이름을 적지 않아도 된다는 것을 들 수 있습니다.

사관이 얼마나 추상같은 관리였는가는 앞에서 이미 보았습니다. 사관은 왕을 그림자처럼 졸졸 쫓아다녔고, 왕의 일거수일투족을 다 기록에

* 박홍갑, 『사관 위에는 하늘이 있소이다』, 57쪽.

** 앞의 책, 138쪽.

남겼습니다. 사관이 이렇게 왕의 거동을 있는 그대로 기록할 수 있었던 것은 왕이 기록된 사초를 볼 수 없었기 때문입니다. 만일 왕이 자신이나 부왕에 대해 쓴 기록들을 볼 수 있었다면, 어떤 사관이 왕이나 선왕의 거동에 대해 있는 그대로 쓸 수 있었겠습니까?

그런데 이웃 나라 중국은 그렇지 않았던 모양입니다. 제가 『명실록』이나 『청실록』을 직접 보지는 못했지만, 그쪽 전공자들에 따르면 황제들이 실록을 보았고, 어떤 기록이 마음에 들지 않으면 그 부분을 지우라고 명하기도 했답니다. 그 간섭 정도가 어느 정도 되는지는 잘 모르지만, 우리 조선과는 사뭇 다른 모습입니다. 중국은 황제 권력이 너무 강한 것이지요. 그래서 부패하기 쉽고 그 자연스러운 결과로 왕조가 오래가지 못했을 것입니다.

중국은 조선과는 비교가 안 될 정도로 사관의 자유가 제약되어 있었습니다. 명나라를 세운 주원장은 사관에 해당하는 직책을 아예 없애버리기도 했습니다. 주원장은 첫 번째 황제라 황실의 제도에 익숙하지 못했던지, 사관이 귀찮게 노상 자기에 대해 써대니까 막강한 황제의 권력으로 사관직을 없애버렸는지도 모르겠습니다. 사실 이렇게 사관이 자신의 거동에 대해 적게 되면, 왕이든 황제든 항상 후대를 생각하게 되어 전횡을 하기가 힘들었을 겁니다.

그런데 말입니다. 이전에는 저도 조선에서는 어떤 왕도 『실록』이나 사초를 전혀 보지 못한 줄만 알았습니다. 이에 대해서는 이런 에피소드가 전해집니다. 세종 때의 일이라고 하지요. 세종은 자기 아버지인 태종에 대해 사관들이 어떻게 썼는지 매우 궁금해 했습니다. 그럴 수밖에 없겠지요? 태종은 정도전을 비롯해 수많은 사람을 죽이고 왕이 되지 않았습니까? 그러니 세종은 사관들이 자기 아버지를 어떻게 평가했는지 궁금할 수밖에 없었겠지요.

사실 태종 이방원 이야기가 나와서 말입니다만, 우리는 세종이 훌륭한 것은 다 알고 있지만, 세종이 이렇게 정치를 잘 할 수 있었던 것이 모두 그의 아버지인 태종 덕이라는 사실은 잘 모르고 있습니다. 사실 태종이 없었으면 세종은 없었다고 할 정도로, 태종은 중요한 일을 했습니다. 여러분이 잘 아시는 것처럼 조선조 때에는 왕의 외척들이 권력을 좌지우지해서 왕권을 침해하는 일이 적지 않았습니다. 이것을 익히 안 태종은 자신의 부인이자 세종의 어머니인 왕비 민씨 쪽의 남자들을 모두 제거해 버립니다. 우선 민씨의 처남들, 즉 세종의 외삼촌들에게 사약을 먹여 정치판에서 사라지게 만듭니다.

게다가 자신의 장인, 즉 세종의 외할아버지는 자진自盡(자살)하게 만듭니다. 태종이 잔인한 사람인지 아니면 정치가 사람을 이렇게 만드는 것인지, 태종은 참으로 인간으로서는 하기 힘든 일을 합니다. 이렇게 세종 주위가 정리되니, 세종은 맘껏 정치를 할 수 있었던 겁니다. 물론 위의 두 아들 다 물리치고 셋째인 세종을 왕으로 앉힌 것은 더 잘 한 일이었지요.

이런 저런 사정으로 세종은 『태종실록』이 보고 싶었답니다.* 당시에는 어진 임금에 어진 신하가 많았습니다. 맹사성과 같은 훌륭한 신하들이 반대해, 세종은 보고 싶던 자기 아버지 기록을 못 보게 됩니다. 이런

---

* 이 일은 세종 13년(1431년) 3월 20일에 있었던 일입니다.

일은 이전에도 또 있었습니다. 세종은 또 부왕인 태종도 못 본 『태조실록』이 보고 싶었던 모양입니다. 그러나 이번에는 변계량이라는 신하가 나서서 반대하는 바람에 실패하고 맙니다.

반대하는 이유는 다 마찬가지였습니다. 실록을 편찬한 사람들이 살아 있기 때문에, 정치적인 이해를 둘러싸고 얼마든지 필화 사건이 터질 수 있기 때문이었습니다. 그런데 이렇게 우려했던 일은 몇 십 년 뒤에 결국 일어나고 맙니다.*

그리고 세종도 결국 나중에 『태조실록』을 보기는 봅니다. 세종이 이 실록을 보게 되는 것은 『태조실록』의 편찬자들이 거의 죽은 다음에야 보았다고 합니다. 그 뒤에도 세종이 실록을 보았다는 기사가 보입니다만 상습적으로 본 것은 아니고, 특별한 경우에 한해서만 본 것 같습니다.

이것은 아마도 세종 대가 조선 초에 속하기 때문에, 아직 조선의 정치 제도가 완전하게 갖추어진 것이 아니라 일어난 일로 생각됩니다. 그러나 후대로 가면 왕들은 사초를 볼 수 없게 되는데, 그 대표적인 예라고 할 것까지는 없지만, 연산군의 경우를 들어 설명할 수 있겠습니다. 저는 지금까지 연산군이 하도 포악한 왕이라 사초를 보았다고 알고 있었습니다. 그러나 이번에 자세하게 조사해 보니, 연산군조차도 사초는 보지 못했더군요.

연산군은 대신에 사관 제도를 무색하게 하는 일을 합니다. 예를 들어

---

* 사초를 신하들이 보고, 그것을 이용해 서로의 세력을 견제하려고 일으켰던 사화史禍 가운데 가장 유명한 것은 연산군 때 일어났던 무오戊午사화입니다.

아예 사초를 기록하는 것을 금지시키거나 앞에서 본 『시정기』 같은 곳에 왕과 관계되는 사항은 기록하지 못하게 한 것 등이 그것입니다. 자신이 얼마나 황당한 짓을 하고 있는가를 그 자신도 알고 있었던 겁니다. 그래서 어떻게든 기록에 남겨지는 것을 극력 거부한 것인데, 그런 그도 사초를 보았던 것은 아닙니다. 왕이 사초를 볼 수 없게 만든 전통은 연산군 때에는 이미 확립된 것이라, 말할 수 없이 포악한 군주인 연산군도 그것마저 어길 수는 없었던 모양입니다.

앞에서 『실록』(혹은 사초)의 위대한 점은 군왕이 있는 자리에는 언제나 사관이 있어 왕의 모든 거동을 낱낱이 적는 데에 있다고 했습니다. 그런데 좀 더 세세하게 조사해 보니, 반드시 그런 것은 아니라는 것을 알 수 있었습니다. 다시 세종의 경우인데, 그는 사관 제도를 많이 정착시킨 공로가 있는 임금입니다. 앞에서 말한 것처럼 그는 신하들을 독대獨對하는 자리나 한 달에 세 번씩 문무백관이 돌아가며 임금에게 보고하고 질문하는 자리인 윤대輪對에 사관들이 들어올 수 있게 했습니다.

이것은 세종 이전에는 정착하지 못한 제도였습니다. 뿐만 아니라 경연經筵에도 사관들이 입시할 수 있게 했습니다. 경연에는 왕을 비롯해 여러 대신들이 참석하기 때문에 자연스럽게 정치적인 이야기가 나올 터이니, 사관이 그것을 기록할 필요가 있었을 것입니다. 이것은 세자가 교육받는 장소인 서연書筵에도 적용되어 세종은 이곳에도 사관이 출입하는 것을 허락했습니다.

그리고 사관 제도와 관련해서 세종 대에는 재미있는 일도 있었습니다. 세종 전대까지는 사관들에 대한 대우가 말이 아니었던 모양입니다. 왜냐면 사관은 자신의 자리가 없어 전외殿外에 있는 층계 위에 엎드려서 기록했다고 하니 말입니다. 이것을 안 세종은 사관으로 하여금 전내에 있는 기둥 밖으로 자리를 옮겨 편안하게 앉아서 쓸 수 있게 허락했다고 합니다. 세종이 얼마나 사관 제도에 대해 호의적이었나를 알 수 있습니다.

그랬던 세종이었지만, 말년에 가면 사관을 대동하지 않고 독대나 비밀회의를 많이 즐겼다고 연구자들은 전합니다. 예를 들어 세종이 당시에 원로대신이던 황희나 김종서 같은 이들과 만날 때, 노골적으로 사관에게 피해 달라는 부탁을 했다고 합니다. 그러면 사관은 세종이 워낙 대단한 임금이었던지라, 감히 한 마디도 못하고 물러나곤 했다고 합니다.

그리고 말년에 세종은 불교에 심취하게 됩니다. 너무 심취한 나머지 궐내에 불당을 세우게 되는데, 이에 대해 대신들이 좋은 시선을 보내지 않았을 것은 뻔한 일 아니겠습니까? 그래서 세종은 이 일에 대해서는 대신들과 말이 안 통하니, 자신의 아들인 수양과 안평을 자주 불러 비밀리에 독대를 했다고 합니다.

이런 모임에 사관이 참석할 수 없었을 것은 당연한 일입니다. 이것은 조선에 사관 제도가 정착되는 과정에서 있었던 일입니다. 또 후대에도 이런 일이 전혀 없었던 것은 아니지만, 같은 일이 그리 자주 발생하지는 않았습니다.

『실록』이라는 역사 기록이 후대에 인정을 받을 수 있었던 두 번째 요인은 익명성에 있습니다. 무슨 익명성인가 하니, 사초를 작성한 사관들이 자신의 이름을 적지 않는다는 것입니다. 사초란 앞에서도 말씀드린 것처럼 사관이 작성한 다음 집에 비밀리에 간직하고 있다가 임금이 죽으면, 그제야 임시로 만들어진 실록청에 제출하는 것입니다.

이렇게 하는 이유는 간단한 것이지요. 사관이 사초에 자기 이름을 적어야 한다면, 누가 직필을 해서 공정하게 임금에 관한 사실을 남기려 하겠습니까?

그래서 사초에는 사관의 이름을 적지 않는 것이 법도로 되어 있었습니다. 그런 까닭에 항상 사관의 직필을 의식할 수밖에 없었던 왕과 그 왕과 같이 정치를 했던 대신들은, 사관들이 자신들을 어떻게 평가할까에 대해 일종의 두려움을 갖고 있었습니다.

이런 이유 때문에 왕과 대신들은 사초 실명제를 실시하려고 시도했던 적도 있었다고 합니다. 그리고 실제로 실명제를 실시하다 문제가 됐던 적도 있었습니다. 세조에 이어 즉위한 예종은 갑자기 부왕인 세조에 대해 기록한 사초에다가 사관들의 실명을 써서 제출하라고 명령을 내렸던 모양입니다. 이것도 충분히 이해가 되는 일이지요. 세조가 왕이 되는 과정에서 단종으로부터 왕위를 찬탈하면서 많은 무리수를 두었으니, 아들인 예종의 입장에서는 여간 궁금하지 않았을 겁니다. 그리고 세조의 왕위 찬탈 과정에 세조의 편에 섰던 대신들도 같은 심정이었을 겁니다. 자신들도 그리 떳떳하지 못한 일을 했으니, 사관들이 과연 어떻게 기록했을지 매우 궁금했을 겁니다.

이렇게 왕과 대신들이 '짝짜꿍'이 맞아서 사초 실명제가 느닷없이 시행된 것입니다. 그런데 세조 때 사관이었던 민수閔粹라는 사람이 임금의 하명을 듣고 깜짝 놀라, 이미 제출한 사초를 몰래 빼내 조금 고쳐서 다시 제출했던 모양입니다. 세조 때 재직한 대신들이 행한 비리에 대해 비판

한 것을 고쳤던 것입니다. 그런데 이게 발각이 나, 이 일에 관여한 동료들은 죽임을 당하고, 민수 자신은 귀양을 가게 됩니다. 이것을 일컬어 '민수의 사옥史獄'이라고 합니다.

이 정도는 아니지만 그 뒤에도 계속해서 실명제가 거론되었는데, 전문가들의 견해로는 이 제도는 일관성이 없이 왔다 갔다 했다고 합니다. 조선의 사관들이 그렇게 호락호락하게 자신들의 뜻을 꺾지 않았기 때문에, 왕이나 대신들도 일방적으로 실명제를 밀어붙이지는 못했다는 겁니다.

조선을 넘어서 동아시아로, 그리고 세계로 *

우리의 『실록』은 조선 시대를 연구하는 데에만 필요한 것이 아닙니다. 그것은 『실록』에 조선의 역사만 기록되어 있는 것이 아니라, 중국은 말할 것도 없고, 몽골·만주·일본 등에 대한 기록이 많이 있기 때문입니다. 이 가운데서도 특히 한국과 중국의 관계사를 연구하는 학자들은 우리의 『실록』을 반드시 보아야 합니다.

이 주제에 대해 연구하려면 물론 중국 측의 기록도 참고해야 합니다. 그런데 어떤 시기에는 중국 내부의 문제 때문에 중국 외부의 일에는 관심을 갖지 못해, 교류사에 대해 별로 기록을 남기지 않은 경우가 있다고 합니다. 이런 경우 우리의 『실록』은 반드시 참고해야 하는 사료로 평가됩

---

* 이 부분에 대한 설명은 앞에서 인용한 윤영인 교수의 글을 많이 참고했습니다.

니다.

이런 경우와는 달리, 같은 사건에 대해서 서술할 경우에도 대부분 우리의 『실록』이 중국 측 기록보다 더 자세하다고 합니다. 예를 들어서, 조선과 명의 교류사를 보면, 중국 쪽에 있는 내용은 우리 쪽에 다 있을 뿐만 아니라, 우리 『실록』의 기록이 훨씬 많다고 합니다. 그러니까 중국 측에는 없는 기록이 우리 측에는 있는 것이지요.

심지어 중국 황제에 대한 평가도 우리 쪽의 것이 더 상세한 경우도 있다고 하는데, 종종 황제를 좋지 않게 쓴 경우도 발견된답니다. 예를 들어, 15세기 초 명나라가 무리하게 조선 정부에게 황실에서 '이용'할 궁녀와 환관을 바치라고 한 일이 종종 있었습니다. 이에 대한 기록은 『명실록』에는 발견되지 않는다고 합니다.

이것은 유교적인 도덕의 기준에서 볼 때 바람직하지 않은 일이었기 때문에, 『명실록』에는 적을 수 없었던 모양이고, 명은 사신들을 조선에 보내 구두로만 전달했다고 합니다. 그러나 우리 『실록』에는 이에 대한 자세한 기록이 남겨져 있어, 이 당시 명나라 황실에서 일어났던 일을 잘 알 수 있다고 하지요. 그러니까 조선과 중국의 교류사의 비하인드 스토리를 우리의 『실록』을 통해서만 알 수 있는 경우입니다.

이렇게 우리 『실록』은 중국과의 교류에 대해서 많은 내용을 담고 있습니다. 그에 못지않게 우리 주변의 민족이나 국가들, 즉 몽골이나 여진 혹은 오키나와에 있던 큐슈 왕국 등과의 교류 내용도 전하고 있어 그 가치를 더 해줍니다. 이런 주제에 대해 연구하는 학자들은 반드시 우리 『실록』을 보아야 하는데, 그것은 이 민족들이 남긴 기록이 없기 때문입니다.

이들 나라나 민족들은 조선과는 달리 역사를 기록하는 일을 등한히 했던 터라, 자신들의 족적을 지워버린 것입니다.

게다가 조금 남아 있는 기록도 중국을 중심으로 적혀 있기 때문에, 편파적인 경우가 허다하다고 합니다. 이런 편견을 깨기 위해서도 우리의 『실록』은 꼭 필요하다는 것이지요. 지금까지 동아시아의 역사 기록을 보면, 지나치게 중국 중심으로 기술되어 있었습니다. 이런 문제를 해결하기 위해서는, 중국이 아닌 나라에서 적은 기록이 반드시 필요하게 됩니다. 이런 기록에는 역사적 상황이 중국의 시각과는 다르게 기술되어 있기 때문입니다. 따라서 이런 경우 우리의 『실록』은 동아시아 역사 연구의 기본적인 문제를 해결할 수 있는 단초를 제공한다고 할 수 있습니다.*

그 다음에 재미있는 것은 우리의 『실록』이 동아시아의 역사 서술을 넘어서, 지구의 자연 현상에 대한 연구를 할 때에도 필요한 자료가 될 수 있다는 것입니다. 이것은 놀라운 일이 아닐 수 없습니다. 어떤 것인지 궁금하시죠. 이에 대한 연구는 한국사를 전공하신 이태진 교수가 주로 행한 것인데,** 1450년부터 1750년까지 지구에 있었다고 하는 소빙하기에 대한 기록이 세계의 어떤 역사 기록보다도 우리의 『실록』에 많다는 데에 착안하여 시작된 것입니다.

이 시기는 지구의 온도가 중세 온난기(900년~1450년)보다 1℃나 떨어졌다고 합니다. 그래서 지구의 고산 지대에는 빙하가 확장된 흔적을 볼 수

---

* 윤영인, 앞의 책, 290쪽.

** 이태진, "小氷期(1500~1750) 천변재이 연구와 『조선왕조실록』—global history의 한 章," 『역사학보』 149호.

있다고 하지요. 이때 온 세계적으로 많은 변고가 있었는데, 가깝게 중국만 보아도, 명나라가 망하고 청나라가 들어서게 됩니다. 유럽에서는 마녀사냥과 같은 사회적으로 이해할 수 없는 엽기적인 현상이 생겨나고, 수많은 자연 재해가 거듭되었습니다.

조선도 예외가 될 수는 없었죠. 당시 한반도에서는 때 아닌 눈·우박·서리 등이 내려 기온이 급격히 강하되고, 이에 따라 홍수·한발 등이 수없이 되풀이되는 등, 이상 기상 현상이 많이 생겨납니다. 예를 들어서 현종 11년(1670년) 8월 11일 기사를 보면, 함흥 지방에 비와 우박이 번갈아 왔는데, 우박이 큰 것은 밥그릇만 하고 작은 것은 주먹만 했다는 겁니다. 그래서 그 우박을 맞은 12살 아이가 죽는 일도 발생합니다.

다음해 9월 2일에는 함경도 갑산 지역에 눈이 내리고 냇물이 얼었다고 합니다. 여름에 얼음이 얼고 눈이 내린 것이니 이것은 대단한 기상 이변이지요.

이 교수의 설에 의하면, 이런 자연 재해 때문에 병자호란이나 당쟁, 인조반정, 이괄의 난, 장길산의 봉기 등이 일어나 사회가 대단히 어지러웠다는 것입니다. 그러니까 자연 현상에서 영향을 받아 인간 세상에 여러 일이 생겨났다는 가정이지요. 이것은 이미 월터 알바레즈Walter Alvarez 교수라는 사람이 주장한 것이기도 합니다.***

이런 생각을 갖고 이 교수께서는 『실록』을 다 훑어보았답니다. 그 결

*** 알바레즈 교수는 6,500만 년 전에 백악기白堊期와 제3기 사이에 엄청나게 큰 운석이 지구에 떨어져, 그때 생긴 먼지 때문에 지구에 태양열이 닿지 못해 온도가 급격히 떨어져서 그 결과로 공룡이 소멸되었다는 설을 낸 것으로 유명합니다.

과 7~8월에 눈, 서리, 우박이 왔다는 기록이 3,065건에 달했음을 알 수 있었는데, 이것이 15세기 말부터 18세기 초까지의 250여 년 동안에 집중되어 있는 것을 발견했습니다. 이에 대한 원인이 무엇일까요? 이 교수는 이에 대한 가장 근본적인 원인을 다량의 유성의 출현과 운석의 낙하로 파악하셨습니다.

이때 얼마나 많은 유성이 떨어졌는가 하면, 조선 전체 기간에 유성에 대한 기록이 총 3,064건인데, 이 가운데 89%인 2,704건이 이 시기에 집중되었답니다. 이렇게 많은 유성들이 떨어질 때, 대기권에서 폭발해 타고 부서지면서 먼지가 많이 발생해 태양을 가렸다는 겁니다. 그래서 지구의 온도가 위에서 본 것처럼 뚝 떨어지게 되었다는 것이지요. 이것이 소빙기의 실체인데, 소빙기의 이러한 모습을 이렇게 상세하게 적은 기록은 온 세계에 존재하는 역사 기록 가운데 우리의 『실록』밖에 없다는 것입니다.

이렇게 보면 『실록』의 기록 정신은 대단한 것이라 하겠습니다. 그런데 꼭 그렇게 볼 것은 아니라는 반론도 있어 경청해야겠습니다. 반론을 한 분은 한국 과학사를 전공하신 박성래 교수이신데, 이 분은 앞에서 인용한 이 교수의 논문에 논평을 하면서, 『실록』의 기록을 과학적인 기록으로만 보는 것은 문제가 있다고 지적하셨습니다. 왜냐하면 『실록』의 기록은 자연 현상을 있는 그대로 적었다기보다는, 취사선택해서 적었기 때문이라는 것입니다.

단적인 예가 『승정원일기』와 비교를 해보면, 『실록』의 기록이 『일기』의 그것을 취사선택해서 일부만 기록했음을 알 수 있다고 합니다. 이런 이유로 박 교수는 『실록』의 자연 현상 기록을 과학적 기록이 아닌 '정치적 기록'이라고 결론을 내립니다. 이것은 충분히 이해할 수 있는 것이, 과거 왕조 시대에는 자연 재해가 생기는 것을 모두 왕이 정치를 잘못해 일어나는 부덕의 소치로 생각했기 때문입니다.

그것을 기록하려 할 때 아무래도 정치적인 입김이 들어갈 수밖에 없었기 때문입니다. 박 교수는 더 나아가서 이러한 자연 재해의 발생과 인간계의 변화에 반드시 인과 관계가 성립할 것인가에 대해 강한 의문을 표시하셨습니다. 이것은 참으로 좋은 지적이라 생각됩니다.

그럼에도 불구하고 『실록』에는 분명 다른 기록에서는 찾아볼 수 없는 자연 현상에 대한 기록이 있습니다. 이것은 소광섭 교수 이야기인데, 『실록』에 초신성supernova에 대한 언급이 나온다고 합니다.* 초신성이란 태양보다 큰 별이 연료를 다 태우고 중력 때문에 함몰될 때, 갑작스레 밝은 별이 되었다가 서서히 약해지면서 죽는 별을 말합니다. 그런데 이런 별에 대한 기록이 『선조실록』(1604년 10월 13일)에 객성客星이란 이름으로 나온다고 합니다.**

『실록』은 그 뒤 약 1년 동안 이 별의 동태를 꾸준히 기록했는데, 소 교수의 말씀으로는 이런 기록은 온 세계적으로 유례가 없는 것이라고 합니다. 이렇게 보면 다시 한 번 『실록』의 기록 정신에 찬탄할 수밖에 없습니다.

위의 설명에 대해 이런 질문이 가능할 수도 있습니다. 왜 이런 기록이

---

* 소광섭, "역사와 과학의 학제적 연구에 부쳐," 『역사학보』 149호.

** 원문은 다음과 같습니다. "夜有一更客星在尾十度去極一百十度形體小於歲星色黃赤動搖五更有霧."

같은 문화권인 중국에서는 제대로 보이지 않느냐고 말입니다. 물론 중국에서도 관측은 열심히 했다고 합니다. 그러나 이런 자연 재해 현상에 대한 기록은 황제를 비난하는 것과 같게 취급되었기 때문에, 기록자들이 이 같은 현상에 대해 충실하게 기록하려 하지 않았다고 합니다. 앞에서 본 것처럼, 중국의 황제들은 명을 세운 주원장처럼 사관 제도를 폐지한 경우도 있었습니다.

그리고 우리의 『실록』과는 달리 중국의 실록은 편찬된 다음에 공개를 원칙으로 했기 때문에, 사관들이 황제에게 불리한 내용은 의도적으로 싣지 않는 경우가 많이 있었습니다. 그러니 황제의 부덕으로 상징되는 자연 재해 현상을 있는 그대로 적으려고 하지 않았겠지요. 아울러 중국은 당시가 명과 청이 바뀌는 시기였기 때문에, 자연히 기상과 천문을 관측하고 기록하는 일이 소홀하게 될 수밖에 없었습니다. 이런 이유로 중국 측의 기록은 부실한 면이 많이 보입니다.

『실록』 이야기를 마치며

지금까지 저는 『실록』의 훌륭한 면을 중심으로 설명해 왔습니다. 그러나 『실록』이 훌륭하다고는 하지만, 그렇다고 문제점이 없는 것은 결코 아닙니다. 『실록』이 갖는 한계에 대해서는, 앞에서 이미 단편적이나마 어느 정도는 보았습니다. 우선 『실록』의 우수성으로 객관성이 뛰어나다는 것을 들면서, 임금이 『실록』을 볼 수 없고, 사초에 사관의 이름을 적지 않았다는 것을 예로 들었습니다. 또 임금의 거동에 대해서 하나도 빠트리지 않고 기록하려고 했다는 점도 거론했습니다.

이것은 대체적으로는 맞는 이야기이지만, 이 기준들이 절대적으로 지켜졌던 것은 아니라고 했습니다. 『실록』을 본 임금도 있었고, 사초에 이름을 써야 하는 경우도 있었기 때문입니다. 그리고 임금들도 사관을 대동하지 않고 대신들을 만난 적도 있습니다. 그런데 이런 경우는 주로 초기의 왕들에게서 일어난 일이고, 일단 사관 제도가 정립되면 그렇지 않았던 것으로 판단됩니다. 제 개인적인 생각으로 우리 『실록』의 위대성은 다른 『실록』들과 비교해 볼 때 월등하게 뛰어나다는 데에 있지, 모든 면에서 완전무결하다고 볼 수는 없습니다.

또 『실록』과 관련해서 지적되는 한계는, 각각의 왕들에 대해 기록한 『실록』들이 다 같은 수준은 아니라는 것입니다. 전체적으로 보면 일부 왕대에 집중되어 있는 경향이 보이기 때문입니다. 심지어 한 왕에 대해 기록한 것도 어떤 『실록』은 일정한 시기를 기준으로 기록의 양이 달라지기도 합니다.

예를 들어 『선조실록』은 임진란 전의 것은 26권인데, 임진란 후의 것은 195권이나 됩니다. 이것은 임진란 전에 씌어졌던 기록들이 거의 없어졌기 때문에 어쩔 수 없는 일이었을 것입니다. 불가항력적인 것이었지요. 뿐만 아니라 『선조실록』은 두 번 씌어진 것으로도 유명합니다.

『선조실록』은 당연히 광해군 때 씌어졌겠지요? 이때 정권을 잡은 사람들은 북인 정권이었습니다. 그래서 자신들의 당에 속한 사람에 대해서는 있는 찬사, 없는 찬사 모두 동원해 한껏 추켜세우고, 상대당인 서인이

나 남인에 대해서는 그 반대로 사정없이 내리깎았습니다. 우리가 잘 아는 성혼이나 정철은 서인이라는 이유로, 유성룡은 남인이라는 이유로 그런 푸대접을 받았습니다.

그러다 주지하다시피 인조 반정으로 광해군은 축출되고 서인이 정권을 잡습니다. 정권을 잡은 서인들이 이렇게 만들어진 『선조실록』을 가만히 둘 리가 없겠지요? 그런데 그 수정 작업이 쉽지는 않았던 모양입니다. 인조가 즉위한 지 19년이라는 세월이 지난 다음에야 수정 작업에 들어갔기 때문입니다. 그리고 그것도 인조 대에는 끝내지 못하고, 다음 왕인 효종 대에 가서야 완성을 보게 됩니다. 이것이 유명한 『선조수정실록』입니다.

여기서도 우리 조상의 기록 정신은 뛰어났습니다. 이렇게 『실록』을 전부 고쳤지만, 예전 것도 그대로 남겨서 그 두 개를 비교할 수 있게 해 놓았기 때문입니다. 이렇듯 우리 조상의 기록 정신은 엄중했습니다.

광해군 이야기가 나오니까, 『실록』과 관계되어서 재미있는 이야기가 생각이 나 말씀드려야 하겠습니다. 『실록』에 관한 TV 다큐멘터리에서 본 것입니다만, 광해군 때 일어난 사건 가운데 명나라에서 우리 조선에게 파병을 요청한 사건이 있었죠? 만주에 청이 들어서자 명이 같이 싸우자고 조선에게 군대를 보내라고 했던 것 말입니다.

이때 『실록』을 보면, 명의 요구를 놓고 광해군과 신하들이 찬반양론으로 나뉘어서 열띤 토론을 하는 것으로 되어 있습니다. 이것을 『실록』은 자세하게 적고 있는 것이지요.* 이것까지는 우리도 잘 알고 있는 내용입

---

* 『실록』을 찾아보니, 대체로 광해군 10년(1618년) 5월에 이러한 논의가 많은 것으로 확인되었습니다.

니다.

TV 프로그램에서는 무대를 현대로 옮겨서 이라크 자이툰에 우리 군대 보내는 일을 가지고 국무회의에서 어떻게 적고 있는가를 보여주었습니다. 참으로 가관이었습니다. 단 두 줄로 끝났기 때문입니다. 대통령이 자이툰에 우리 군대를 보내야겠다는 의견을 발의했다는 것이 첫째 줄이었고, 그 다음 줄은 '국무위원, 이의 없음'으로 아주 간단하게 처리해 놓았더군요.

이것은 제가 국무회의 기록을 직접 본 것이 아니고, TV를 통해서 보았기 때문에 전적으로 확신할 수는 없습니다. 하지만, 이것이 사실이라면 참으로 어처구니없는 일입니다. 국가의 대사라는 것이 뭔가 토론도 있고 격론도 있는 다음에 결정되어야지, 이렇게 윗사람이 결정하면 그대로 따르는 것은, 아직도 전제주의에 가까운 모습으로 비춰져 씁쓸하기만 합니다.

저는 강의를 할 때, 이 예를 들면서 우리의 기록 문화가 이렇게 바닥에 떨어졌다고 개탄을 합니다. 다른 나라도 아닌 기록 문화가 세계 최고로 발달했던 한국이라는 나라에서 이렇게 밖에 못하고 있다고 말입니다.

사실 이번 대통령 전에는 이보다 더 했습니다. 제가 들은 바에 의하면, 군사 정권 때 대통령을 했던 전씨 같은 이는 퇴임하면서 국무회의 기록을 집으로 가져갔다고 합니다. 그 이유는 잘 알려져 있지 않지만, 이 때문에 당시의 국가 기록은 구멍이 숭숭 뚫려 있답니다. 이들이 국가 기록을 얼마나 어떻게 가져갔는지에 대해서는 제가 확인을 해보지 않아 잘 모릅니다만, 이 문제도 빨리 조사를 해서 일을 바로 잡아놓아야 할 텐데 어떻게 되어가고 있는지 알 수 없습니다.

그러니까 이 사람들이 숨겨 놓은 비자금 회수 문제도 중요하지만, 국가 기록을 돌려받는 것 역시 중요하다는 말씀입니다. 여러분은 이런 예를 통해, 지금 우리의 문화가 얼마나 땅에 떨어져 있는지 아시겠지요? 물론 항상 바닥에 머물러 있는 것은 아니고, 바닥을 쳤으니 이제는 서서히 올라오는 중이라고도 말할 수 있겠습니다.

다시 우리의 주제로 돌아가기로 하지요. 『선조실록』처럼 수정 작업을 한 것은 선조 대의 것만이 아닙니다. 경종에 대해서도 『경종실록』에 이어 『경종수정실록』을 냈고, 현종의 경우에는 좀 다르게 『현종실록』에 이어 『현종개수실록』을 냈습니다.

숙종의 경우는 조금 더 다릅니다. 『숙종실록』에 이어 『숙종실록보궐정오』라는 책을 내기 때문입니다. 『숙종실록보궐정오』는 원래의 『숙종실록』에서 빠진 것을 보충하고 틀린 것을 수정한다는 의미에서 만든 것인데, 별책으로 만들지는 않고 각권의 뒤에 붙여 합본하는 형식을 취했습니다.

그리고 연산군이나 광해군의 경우에는 그들이 정식 왕으로 인정받지 못했기 때문에, 실록이라는 이름을 붙이지 않고 일기라는 용어를 사용하여, 『연산군일기』, 『광해군일기』로 부른다는 것도 지적해야겠습니다. 이렇게 실록을 두 번씩이나 편찬하는 것은 위에서 말씀드린 대로 실권을 가진 당사자들이 바뀌면서 이해가 달라져 이전의 실록을 고친 때문입니다.

그러나 다시 말씀드리지만 그렇게 고친다고 해도 이전 것을 그대로 남겨놓았기 때문에, 후대의 우리들은 양자를 비교할 수 있어 사료로서의 가치가 높다 하겠습니다. 유네스코가 우리의 『실록』을 세계 유산에 등재시킨 것은 이렇게 훌륭하고 보편적인 역사 정신이 있었기 때문이지, 그저 가장 긴 역사서이기 때문만은 아닌 것입니다.

이제 『실록』에 대한 설명을 마치면서 마지막으로 말씀드려야 할 것이 있습니다. 그것은, 디지털 시대에 이룩한 『실록』의 대중화라고 할 수 있습니다. 이제는 컴퓨터를 만질 줄 아는 사람은 누구든지 『실록』에 접근할수 있게 되었습니다. 『실록』 전체가 전산화되었기 때문입니다. 이 점에서 우리 『실록』은 동아시아의 어느 역사 기록보다 더 대중화되었다고 할수 있습니다. 이렇게 전산화할 수 있었던 것은 『실록』이 진즉에 한국어로 번역되어 있었기 때문입니다.

이 『실록』을 국어로 번역하는 일은 결코 쉬운 일이 아니었습니다. 『실록』의 총 글자 수가 몇 개라고 했습니까? 5,300만 여 글자라고 했지요? 이렇게 많은 글자가 있으니 번역하는 데에 엄청난 시간과 인력, 그리고 재정이 들 수밖에 없었을 것입니다. 남한의 경우 1968년에 세종대왕기념사업회가 일단 번역을 시작했는데, 1972년이 되면 민족문화추진위원회가 그 사업을 떠맡아 본격적으로 추진하여 1993년에 끝을 보게 됩니다. '민추위'가 한 것만 계산해도 총 25년이라는 세월이 걸렸습니다.

북한도 이에 뒤질세라, 1975년부터 국역을 시작하여 1991년에 사업을 끝냈습니다. 총 400책을 번역했다고 하는데, 이것은 『실록』 전체(888책)를 번역한 것은 아닌 듯싶습니다.

『실록』이 이렇게 국역되었지만 워낙 방대한 양이라, 이 『실록』 전질을 소유하고, 자기 연구에 효과적으로 임할 수 있는 개인은 거의 없었습니다. 개인이 이 『실록』을 다 사려면 돈이 얼마나 많이 들겠습니까? 그런데 여기에 획기적인 일이 일어났습니다. 앞에서 말한 전산화 작업이 그것이 지요.

『실록』의 CD-ROM 전산화 작업은 연구자들의 표현에 따르면, 학문적 혁명이라고 하더군요. 그 변화된 모습을 보면, 우선 각 개인들이 『실록』을 소장할 필요가 없어졌습니다. 『실록』의 모든 것이 있는 인터넷 사이트(http://sillok.history.go.kr)에 가면, 『실록』 전체를 언제든지 접할 수 있으니까요. 이 주소를 일일이 치는 게 번거로우면, 그냥 포털 사이트에 가서 '실록' 이라고만 쳐도 『실록』이 떠오릅니다.

이 사이트는 『실록』의 열람만을 위해서 만든 것입니다. 이 사이트에서는 여러분이 원하는 대로 어떤 자료든 찾아낼 수 있습니다. 검색 기능이 일반 책의 목차나 색인과는 비교가 안 될 정도로 자세하게 되어 있기 때문입니다. 본문 속의 단어들이 어절 단위로 색인화 되어 있어 어떤 단어든 놓치지 않습니다.

이 원고를 쓰면서 저도 시험 삼아 그 유명한 영화 '왕의 남자' 의 주인공인 '공길' 을 찾아보려고 공길이라는 이름을 쳐보았습니다. 여러분도 잘 아시다시피, 이 영화는 원래 '이爾' 라는 제목의 연극으로 만들어졌던 것을 영화로 각색한 것입니다. 그랬더니 바로 몇 군데에서 공길이라는 이름이 떠올랐는데, 가만 살펴보니 같은 이름을 가진 사람도 있었고, 어떤 것은 '중국으로 가는 조공길(인조 조의 기사)' 처럼 무조건 공길이라는 단어가 있으면 포함된 그런 예도 있었습니다.

제가 찾던 공길은 여러분도 잘 아시는 것처럼, 연산군 조條에 '배우 공길孔㐀이 논어를 외운 곳이 불경하다 하여 곤장을 치다' 라는 제목으로 딱 한번 나옵니다. 연극의 희곡을 썼던 작가는 바로 이 한 대목을 가지고 무한한 상상력과 역사적 고증의 도움을 받아 희곡을 완성한 것입니다. 그러니까 왕의 남자에 나오는 내용은 모두가 허구인 것입니다. 허구라는 것은 거짓이라는 의미가 아니라 창작이라는 것이지요.

여기서 중요한 것은 만일 『실록』이 번역되지 않았다면, 이렇게 멋있는 희곡이 나올 수 있었겠냐는 것입니다. 물론 불가능했겠지요. 이런 사실을 통해 우리는 정보의 대중화 혹은 공유화가 얼마나 중요한 것인가를 알 수 있습니다. 뿐만 아니라 전산화 작업이 되어 있어, 그 어렵던 『실록』이라는 한문 자료에 대한 접근이 한결 더 쉬워졌습니다.

그리고 KBS TV에서 몇 년 전에 방영했던 '용의 눈물' 이나 '왕과 비' 와 같은 드라마들도 모두 『실록』이 번역되었기 때문에 가능한 것이었습니다. 『실록』이라는 어려운 한문 자료가 번역됨으로써 역사가들만 보는 자료가 아니라, 일반 대중이 공유하게 되고, 그 결과 이런 부가 가치가 높은 '콘텐츠' 로 다시 태어나게 된 것입니다. 앞으로 『실록』이 다시 어떻게 멋있게 이용될지 아무도 모릅니다. 아울러 그 부가 가치가 얼마나 될지에 대해서도 아무도 모릅니다.

더욱더 멋진 쓰임새가 나오기를 고대하면서 『실록』에 대한 설명을 마치고자 합니다.

다섯째 이야기

세계 최대의 역사 기록물,
『승정원일기』

『승정원일기』 가운데 한 책의 표지.

이제 우리는 『실록』을 뒤로 하고, 『승정원일기』(이하 『일기』)에 다다랐습니다. 『실록』과 『일기』는 한 쌍처럼 붙어 다니기 때문에 이렇게 장을 나누어서 설명을 할 필요도 없지만, 성격이 약간 다르기 때문에 따로 보겠습니다. 『일기』는 국보 303호로 지정되어 있어, 그 중요성을 잘 알 수 있습니다. 그리고 『일기』 역시 2001년에 우리의 자랑스러운 『직지』와 더불어 세계기록유산으로 유네스코에 등재되었습니다.

당시에 유네스코 국제자문위원회에서는 『실록』이 이미 등재되어 있는데, 왜 같은 왕조의 역사서가 또 등재되어야 하느냐고 의문을 표했다고 합니다. 그러나 면밀히 검토한 결과, 『일기』는 『실록』과 다른 면이 많은 것으로 판명되어 무난하게 등재가 허가됩니다.

승정원은 어떤 곳인가?

『일기』를 보기 전에, 우리는 승정원에 대해서 우선 알아보아야 하겠습니다. 승정원이란 지금으로 치면 (대통령) 비서실에 해당하는 기관입니다. 여러분도 사극에서 임금이 어떤 관리에게 '도승지는 들라'고 하는 것을 보신 일이 있을 겁니다. 도승지란 이 승정원의 책임자로서 지금으로 하면 (청와대의) 비서실장 정도가 되겠습니다.

승정원의 기능을 설명할 때 항상 '왕명王命의 출납出納을 담당했다'는 말이 나오는데, 이것을 쉽게 말하면 임금의 지시 사항을 아래 부처에 전달했을 뿐만 아니라, 각 부처에서 올라오는 건의를 왕에게 전달했다는 말입니다. 승정원은 정원政院 혹은 후원喉院, 은대銀臺로 불렸는데, 여기서 재미있는 용어는 후원입니다. 후원의 '후'는 목구멍을 뜻하는 것이니 승정원을 후원이라 한 것은 승정원이 임금의 말을 대변한다는 그런 뜻이 되겠습니다.

은대란 동궐, 그러니까 창덕궁의 정전인 인정전 바로 옆에 있었습니다.* 이렇게 정전에 가깝게 있는 것 자체가 이 관청이 중요한 곳이라는 것을 뜻합니다. 이 관청을 은대라 부른 것은 중국의 송나라 때 같은 기능을 하는 관청을 은대사銀臺司라고 부른 데에서 연유합니다.

승정원은 단순하게 왕과 각 부처를 연결해준 것이 아니라, 오늘날의 청와대가 그렇듯이 국정 전반에 걸쳐 임금을 보좌하는 역할을 했습니다. 그래서 행사할 수 있는 세력도 막강했다고 합니다. 조선 조정에서 의정부와 6조와 더불어 가장 중심적인 역할을 한 기관이 승정원이었습니다. 특히 정3품에 해당하는 도승지는 의정부의 정승이나 이조판서와 함께 관리들의 인사권을 두고 서로 세를 겨뤘다고 하지요. 한 마디로 승정원의 도승지는 권력의 핵심에 있었던 것입니다.

도승지 밑에는 5명의 승지가 있었는데, 도승지를 포함한 이들 여섯 명은 6조를 하나씩 맡아 업무를 담당했습니다. 이 관직은 모두 정3품에 해당하니, 꽤 높은 벼슬인 것을 알 수 있습니다. 이렇게 조직이 6개로 나뉘어 있는 것은, 오늘날 청와대에 정무수석이니 민정수석과 같이 분야에

---

* 이렇게 궐내에도 승정원이 있었지만, 궐 밖에도 승정원을 두었습니다. 이것은 각 부처에서 서류를 보다 더 쉽게 올릴 수 있게 배려한 것으로 생각됩니다.

따라 자리가 배정되어 있는 것과 흡사한 형태라 할 수 있습니다. 이 비서 벼슬들은 대단히 중요한 자리라, 판서나 정승과 같은 가장 높은 자리로 가려면 반드시 거쳐야 하는 요직처럼 되어 있었습니다.

그래서 역대 승지들의 명단을 보면, 권근이나 황희, 성삼문, 이수광, 박세당 같은 기라성 같은 학자·정치인들이 포함되어 있는 것을 발견할 수 있습니다. 이것과 오늘날의 대통령 비서직들과의 면모를 비교해 보면, 참으로 많은 차이가 있는 것을 알 수 있습니다. 대한민국의 역대 비서실장 가운데 이렇게 수준 높은 학자들이 있었는지 모르겠습니다. 참여 정부에서도 보니까, 언론사에서 근무하던 사람이 비서실장으로 전직하는 것을 보았습니다. 이런 사례를 통해 볼 때, 전부가 그런 것은 아니겠지만, 아무리 봐도 정치 수준은 지금이 조선을 못 따라 가는 것 같습니다.

어떻든 직능으로 볼 때, 승정원과 비서실은 비슷해서 승지들은 임금의 지시를 전달했습니다. 뿐만 아니라, 외국 사신의 접대라든가 종묘 제례와 같은 의례가 있을 때 임금을 수행했습니다. 또 인사·국방·과거·교육 등 국정 전반에 걸쳐 임금을 보좌했습니다.

오늘날의 비서설과 거의 비슷한 승정원에 대해서는 더 이상의 설명이 필요 없을 것으로 생각됩니다. 승정원은 오랜 기간 존재했던 터라 여러 가지로 명칭이 바뀌는데, 그런 것들은 너무 번거로워 다 생략했습니다. 다만 1907년이 되면 대한제국의 말기라 승정원도 이때 폐지되었다는 것만 밝혀 놓겠습니다.

『승정원일기』란?

이 정도의 설명이면 『일기』가 어떤 것인가는 더 설명을 안 해도 되겠지요? 왕의 비서실인 이 기관에서 만든 기록물이니까요. 승정원이 맡은 임무 가운데 가장 중요한 것은 바로 이 『일기』를 작성하는 것입니다. 앞에서 『실록』을 설명할 때 잠깐 언급했지만, 사극을 보면 왕과 대신들이 국무회의를 할 때, 대신들 옆에서 열심히 적는 사람이 둘 있다고 했죠? 이 가운데 한 사람은 『실록』의 사초를 쓰는 '사관'이고, 다른 한 사람은 『일기』를 쓰는 '주서'라고 했습니다.

승정원에는 주서가 2명이 있는데, 바로 이들이 『일기』의 기록 담당자였습니다. 물론 이들이 기록만 한 것은 아니고, 각 부처에서 올라오는 문서들을 정리한다거나, 임금의 명령이 관청에 하달되도록 연락하는 일을 하기도 했습니다. 『일기』란 이와 같이 승정원에서 매일 매일 다룬 문서를 정리한 내용이나 왕의 언행을 아주 꼼꼼하게 적은 책이라고 할 수 있습니다.

제가 이 장의 제목을 세계 최대의 역사 기록물이라고 했지요? 『일기』의 양이 실로 놀랍기 때문입니다. 권수로만 하면 3천 책이 조금 더 되는데, 당시의 책 개념은 지금과 다르니 이게 얼마나 되는 양인지 실감이 잘 나지 않으실 겁니다. 이것을 글자 수로 계산하면, 『일기』에 씌어 있는 글자 수는 전부 해서 2억 4천여 만 자에 달한다고 합니다. 이렇게 하면 『일기』가 얼마나 방대한 책인지 실감이 나시겠죠?

분량으로만 따지면, 중국 역대 왕조의 정사인 『25사史』의 6배에 달하고, 『조선왕조실록』보다 4배가 많습니다. 그런데 실로 안타까운 것은 이 『승정원일기』가 다 전하지 않고 있다는 것입니다. 우선 임란 이전 것은 모두 소실되었습니다. 임란 때 우리나라에 있던 대부분의 문물이 살아남지 못했으니, 『일기』도 예외가 될 수 없었던 것이지요.

『실록』은 앞에서 본 것처럼 두 문화 영웅 덕에 하나가 살아 남았지만, 『일기』는 딱 1부만 만들어(필사본이니 1부만 있는 것도 당연하겠지요) 궐내에 보관했기 때문에, 궁이 소실되면서 『일기』도 자연히 같은 운명에 처할 수밖에 없었던 것입니다. 『일기』의 수난은 예서 끝나지 않았습니다. 여러분은 1624년에 이괄이 반란을 일으켜 도성을 함락한 사실을 아시고 있을 겁니다. 이때 선조와 광해군 대의 『일기』가 또 소실됩니다.

이렇게 보면, 『일기』는 태조부터 광해군 대까지의 것은 소실되고, 광해군의 다음 왕인 인조 1년(1632년)부터 시작해서 조선의 마지막 해인 순종 융희 4년(1910년)까지의 288년간의 승정원 기록을 모아놓은 것이 됩니다.* 이 기간 동안의 기록을 적은 책이 3,243책인데, 만일 조선 초부터 모든 『일기』의 기록이 다 남아 있었다면 어떻게 되었을까 하는 생각을 해봅니다. 그렇게 되면 현재 남아 있는 것보다 약 2배는 많은 기록이 남아 있을 수 있겠다는 생각입니다.

사실 『일기』는 임진란과 이괄의 난 때 이외에도, 여러 번에 걸친 화재와 부주의로 상당량이 유실되었습니다. 심지어는 종이를 만드는 사람들

---

* 정확히 말하면 1892년부터 1910년까지 승정원은 승선원이나 궁내부, 비서원, 규장각 등의 다양한 이름으로 불리면서 바뀌어갔지만, 이것을 통칭해 승정원이라고 합니다. 그래서 따로 궁내부 일기니 규장각 일기니 하지 않고 통칭해서 승정원일기라고 부르는 것이 관례입니다.

이 『일기』를 몰래 훔쳐갔다고 하는데, 그것은 종이를 팔아먹기 위해서였더랍니다. 참으로 귀신 씻나락 까먹는 소리 같습니다만, 이전에는 저렇게 사회 체제가 느슨했던 모양입니다. 어떻게 궁궐의 기록물을 훔쳐다 팔아먹을 수 있었을까요?

이런 일이 있었는데도, 현재 『일기』가 한 권의 누락도 없이 남아 있을 수 있었던 것은, 사고로 결권이 생기면 반드시 개수 작업을 해 권수를 다 채워 놓았기 때문입니다. 이렇게 다시 복원할 수 있었던 것은 조선 조정에는 『일기』 외에 다른 기록들이 많이 있었기 때문입니다. 다른 기록들을 참조하여 다시 『일기』를 썼던 것이지요. 이런 사정을 접할 때마다, 우리는 조선조의 기록 문화가 얼마나 성했는가를 알 수 있습니다.

『일기』는 『실록』과 어떻게 다를까?

앞에서 잠깐 언급했습니다만, 『실록』이 이미 유네스코에 등재되었는데도, 같은 조선 왕조의 역사 기록인 『일기』가 등재된 데에는 이유가 있습니다. 『실록』과의 차이가 확실하기 때문이죠. 또 『일기』가 세계 최대의 역사 기록물일 뿐 아니라, 온 세계의 역사 기록 가운데 『일기』만이 갖고 있는 특이한 점이 있다는 점도 『일기』가 등재되는 데에 일정한 작용을 했습니다.

우선 『실록』과 다른 점을 볼까요? 『일기』는 왕의 최측근에서 적은 기록이기 때문에, 왕의 기분이나 동태 하나하나를 아주 세밀하게 적고 있어, 그 기록을 읽으면 마치 왕이 옆에 있는 것 같은 느낌을 받는다고 합니다. 왕이 안색이 어떻다든지, 혹은 병의 기운이 있다든지 하는, 아주 세세한 것들을 다 적는다는 것이지요.

『일기』를 보면, 왕이 자신의 병세에 대해 신하들에게 설명하는 장면이 많이 나옵니다. 그리고 약방이나 의원들에게 자문을 구하는 부분이나 자신의 기분과 병세, 또 왕실의 건강에까지 자세하게 언급하는 부분이 꽤 많이 발견됩니다. 그만큼 왕의 건강이 중요시 되었던 것이겠죠.

그뿐만이 아닙니다. 왕과 대신들 사이에 있었던 모든 대화 내용을 적기 때문에, 그 기록을 읽는 사람은 마치 자신이 그 현장에 있는 것 같은 착각을 불러일으킨다고 국사편찬위원회에서 근무하고 있는 박한남 박사는 말합니다.

그럼 설명의 편의를 위해 예를 하나 들어볼까요? 영조 40년 10월 1일 조를 보겠습니다. 『일기』의 체제는 항상 일정하게 되어 있습니다. 날짜가 먼저 나오고 그 다음에는 날씨가 나옵니다. 이 날씨 문제는 중요한 것이라, 나중에 다시 보게 됩니다. 그 다음에는 비서실의 근무 상황에 대해 적습니다. 이것은 승정원 소속 관리들의 출근 상황을 말하는데, 출근을 하면 좌坐라 쓰고 당직이면 좌직坐職이라고 쓰며, 병으로 나오지 못하면 병이라고 적는 것 등이 그것입니다.

본문은 그 다음에 나옵니다. 오시(오전 11시)에 선정전에서 왕이 조회를 하고 경연을 했는데, 그 과정에서 신하들과 나눈 대화들이 가감 없이 있는 그대로 적혀 있습니다. 특히 이렇게 대화가 이어지다 경연이 저녁까지 계속되니까, 영조가 '이런 여러 가지 일로 골치를 썩는 것은 내 팔자로다' 하면서 자탄하는 것이 나옵니다. 이렇게 신세 한탄하는 것까지 기록이 되어, 이 부분을 읽고 있으면 마치 우리 자신이 경연장에 있는 것 같은 착각을 갖게 된다고 하는 것입니다.

그리고 『실록』은 일단 지방 사고에 봉안된 뒤에는 특별한 사유가 없는 한 열람할 수 없었던 것에 비해, 『일기』는 언제든지 참고할 수 있었기 때문에, 주요한 전례典禮 문제나 국방·외교상의 문제가 있으면 그 전대에 만들어졌던 『일기』를 반드시 참조했다고 합니다. 『일기』의 내용이 『실록』보다 훨씬 상세하기 때문에, 『일기』에 의존했던 것일 겁니다. 예를 들어, 조선 후기에 기근이나 역병이 생겨 세금 감면하는 일이 필요하다거나, 기우제나 종묘제 등과 같은 주요한 국가 의례를 지낼 때, 전대의 『일기』 기록을 참조했다는 것이 그것입니다.

『일기』의 기록이 얼마나 세밀한가를 보여주는 예는 많은데, 서울대학교 규장각에 있는 신병주 박사는 다음과 같은 재미난 예를 소개하고 있습니다.*

『일기』의 1773년 7월 23일 조를 보면, 신하들이 영조의 생일을 맞아 잔치를 하려 했는데 영조가 번거롭다는 이유로 거부합니다. 이때 세손인 어린 정조가 소매 속에서 종이를 하나 꺼냅니다. 이것은 1년 전 같은 날 '내년에는 생일잔치를 하겠다'고 약속한 영조의 글이었습니다. 1년 전에도 역시 생일상을 거부한 영조가 남긴 글이었죠. 그러자 영조는 웃으면서 세손의 총명함에 감탄하고 잔칫상을 받겠다는 약조를 하는데, 이

---

* 신병주, 앞의 책, 261~262쪽.

내용이 『일기』에 정확하게 적혀 있습니다.

이와 같이 『일기』는 『실록』이 적지 않은 것을 아주 세세하게 적고 있는데, 이런 내용은 하도 많아 다 거론할 수가 없을 지경입니다. 또 영조 대에 있었던 일인데, 청계천에 문제가 많아 대대적으로 준설을 한 적이 있었습니다. 이에 대해 『실록』은 한 줄 정도로 '청계천 준설 공사를 했다'는 식으로만 적은 반면, 『일기』는 이 공사에 대해 논의할 때부터 공사하는 과정, 혹은 공사하면서 어려웠던 점, 그리고 끝난 다음에 어떤 문제가 있었는지 그 모든 과정을 세밀하게 적고 있습니다.

『일기』에는 이 일과 관련해서 왕이 면담한 관리들의 관직과 성명 그리고 대화 내용이 모두 올려져 있습니다. 재미있는 것은 같은 사안에 대해 『실록』은 '청계천 준설을 맡은 관리가 별것 아닌 시내 하나를 소통한 것을 가지고 자신의 업적을 뽐내려고 과장을 했다'라고 적고 있는데, 『일기』에는 그런 평가가 없습니다. 그렇게 된 이유는 간단합니다. 『일기』는 당일의 기록이기 때문에 가타부타 평가할 시간이 없었기 때문일 것입니다.

이런 세밀함은 임금에게 올라온 상소문을 기록하는 데서도 발견됩니다. 『실록』의 경우에는 상소문 전문을 적지는 않습니다. 상소문이든 대화든 교지든 『실록』은 요약정리해서 기록합니다. 반면에 『일기』는 그 모든 것을 있는 그대로 적습니다. 그 적나라한 예가 있어 말씀드려볼까 합니다.

정조 16년 4월에 한 상소문이 올라옵니다. 저는 이것을 원문 대조하려고 『승정원일기』 홈페이지에 들어갔더니, 안타깝게도 현재로서는 정조 6

년에서 정리한 것이 끝나고 맙니다. 아마도 관계 기관에서는 지금도 계속해서 『일기』의 기록을 해서체로 바꾸고, 그것을 전산화하는 작업을 하고 있을 겁니다. 그래서 이번에는 원문 참조 없이 KBS 프로그램인 '역사스페셜'을 인용해야겠습니다.*

이 상소문은 억울하게 죽은 사도세자의 한을 풀어달라고 경상도의 한 유생이 올렸다고 합니다. 그런데 여기에는 만여 명의 선비들이 공동으로 자신의 이름을 적어 놓았습니다. 이것을 보통 만인소萬人疏라고 부르는데, 만인소는 지방의 선비들이 정치적 의사를 표현할 때 쓰는 방법입니다. 이런 상소문에 대해 『실록』은 요약한 내용만을 적는다고 앞에서 이미 말했습니다.

이에 비해 『일기』는 상소문 전문을 모두 옮겨놓기 때문에, 이 만인소의 경우에는 그 만 명이나 되는 선비들의 이름을 모두 적습니다. 이것은 사람들의 경향을 앎으로써 당시에 돌아가는 여론의 동태를 파악하고, 이에 대해 증거를 남겨 놓으려는 처사로 생각됩니다.

한번 생각해 보십시오. 만 명이나 되는 이름을 다 적으려면 컴퓨터에 쳐서 넣으려 해도 힘든 일이거늘, 그것을 일일이 손으로 써서 기록으로 남긴다는 것이 얼마나 품이 많이 들어가는 일이겠습니까? 기록을 얼마나 소중하게 생각했으면, 사람 이름을 만 개나 적었을까 하는 생각이 듭니다. 그 덕택에 우리는 당시에 어떤 사람이 구체적으로 어떤 생각을 하고 살았는지 알 수 있습니다.

---

* KBS 역사스페셜 2002년 3월 23일 방송 분.

사정이 이렇다고 해서, 어떤 사건이든지 『일기』가 『실록』보다 항상 더 정확하고 더 많이 기록한 것은 아닙니다. 『일기』가 많이 기록한 것은 아무래도 승정원이 왕의 비서실이기 때문에 국왕과 관계된 것, 즉 비서실에 보고된 것 등과 관계될 때에 한하게 됩니다. 다시 말해 왕이 직접적으로 관계되어 있지 않은 의식이나 지방에서 일어난 사건은 『실록』보다 더 간략하게 기록하는 경우도 있습니다.*

예를 들어 순조 17년(1817년) 3월 11일에 왕세자(효명세자)의 입학식을 거행했는데, 이에 대해 『실록』은 그 절차와 과정에 대해 아주 자세하게 적고 있지만, 『일기』는 담당자가 보고한 것과 국왕의 지시 사항만을 간략하게 적고 있다고 합니다.** 이 일은 왕이 직접적으로 관계한 것이 아니고, 왕세자와 관계된 것이라 그리 자세하게 기록하지 않았을 겁니다.

그뿐만이 아니라, 지진처럼 전국적으로 발생한 천재지변에 관한 것은, 각 지방의 관청에 남아 있는 기록을 나중에 정리한 『실록』의 기록이 훨씬 더 자세하다고 합니다. 그리고 앞에서도 언급한 것처럼, 『실록』에는 사관의 견해가 실려 있어, 당시에 그 사건이 어떻게 평가받았는지 알 수 있습니다만, 『일기』에는 그런 것 없이 객관적인 기록만 접할 수 있다는 것도 다른 점이라 하겠습니다.

* 신병주, 앞의 책, 270쪽.

** 순조 대에 작성된 『일기』는 아직 전산화되어 있지 않아 원문을 접할 수 없었습니다.

날씨와 천문도 세세하게 기록한 『일기』

『일기』에서 보이는 드높은 기록 정신은 전혀 다른 데에서 또 나타납니다. 앞에서 본 『실록』에서는, 세계의 역사 기록 가운데 거의 유일하게 소빙기에 대한 기록이 있다고 했습니다. 이와 비슷한 것으로 『일기』에는 날씨에 대한 기록이 아주 소상하게 되어 있어, 세계에서 유일무이한 것으로 칭송됩니다. 『실록』에서도 날씨에 관한 것을 다루지 않는 것은 아니지만, 매일 매일의 날씨를 다 적는 것이 아니라 이상 기후가 있을 때에만 적기 때문에 『일기』와는 많은 차이가 납니다.

앞에서 잠깐 언급했습니다만, 『일기』는 날짜를 적은 다음 바로 이어서 날씨를 적습니다. 날씨에 대한 표현은 큰 구분으로는 맑음(晴), 흐림(陰), 비(雨), 눈(雪) 등으로 나누어 적었습니다. 이외에도 날씨가 개였다 흐렸다 하면 혹청혹음(或晴或陰)이라고 적고, 오전에는 맑았다가 저녁에 비가 오면 조청석우(朝晴夕雨) 등과 같은 식으로 더 상세하게 적습니다.

비나 눈의 경우에는 더 세분해서 기록합니다. 비의 경우를 예로 들어 보면, 가랑비는 세우(細雨)라고 적고 부슬비는 쇄우(灑雨), 소나기는 취우(驟雨), 보슬비는 미우(微雨)라고 적는 것 등이 그것입니다. 보슬비, 부슬비, 가랑비 등을 모두 구분해서 적는 것은 정말로 놀라운 일이지요? 또 그런 것들을 어떤 기준으로 나누는지 궁금하기도 하구요. 그런데 보슬비와 부슬비는 정말 그 차이를 잘 모르겠습니다.

그런가 하면 종일 비가 오면 종우(終雨)라 하고, 비가 며칠이고 그치지 않고 계속해서 내리면 우달부지(雨達不止)라고 하며, 그저 잠깐 오는 비는 사우'乍雨라고 쓰는 등, 그 다양함이 커서 이런 식의 서술이 100여 종이 훌쩍 넘는다고 합니다. 더 대단한 것은 이렇게 내린 비의 강우량을 다 적었다는 것입니다. 적은 것도 대강 적은 게 아니라, 시간대 별로 세세하게 강우량을 적습니다. 이 정도 되면, 우리 조상의 기록 정신에 입이 벌어집니다.

강우량은 물론 측우기로 재는 것입니다. 세종 때 만들었던 측우기는 전쟁을 여러 번 겪으면서 모두 없어지게 됩니다. 이것을 영조가 복원하게 되는데, 그것은 정확하게 영조 46년(1770년) 5월 13일(양력으로는 6월 6일)의 일이고 바로 이날부터 『일기』에서는 강우량을 정확하게 적습니다. 저는 이것 역시 『일기』 홈페이지에 직접 들어가 확인을 해보았습니다. 거기에는 "夜自二更, 始雨, 至十四日平明, 測雨器水深一寸"라고 적혀 있었습니다. 물론 뜻은 '밤 이경(9시부터 11시 사이)부터 비가 내기 시작해 14일(다음날)에 맑아졌는데 측우기의 수심은 1촌(3cm 정도)이었다'로 해석될 수 있겠지요.

이후부터 『일기』에는 비나 눈이 오는 날에는 하루도 안 빠지고 강수량을 적게 됩니다. 관계 전문학자들에 따르면, 한 곳에서 날씨와 강우량 등을 이렇게 오랫동안 적은 기록은 세계에서 그 유례를 찾아볼 수 없다고 합니다. 이 288년간의 날씨 기록을 모두 정리해 자료집으로 만든 학자도 있습니다. 서울대에 있는 임규호 교수가 그 주인공인데, 임 교수에 의하면 『일기』는 동북아 지역의 날씨를 장기간 동안 기록하고 있어 기상 변화를 관측할 수 있게 해줄 뿐만 아니라, 현대와의 비교도 가능하게 해준다고 말하고 있습니다.

따라서 『일기』만 있으면 동북아 지역의 최근 약 300년 동안의 기후를 모두 알 수 있게 됩니다. 조선 정부가 이렇게 날씨에 관심을 가졌던 가장 큰 이유는, 조선이 농업 국가였다는 데에서 찾아볼 수 있을 것입니다. 농업에는 강우량이 중요할 터이니 이와 같이 강우량이나 날씨에 관심을 가지는 것은 당연한 일이었을 것입니다. 또 다른 이유는 바로 밑에서 천문을 적을 때 보기로 하겠습니다.

역사 전공자가 아니면서 이러한 『일기』의 기록 정신에 반한 분이 있습니다. 이 분은 천문학자로 연세대에서 정년을 하신 나일성 교수이십니다. 나 교수께서는 예천에 나일성 천문관을 만들어 유물들을 전시해 놓고 있을 뿐만 아니라, 계속해서 연구를 하고 있습니다. 이 분 역시 『일기』에 나오는 천문 관계 기사들을 꼼꼼하게 정리해 놓으셨습니다.

일전에 어떤 TV 다큐멘터리에서 이 분이 천문 관계 기록들을 발췌해 자신의 공책에 빼곡하게 적어 놓은 것을 볼 수 있습니다(컴퓨터가 아니라 본인이 직접 적어놓은 기록입니다). 나 교수께서 감탄하는 것은 『일기』의 기자記者들이 순식간에 일어나는 천문 현상을 예의銳意 주시하여 정확하게 기록에 남겼다는 것입니다.

조선에서는 하루 일과가 끝난 저녁 8시부터 다음날 새벽 5시까지 별의 움직임에 대해 자세하게 기록합니다. 독자 여러분도 알고 있을 것으로 생각됩니다만, 이렇게 천문을 자세하게 적는 데에는 여러 가지 이유가 있습니다. 전근대적인 사회에서는 사람과 자연을 상관하는 연속체로 보았습니다. 이 말은 자연계에서 벌어지는 일이 인간계에서 벌어지는 일과 서로 연관되어 있다는 것을 뜻합니다.

이것을 도덕적인 시각에서 유추해서 해석하면, 인간이 잘못하면 자연은 여러 가지의 자연 재해로 인간들에게 교훈을 준다는 믿음으로 연결됩니다. 그래서 전통 시대에는 항상 자연이나 천문이 인간계에 어떤 가르침을 주고 있는지, 촉각을 곤두세워 자연 현상을 기록했습니다. 특히 날씨나 천문은 왕의 덕망이나 치세를 평가하는 기준이었기 때문에 더 정확히 묘사했습니다.

예를 들어 볼까요? 영조 40년 1월에 큰 천둥과 번개가 쳤습니다. 심상치 않게 생각한 조정은 왜 이런 일이 생겼는지에 대해 조사했습니다. 그랬더니 양주에 권씨 성을 가진 어떤 여인이 강간을 당한 뒤 살해당한 사건이 있음을 알게 되었습니다. 이 이야기를 들은 영조는 자신의 정치가 잘못되어 이러한 불상사가 생겨났고, 그에 따라 하늘이 징계하는 것으로 생각해서 수랏상에 반찬 가짓수를 줄이는(이것을 감선減膳이라고 하지요) 등의 반성하는 모습을 보입니다. 어떻게 보면 미신적인 생각 같지만, 자신을 끊임없이 돌아보고 백성을 아끼는 이런 마음은 요즘 정치가들도 배워야 할 미덕이 아닌가 싶습니다.

위에서 『일기』의 기자들이 날씨를 아주 꼼꼼하게 적었다고 했는데 이것은 천문, 특히 별의 움직임에 대해서도 마찬가지였습니다. 『일기』에 나오는 유성들에 대한 기록을 보면 정말로 자세하며 확실합니다. 한번 예를 들어 볼까요?

숙종 22년 10월 4일의 기록입니다. '유성流星(지구의 대기권으로 들어와 마찰로 빛을 내며 떨어지는 별)이 5경(3시부터 5시 사이)에 필성畢星(황소자리에 있는 별을 지칭함) 아래에서 나와 남쪽 하늘가로 들어갔다. 생김새는 주먹을 닮았고 꼬리 길이는 2~3척(60cm~90cm) 정도가 되었으며 색깔은 붉었다'라고 적고 있는데 이것은 불과 1~2초 사이에 일어난 일입니다. 그런데도 이렇게 극히 자세하게 적었습니다.

이것은 요즘도 목격할 수 있는 별똥에 관한 기록인데 관찰력이 대단하다고 할 수밖에 없습니다. 밤하늘을 담당했던 관리는 잠도 안 자고 하늘만 보았던 모양입니다. 그렇지 않고서야 이렇게 빠르게 진행되는 사건을 정확하게 적을 수 있었겠습니까?

유성에 대한 것 말고도 해나 달에 대한 기록도 많이 발견됩니다. 예를 들어 햇무리가 꼈다는 식의 기록이 그것인데, 어떤 것은 UFO에 대한 기록이 아닌가 하고 의심되는 것도 있습니다.

여담일 수도 있겠습니다만, 『일기』를 보면 우리나라가 언제부터 양력을 썼는지도 확실하게 알 수 있습니다. 『일기』에 양력을 표기하기 시작한 것은 정확하게 고종 32년(1895년) 11월 17일부터입니다. 이 날부터 양력을 병기하는데, 음력 날자 바로 옆에 양력 1월 1일이라고 쓴 것을 확인할 수 있었습니다.

이렇게 음력과 양력을 병기하는 것은 순종 융희 원년(1907년) 10월 25일(양력 11월 30일 토요일)까지 계속되다가, 그 다음날부터는 양력을 먼저 쓰는 것으로 바뀌게 됩니다. 그러니까 그 다음 날은 '융희 원년 12월 1일 일요일(음력 정미 10월 26일 병신)'과 같은 식으로 쓰고 있어 그 기록하는 양태가 바뀐 것을 알 수 있습니다.*

바로 이날부터 우리나라는 천 년 넘게 쓰던 음력을 포기하고, 양력을

* 이 부분도 아직 번역되거나 전산화되어 있지 않아 원문은 참조할 수 없었습니다.

주요 달력 체제로 쓰기 시작한 것입니다. 이런 귀중한 정보도 『일기』가 있었기에 알 수 있었던 것입니다.

역사학 연구의 지각 변동을 일으킬 『일기』의 번역

지금 『일기』는 계속해서 정리하고 번역하고 있습니다. 『일기』는 아시다시피 초서체로 쓴 것이라, 웬만한 전문가가 아니면 그 내용을 해독할 수가 없습니다. 따라서 일단 이 초서체를 풀어서 가장 읽기 편한 해서체로 바꿔야 합니다. 이 작업은 국사편찬위원회의 주도로 1961년에 시작하여 1977년에 마치게 되는데, 위원회는 그 결과물을 141권의 영인본으로 발간했습니다. 이 영인본에서 『일기』는 해서체로 바뀌었을 뿐만 아니라, 방점까지 찍혀 있어 해석하기 아주 편리하게 만들어졌습니다.

이 작업으로 『일기』는 이제 누구든지 쉽게 접근할 수 있게 되었습니다. 그러나 원문이 한문인 관계로 『실록』처럼 한문을 잘 모르는 사람이 아무 문제없이 접근할 수 있는 것은 아니었습니다. 그래서 정부에서는 『일기』를 전산화할 뿐만 아니라, 『실록』처럼 번역하는 작업도 시작했습니다. 번역은 민족문화추진위원회에서 맡아서 하고 있는데 시작한지 10여 년 정도가 흘렀습니다.

그런데 『일기』는 워낙 내용이 방대해 번역된 부분이 많지 않습니다. 지금까지 번역된 부분은 고종 1년(1864년)부터 고종 44년(1907년)에 그칩니다. 『일기』 전체의 분량은 3,200여 책에 달하는데, 한 사람의 숙련된 한

문학자가 하루에 번역할 수 있는 분량은 원고지 20매 정도라고 하더군요. 그리고 『일기』를 다 번역하면 분량은 아마 1,800여 권 정도가 될 것으로 예측합니다. 『일기』는 그 분량이 『실록』의 4배가 되니 앞으로도 얼마나 많은 시간이 걸릴지 모르겠습니다. 그러나 분명한 것은 번역을 시작했으니 반드시 끝날 것이라는 것입니다.

어떤 국사학자에 따르면, 이 번역이 다 끝나면 한국의 국사학계에는 지각변동이 일어날 거라고 하더군요. 왜냐하면 『실록』에는 없는 내용이 『일기』에는 많이 담겨져 있어, 앞으로의 연구가 훨씬 더 깊고 풍부해질 거라는 거예요. 그래서 그 분은 이제 조선사 연구에서 '『실록』의 시대는 갔다. 『일기』를 안 보면 어떤 연구도 할 수 없다'라고까지 단언을 하시더군요.*

조선사를 전공하지 않은 저로서는 이 말이 어느 정도로 사실인지는 알 수 없습니다. 그러나 적어도 한 가지 면에서는 사실이라고 할 수 있습니다. 그것은 이 『일기』가 1870년대 이후의 한국 근대 사회의 국가 공식 기록으로서 큰 의미를 지니고 있다는 것입니다. 그러니까 19세기 말부터 20세기 초까지 있었던 서구 열강과 일본의 침탈 과정을 확실하게 그 중심에서, 다시 말해 왕의 최측근에서 기록했다는 점에서 그 큰 의미를 찾아볼 수 있다는 것입니다.

여러분도 잘 아시다시피, 『실록』은 철종 대에서 끝나지 않습니까? 고종과 순종 대의 『실록』은 일제 때 식민 당국이 집필했기 때문에, 조선제국

---

* 이 이야기를 한 분은 이성무 교수로 앞에서 인용한 KBS 역사스페셜에서 이와 같이 말하고 있었습니다.

이 병합되는 과정을 객관적으로 적었다고 볼 수 없습니다. 그런 반면 『일기』는 비록 일제로부터 간섭은 받았지만 황제가 관계된 정치적 사건이나 국제 관계, 혹은 그 이면에 있었던 일에 대해 자세하게 정리해 놓고 있어, 당시의 역사를 아는 데에 가장 기본적인 사료가 된다는 것입니다.

앞으로 『일기』가 모두 전산화될 뿐만 아니라 번역까지 되면, 정말로 어떤 연구가 어떻게 이루어질지 아무도 모릅니다. 게다가 이 번역본이 문화산업에 어떻게 쓰이게 될 것인가는 귀신도 모르는 일이 될 겁니다. 『실록』 연산군 조에 나왔던 '공길'이라는 이름 하나 덕에 '왕의 남자'라는 영화가 나왔듯이, 『일기』에서도 그런 일이 생기지 말라는 법은 없습니다.

2007년 현재 『일기』의 전산화 작업의 현황을 보려면, 『일기』의 홈페이지 주소인 http://sjw.history.go.kr만 치면 됩니다. 원문이 서비스되고 있는 부분은, 인조 원년(1623년) 3월부터 정조 6년(1782년) 1월까지, 그리고 고종 원년부터 3년 4월까지입니다. 물론 모든 문장에는 방점이 찍혀 있어, 해석하기 편리하게 만들어 놓았습니다. 그리고 인명이나 지명, 책이름 같은 핵심적인 단어는 색깔을 달리해 적어놓기도 했습니다.

한문을 아는 분은 잘 아시겠습니다만, 한문이란 일단 방점을 찍고 문장을 나누어 놓으면 반은 해석한 것이나 다름없습니다. 그런 의미에서 이렇게 전산화되어 있는 부분은 한문을 공부한 분들에게는 매우 좋은 자료가 될 것입니다. 그리고 전산화 되어 있기 때문에, 어떤 단어든 검색이 가능해서 필요한 것을 단번에 찾을 수 있습니다.

하나 더 있습니다. 이 사이트에서는 자료로서 『일기』의 활용도를 더 높이기 위해, 서울대 규장각에 있는 초서 원본 이미지와 앞에서 인용한

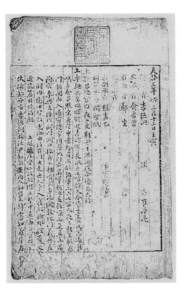

「승정원일기」 본문

고종 대의 국역본을 연계해서 볼 수 있게 만들어 놓았습니다.

그러니까 원본의 초서를 보고 싶은 분은 초서가 그림 파일 형태로 되어 있어, 클릭만 하면 볼 수 있게 되어 있습니다. 게다가 그 이미지를 확대할 수 있어, 글자가 잘 보이지 않을 수도 있겠다는 염려는 전혀 안 하셔도 됩니다. 이런 것을 보면 참으로 세상이 좋아졌다는 생각이 듭니다. 『일기』의 초서 이미지 원본을 집에 앉아서 볼 수 있으니 말입니다.

조선의 기록 문화 단상斷想

이렇게 해서 우리는 우리 조상이 기록 문화에서 얼마나 주도면밀했는가를 알게 되었습니다. 그 정신이 하도 높아, 우리 후손들은 당최 따라갈 수가 없을 지경입니다. 그러다 보니까 지금까지 보았던 기록 문화재들은 거개가 다 유네스코에 등재되어 있습니다. 그런데 지금까지 본 기록 문화물에 버금가는 게 또 하나 있습니다.

바로 『화성성역의궤華城城役儀軌』(앞으로는 줄여서 『의궤』)가 그 주인공입니다. 『의궤』는 아시다시피, 수원 화성에 대한 공사 보고서라 할 수 있습니다. 우리의 화성이 유네스코에 세계문화유산으로 등재되었다는 것은 익히 알려진 사실입니다.

여기서 혼동을 막기 위해 잠깐 유네스코의 세계유산에 대해 다시 정리해 보도록 하겠습니다. 화성처럼 그냥 세계문화유산으로 되어 있는 것은 영어로 "World Cultural Heritage"라 쓰고, 보통 문화유적을 지칭합니다. 여기에 한국 것은 화성을 포함해 7개가 등재되어 있습니다. 불국사·석굴암, 해인사 장경각, 고인돌(강화·고창 등), 창덕궁, 종묘, 경주 역사지구와 화성이 그것이지요.

그리고 우리가 지금까지 본 기록 유산은 "Memory of Heritage"라 하고 주로 서책을 중심으로 선정되었습니다. 이 부문에 들어가 있는 우리 유산은 지금껏 본 『직지』, 『고려대장경』, 『실록』, 『일기』, 조선왕조 『의궤』와 앞으로 보게 될 훈민정음입니다. 그냥 세계문화유산이라고 하는 것과 기록 유산은 이렇게 조금 다르다고 했습니다.

화성이 세계문화유산에 들어가 있다는 것은 대단한 일입니다. 화성은 세계문화유산 가운데에서도 매우 독특한 점을 갖고 있습니다. 그것은 다름 아닌, 온 세계에 숱하게 많은 세계문화유산 가운데 우리의 화성은 복제품이 등재된 유일한 경우라는 사실입니다. 사실 생각해보면 수원 화성이 온전하게 남아 있을 턱이 없겠지요? 일제 시대와 6·25를 거치면서 성할 리가 없을 테니까요.

우선 일제시대 때 화성은 성곽만 남고 내부에 있던 행궁이나 관아 등이 모두 헐립니다. 대신에 그 자리에는 경찰서, 학교 등이 들어서 화성은 이미 그때 껍데기만 남게 됩니다. 그러다가 그 성곽마저 6·25 전쟁 때 대부분 파괴되고, 제대로 남은 것이 하나도 없게 됩니다.

여기에 수록된 사진을 보면 아시겠지만 지금은 웅장하고 아름답게 복원된 화성의 북문에 해당되는 장안문이 6·25 때는 반이 날아가 버린 모습을 볼 수 있습니다. 꼭 뇌의 반쪽이 날아가 버린 것 같은 이처구니없는 모습입니다. 사정이 그랬던 것을 1970년대 중반에 일단 성곽을 복원하고, 1990년대 중반에는 내부 시설에 대한 복원을 꾀하여, 1997년에 드디어 유네스코가 지정한 세계문화유산의 대열에 합류하게 됩니다.

우리가 화성을 세계문화유산에 등록하고자 신청을 했을 때, 화성을 심사하고자 내한한 유네스코 관계자들이 처음에 보인 반응은 한결 같았다고 합니다. 어떻게 이렇게 복원된 것을 (감히) 세계문화유산에 등재시킬 생각을 했느냐고 말입니다.

이때 우리 측에서 제시한 것이 바로 『의궤』였습니다. 우리 측 관계자들은 유네스코 관계자들에게 이 『의궤』에 입각해서 화성을 본래와 똑같이 복원했다고 주장했습니다. 이런 예는 세계의 다른 유적에서는 전무후무한 일일 것입니다. 우리 측 관계자들은 화성이 비록 복제이지만 확실한 도면을 가지고 온전한 모습으로 복원했기 때문에 세계문화유산에 등재되어야 한다고 주장했고, 그것이 받아들여져 세계문화유산으로 등재된 것입니다.

유네스코의 관계자들도 이 『의궤』를 보고 놀랄 수밖에 없었던 게, 하나의 건축물을 지으면서 이렇게 상세한 보고서는 처음 보았기 때문입니다. 다시 한 번 조선의 기록 정신이 빛을 발한 것인데, 이 성을 지은 것은 주지하다시피 정조였습니다. 정조가 개혁을 꿈꾸면서 신도시를 만들기 위해 구축한 것이 화성, 즉 수원이라는 사실은 잘 알려져 있습니다.

정조는 당파로 시끄러운 한양을 떠나 수원에 도읍을 새로 정하고 조선을 일신해보겠다는 생각을 암묵적으로 가졌던 것 같습니다. 그래서 그는 화성을 지을 때 모든 힘을 다하여 짓습니다. 그런데 정조 대가 어떤 때입니까? 조선에 있던 여러 시기 가운데 세종 대와 더불어 문기文氣가 가장

현재의 화성 장안문

6 · 25 때 부서진 장안문

성할 때가 아닙니까? 그러니 훌륭한 책이 나오지 않을 수 없습니다.

이 『화성의궤』를 보면 성벽뿐만이 아니라 각 건물(문이나 장대, 각루, 공돈 등)의 설계도가 모두, 그것도 정확하게 그려져 있는 것을 알 수 있습니다. 따라서 복원할 때 완전하게 복제하는 데 하등의 문제가 없었습니다.

여기서 우리의 주제와 반드시 일치하는 것은 아니지만, 화성이 어떤 점에서 세계문화유산으로 인정을 받았는지 간단하게 보기로 하겠습니다. 화성은 다음과 같은 세 가지 점에서 인정을 받은 것으로 알려져 있습니다.

첫째 화성은 18세기 동서양의 군사 시설 이론을 도입하여 만든 뛰어난 근대적인 읍성이라는 점입니다. 읍성이란 산성과 달리 도시 안에 만들어 여러 업무를 보던 곳을 말합니다. 화성이 뛰어난 근대적인 읍성이라는 것은 화성을 만들 때 많은 근대적인 기술이 동원되었기 때문입니다.

예를 들어 재료의 면에서 한국 성곽 역사상 결코 흔하지 않은 벽돌을 사용했다는 점이 그렇습니다. 벽돌은 대포 공격을 받아도 쉽게 무너지지 않기 때문에, 당시로서는 매우 앞선 첨단의 공법이라 할 수 있습니다. 그리고 그 유명한 거중기의 이용도 그렇습니다. 거중기는 잘 알려진 것처럼, 다산 정약용 선생이 청나라의 거중 장치들을 참고하여 도르래를 8개나 사용하여 만든 최첨단의 기계입니다.

이러한 기계를 만들었던 이유는 당시 사회가 발전함에 따라 정부가 국민에게 부역을 부과하는 일을 서서히 줄여나가려는 의도에서 찾을 수 있을 것입니다. 그리고 새로운 기계를 통해 시공자들은 임금을 절감하고, 공사기간을 혁신적으로 단축시킬 수 있었습니다. 이외에도 아주 뛰어난 방위 시설인 공심돈의 경우에서 보이는 것처럼, 근대적인 기술력이 발휘된 면모를 엿볼 수 있습니다. 그러나 여기서는 화성의 건축적인 면을 보려는 것이 아니기 때문에, 예서 그치는 것이 낫겠습니다.

두 번째는 화성이 군사 시설임에도 불구하고, 건축미와 기능이 아름답게 조화를 이루고 있다는 점입니다. 쉽게 말해서 성치고 너무 아름답다는 것입니다. 그것은 실제로 그렇습니다. 화성의 곳곳에는 아름다운 건물들이 많이 있습니다. 예를 들어 방화수류정과 같은 건물은 대표적으로 아름다운 건물입니다. 특히 밤에 조명을 받아 밑에 있는 연못에 비치는 모습은 일품이라고 할 수 있습니다.

그런가 하면 북쪽 수문의 역할을 하는 화홍문도 아름답기 그지없습니다. 밤에 조명을 받은 모습은 더 아름답습니다. 이런 것을 보면 당시의 미감각의 수준이 얼마나 뛰어났는가를 알 수 있습니다. 군사적인 목적으로 성을 지으면서도, 미를 잃지 않는다는 것은 대단한 일이기 때문입니다.

세 번째는 우리의 주제와 직결되는 『의궤』*에 대한 것입니다. 『의궤』는 왕실의 결혼식이나 회갑연 같은 잔치를 비롯하여 장례라든가 왕릉을 만들 때, 혹은 궁궐을 신축하거나 개축을 할 때에 만드는 그림 형식의 보고서를 말합니다. 이 『의궤』는 왕이 직접 보는 것 말고도 지방 사고에도 보관해야 하기 때문에 몇 부를 더 만듭니다. 『화성의궤』가 크게 주목받는

---

* 앞에서 『고려대장경』을 볼 때 언급했습니다만, 조선왕조 『의궤』는 2007년 6월 14일 남아프리카공화국 프리토리아에서 열린 유네스코 세계기록유산 자문위원회에서 세계기록문화유산 등재가 결정되었습니다. 이 의궤는 현재 서울대 규장각(546종 2,940책)과 한국학중앙연구원 장서각(287종 490책)에 소장되어 있습니다. 의궤 편찬은 고려조에는 없었던 조선왕조만의 독특한 기록문화유산으로 평가됩니다.

이유는, 이 책이 동서양 고금을 막론하고 가장 완벽한 공사 보고서 가운데 하나로 평가되기 때문입니다.

우리는 이 『의궤』를 통해서 화성이 축성되는 과정을 비롯해서 수많은 것을 알 수 있습니다. 예를 들어 공사에 투입된 사람의 인적 사항이나 각 건물의 도면, 그리고 그에 대한 설명, 또 축성에 이용된 기구의 상세한 모습에 대한 설명이 책에 기재되어 있습니다. 또 공사 중에 주고받은 공문서나 고유문告由文(중요한 일을 치르고 조상신이나 신명에게 고하는 글), 혹은 상량문 등도 모두 들어 있습니다.

더욱더 놀라운 것은 공사비용의 수입과 지출에 대해 극히 꼼꼼하게 적은 것은 물론이고, 축성에 들어간 자재들에 대해서, 그리고 일한 장인들에 대해서도 치밀한 기록을 남기고 있다는 것입니다. 예를 들어 사용한 못의 규격이나 수량, 그리고 그 단가까지 자세히 적었을 뿐만 아니라, 돌을 살 때 얼마를 지불했는지에 대해서까지도 기록을 남기고 있습니다.

또 장인들의 이름이나 그들에게 지급된 임금의 내역에 대해 적은 것은 말할 것도 없고, 심지어 반나절만 일을 해도 임금이 어떻게 지불됐는지(노비들에게도 임금을 지불했다는 놀라운 기록이 있습니다!)에 대해 적는 등 그 꼼꼼한 기록에 혀를 내두를 정도라고 합니다. 더 자세한 내용은 규장각한국학연구원(http://kyujanggak.snu.ac.kr)에서 확인하시면 되겠습니다.

이 책은 1801년에 간행됩니다. 그 내용을 보면, 화성의 건설은 1794년 1월에 시작하여, 1796년 10월에 끝난 것으로 되어 있습니다. 이 책에서 공사에 관여한 사람의 이름을 밝혀 놓았다고 했는데, 이것은 각자의 책임 의식을 높여 공사의 완성도를 끌어올리려는 의도 아래 행한 것으로

『화성성역의궤』 가운데 장안문 내도

생각됩니다. 일종의 공사 실명제 같은 것이라 할 수 있겠죠.

게다가 더욱 더 놀라운 것은 『의궤』 몇 부를 만들기 위해 금속 활자를 썼다는 것입니다. 다른 많은 『의궤』들은 필사본인 데에 비해, 화성 것은 금속 활자로 되어 있습니다. 이를 통해 우리는 정조가 얼마나 『화성의궤』에 대해 관심을 많이 갖고 있었는지 알 수 있습니다.

흔히 당시를 조선 제2의 르네상스 시대라고 부르는데, 이러한 시대였기에 『의궤』와 같은 높은 기록 문화가 나왔을 것으로 생각됩니다. 정조는 워낙 화성에 관심을 많이 갖고 있어, 그 공사 내력을 담은 『의궤』에 대해서도 각별한 관심을 가진 것입니다.

어쨌든 우리 후손들은 이와 같이 완벽한 공사 보고서 덕분에 복제품을 가지고도, 그것을 당당하게 세계문화유산의 반열에 올려놓을 수 있었습니다. 물론 이런 것들은 모두 『의궤』가 있었기 때문에 가능한 것이었으니, 다시 한 번 우리 조상의 기록 정신에 고개가 숙여집니다.

이제 우리 조상의 뛰어나기 그지없는 기록 문화에 대한 설명을 마치면서, 우리의 주제와 직결되는 것은 아니지만 한 가지 제안을 할까 합니다. 관광과 관계되는 일입니다. 지금 일 년에 수백만의 외국인들이 한국을 찾아오고 있고, 그 사람들의 대부분은 서울을 찾습니다. 그럼 그 사람들은 관광할 때 서울에서도 어디를 가장 많이 찾을까요?

제가 아는 바로 외국인들이 가장 많이 찾는 곳은 경복궁입니다. 어쩔 수 없는 게, 경복궁은 조선의 정궁이라는 이름이 있을 뿐만 아니라, 특히 근정전 같은 조선 최고의 장엄한 건물이 있어 그런 것일 겁니다. 그런데 실제로 경복궁을 가면 어떻습니까? 근정전과 경회루 지역을 빼면 너무 소략하고 '휑'합니다(향원지 지역도 좋습니다만, 항상 진행되고 있는 주위의 공사 때문에 그리 편안한 마음이 들지는 않습니다).

전반적으로 볼 때 경복궁은 일제 때, 그리고 한국 전쟁 때 너무 파괴되어 안쓰럽습니다. 계속 복원을 하고 있지만 워낙 많은 건물이 파괴되었기 때문에, 궁 전체를 다 채우려면 언제 끝이 날지 모릅니다. 그리고 조용한 궁궐 속에서 계속해서 들리는 공사의 소음도 감상하는 데에 짜증이 나게 만듭니다. 그래서 경복궁 관광은 그리 유쾌하지 않을 수도 있습니다.

앞에서 본 것처럼 조선은 물질 문화를 중시한 나라는 아닙니다. 건축사建築史의 입장에서 볼 때, 조선은 앞선 왕조에 비해 발전 모드로 갔다고 보기에는 무리가 있을 것 같습니다. 지금도 가장 아름다운 건물로 부석사의 무량수전을 꼽지 않습니까?

무량수전은 주지하다시피 고려의 건축입니다. 가장 아름다운 건물로 그 많은 조선 건물들을 젖히고 정말로 얼마 안 되는 고려 건물 가운데 무량수전이 뽑혔다는 것은 고려의 건축 문화가 얼마나 뛰어났는지를 알 수 있게 해줍니다. 사정이 이러하기 때문에 조선의 건축물들은 그리 내세울 게 없다고 하는 겁니다.

이렇게 건물들이 별로 내세울 게 없다면(그렇다고 근정전이나 경회루가 멋이 없다고 하는 것은 아닙니다), 경복궁 관광은 어떻게 진행하면 좋을까요?

여기까지 정독한 독자들은 금세 눈치를 채셨겠지요? 그렇습니다. 조선은 문기가 그야말로 성할 대로 성한 나라입니다. 조선 문화의 백미는 궁궐의 건물로 보여주어야 할 것이 아니라, 문기를 창현彰顯한 장소를 중심으로 보여주어야 합니다.

문기의 입장에서 볼 때, 경복궁이 어떤 곳입니까? 유네스코가 선정한 한국이 보유하고 있는 6개의 기록 유산 가운데 네 가지가 경복궁에서 만들어지지 않았습니까? 지금까지 본 것 가운데에는 『실록』과 『일기』 그리고 『의궤』가 있고, 이제 곧 보게 될 한글이 만들어진 곳이 경복궁 아닙니까? 『실록』은 실록청 혹은 춘추관에서 편수되고, 『일기』는 승정원(혹은 은대)에서 만들어졌으며, 한글은 경회루 바로 옆에 있는 수정전에서 창제된 것으로 알려져 있습니다.

그런데 지금 경복궁에 가면 어디가 춘추관이고 은대인지 알려주는 안내판은 하나도 없습니다. 다만 수정전 안내판을 보면, 이곳에서 훈민정음을 만들었다는 기록이 나옵니다. 이래 가지고는 조선의 드높은 문기를 세계만방에 알릴 수가 없습니다.

제가 그랬죠? 우리는 우리 자신을 알리는 데에 너무 인색하다고 말입니다. 이런 세계가 인정한 문기물이 만들어진 장소에 그 건물을 복원하고 아주 상세한 안내판을 세우면, 경복궁을 찾는 수많은 외국인들이 조선(그리고 한국)의 높은 문화에 감동받을 것이 틀림없습니다.

한글이 세계에서 가장 과학적인 문자라고 실컷 자랑해 놓고, 정작 그 문자가 만들어진 역사적인 장소에 대해서는 아무 조치도 하지 않고 그냥 놔두는 것은 도대체 무슨 배짱인지 모르겠습니다. 현대 한국인들은 영화나 드라마를 찍은 장소들도 모두 보존하고 기리지 않습니까? 그런데 인류가 낳은 불세출의 문자나 엄청난 역사 기록이 탄생한 장소에 대해서는 왜 이리 무심한지 모르겠습니다. 이게 다 문화 부재 현상이 낳은 참사가 아닌가 하는 생각이 듭니다.

자 이제 우리는 한국의 문기를 설명하면서 크고 작은 산을 다 넘어서 가장 큰 산에 다다랐습니다. 네, 한글이 바로 그것입니다. 현재 우리가 갖고 있는 문화물 가운데, 매일 항용하면서도 최고로 칭송받는 한글. 위에서 본 것들은 모두 지나간 역사의 유물에 불과할 수 있지만, 한글은 우리가 매일 같이 쓰고 있어, 한글로부터 입은 은혜는 필설로 다 할 수가 없을 지경입니다.

이제 한글을 보려합니다. 한글은 어떤 찬사를 던져도 부족함이 없습니다. 다만 그런 문자를 제대로 활용하지 못하고 발전시키지 못하고, 더 나아가서는 자랑하지 못하는 후손들의 부족함만이 있을 따름입니다.

가장 탁월한 문자를 가진 사람들

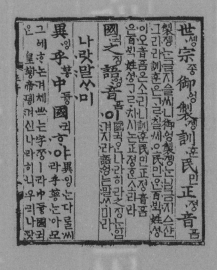

이제 마지막으로 다루게 될, 우리 조상이 가지고 있던 문기가 꽃을 피운 향연의 주인공은 제목에서 짐작할 수 있는 것처럼 우리의 문자, 한글(훈민정음)입니다. 한글도 1997년 유네스코의 기록유산으로 등재되었지만 한글로서가 아니라, 『훈민정음』이라는 책으로 되어 있음에 착오 없으시기 바랍니다. 이것은 유네스코가 선정하는 기록 유산에는 유형의 유물만이 등재될 수 있기 때문입니다.

사실 이제는 한글을 칭송하는 것도 지쳤습니다. 메릴랜드 대학이나 시카고 대학의 언어관련 학과에 있는 미국인 교수들이 누가 시키지도 않았는데, 한글날에 자축연을 한 적이 있다고 하지요? 물론 한글을 잘 아는 교수들인데, 이들은 '너무 멋있는 문자가 나온 날을 기려야겠다'고 생각해, 한국 정부에서 돈을 받은 것도 아닌데 스스로 한글날에 작은 축하 의식을 했다고 하더군요.

그리고 여러분도 잘 아시는 세계적인 진화생물학자인 제레드 다이아몬드Jared Diamond 교수*가 미국 유수의 과학 교육 잡지인 『디스커버리』지 1994년 6월 호에 실린 "Writing Right"라는 제목의 글에서 한글의 과학적인 우수성을 설했다는 것도 잘 알려져 있습니다. 저도 이 글을 다운받아 보았는데 한글에 대해서만 쓴 것은 아니고, 세계 문자를 설명하는 가운데 한글을 잠깐 언급한 것입니다.

세계적인 (언어)학자들이 행한 한글에 대한 칭송은 계속 이어집니다. 마침 이것을 건국대학교의 전정례 교수가 정리하신 것이 있어 인용해보겠습니다.**

문자와 어음語音의 관계가 가장 가까운 문자

— 윌리암 왕 *William Wang*

세계에서 가장 과학적인 문자 체계

— 라이샤워와 페어뱅크 *Reischauer & Fairbank*

세계에서 가장 훌륭한 알파벳

— 보스 *F. Vos*

인류가 쌓은 가장 위대한 지적知的 성취의 하나

— 샘슨 *G. Sampson*

　사실 우수한 문자를 보고 우수하다는 데 뭐가 이상한 일이겠습니까? 그런데 신기하고 재미있는 것은 정작 한글의 주인공인 한국인은 자신들의 문자인 한글이 우수하다는 것만 알고 그 다음부터는 모르거나, 아니면 아는 것이 있더라도 잘못 알고 있다는 사실입니다. 이제부터 우리가 제대로 알지 못한 한글의 신비 속으로 들어가 봅니다.

* 다이아몬드 교수는 『총, 균, 쇠』라는 명저로 1997년에 풀리처 일반 논픽션 부문에서 상을 받기도 한 세계적인 진화생물학자입니다.

** 전정례 · 김형주, 『훈민정음과 문자론』(역락), 3쪽.

미스터리문자, 한글

한글에 무식한 한국인

우리는 어려서부터 한글은 세계에서 가장 과학적인 문자라는 이야기를 많이 들어왔습니다. 그래서 한글 덕에 민족적인 자긍심도 한층 고취시킬 수 있었습니다. 그런데 한국인이 알고 있는 것은 거기까지입니다. 제가 학교 강의를 할 때나, 외부 강의를 할 때 겪는 체험은 매번 다 똑같았습니다.

'한글이 어떤 면에서 과학적이라고 하는가' 하고 청중들에게 물으면, 모두가 입을 다물어버립니다. 한 번도 예외가 없었습니다. 심지어는 국문과 학생들도 답을 제대로 하지 못했습니다.

저는 이런 상황에 처할 때마다, 정말로 우리나라의 교육이 잘못되어 있다는 것을 뼈저리게 느낍니다. 우리 교육에 내용이 없는 것입니다. 사실 지금 서점에 나가서 찾아보아도, 한글에 대해 그 실제의 특징을 쉽고 정확하게 쓴 책을 만나는 것도 대단히 힘든 일입니다(저는 개인적으로 그런 책을 본 적이 없습니다). 국어학이나 언어학을 전공한 분들이 책을 써주시면 좋을 텐데, 무슨 사정이 있는지 책을 안 써주십니다. 이런 일이 계속되다 드디어 1991년 한글날이 법정 공휴일에서 제외되는 참변이 일어나고 말았습니다.

물론 이 비정상적인 사태에 대해 그동안 계속해서 비난 여론이 일었습니다. 그리고 그 귀결로 2006년 한글날이 국경일로 복귀는 하게 됩니다만, 쉬는 날로는 표시가 안 됩니다. 다시 말해 10월 9일은 달력에 빨간 글씨로 표기되지 않는다는 것이지요. 그나마 다시 국경일이라도 되었으니 다행입니다만, 그래도 아직 미진하다는 생각을 지울 수가 없습니다. 아니 이제는 별 의미가 없다고 해야 할 어린이날은 노는 공휴일로 정해 놓고, 그 엄청난 한글날은 그냥 지나간다면 이게 말이 되는 일입니까?

제 생각에는 당연히 한글날을 공휴일로 해야 할 뿐만 아니라, 한글날 전후로 한 일주일 정도는 한글에 푹 빠지는 주간을 만들어야 된다는 생각입니다. 지금도 한글날 전후로 크고 작은 행사가 벌어지고 있지만, 이 정도가 아니라 거국적으로 큰 잔치를 하면 좋겠다는 것입니다. 더 기리고 기려서 한글의 위대함을 보다 많은 한국인이 알 수 있게 하는 프로그램을 만들어야 합니다. 그래야 한국인들이 지금과 같은 '한글 무식증'에서 벗어날 수 있습니다.

한국인은 한글에 대한 무지함 외에 오해 역시 갖고 있습니다. 이것은 제가 강의할 때마다 맞닥뜨리게 되는 반응으로, 한글의 우수함에 대해 질문할 때 가장 많이 나오는 대답이기도 합니다. '한글이 어떤 면에서 과학적이냐' 하고 물으면 청중 가운데 열에 여덟아홉은 '한글은 무슨 소리든지 적을 수 있다'고 대답합니다. 그러나 이것은 한 번만 생각해 보아도 오해라는 것을 곧 알 수 있습니다.

당장에 예를 들어볼까요? 우리가 요즘 거의 모국어처럼 생각하는 영어에서 f나 th 소리를 한글로 적을 수 있습니까? 적을 수 없지요? 한글에서는 f와 p를 가리지 않고 그냥 ㅍ으로 적습니다. 그런데 ㅍ은 분명 f 소리는 아닙니다. th도 마찬가지입니다. th의 발음을 굳이 적으면 'ㅅ'가 되는데 이것 역시 th의 정확한 발음은 아닙니다.

그래서 한국인은 th가 들어가 있는 단어들을 상황에 따라 각기 다르게

발음합니다. 즉 ㄷ(the→더) 혹은 ㅅ(throw→스로우), ㄸ(thank you→땡큐)이라는
세 가지 방법으로 적거나 읽는 것이 그것입니다.

정확한 글자가 없기 때문에 이렇게 다르게 표기하는 겁니다. 아니 이렇
게 독특한 발음으로 갈 것도 없습니다. 우리는 영어의 t가 한글의 ㅌ과 같
은 발음인 것으로 생각하는 경우가 많습니다. 그러나 꼭 그렇지는 않습니
다. 가령 time의 t 소리는 한글의 ㅌ을 발음할 때와 혀의 모습이나 위치가
조금 다릅니다. 대신에 ㅌ은 영어의 tea의 t와 발음 위치가 비슷합니다.
이처럼 영어에서 time의 t와 tea의 t는 발음이 약간 다르기 때문에, 한글
로 구분해서 적을 수 없습니다. 발음을 글로 적으려니 아주 힘들군요.

같은 사정은 일본어에도 적용됩니다. 가장 비근한 예로 일본어의 'か'
는 그 발음이 한국어의 '까'도 아니고 '카'도 아닌 그 중간 어디쯤에 있
습니다. 이와 같이 일본어의 많은 발음들도 한글로 적어내기는 힘듭니다.

한 가지 예만 더 들어볼까요? 중국어의 '知' 같은 글자를 보십시오.
이 글자의 발음은 보통 '즈'로 표기하지만, 중국어를 하시는 분들은 이
소리가 맞지 않다는 것을 금세 알 겁니다. 혀를 입천장 쪽으로 훨씬 더
구부려서 발음해야 하기 때문입니다. 따라서 아주 강한 발음이 나고, 한
글에서는 이 소리를 표기할 만한 글자가 없습니다.

이런 예는 수도 없이 들 수 있습니다만, 이런 예를 통해 우리는 무엇을
알 수 있을까요? 세상의 문자는 그 문자가 속한 사회에서 통용되는 언어
만을 정확하게 적어낼 수 있을 뿐이지, 다른 언어까지 정확하게 적을 수
있는 것은 아니라는 사실입니다.

물론 상대적인 관점에서 볼 때, 한글이 중국어나 일본어보다 외래어를

조금 더 정확하게 적어낼 수는 있습니다. 그러나 그것도 비교적 그렇다는 것이지, 한글이 절대적으로 우수하다고 할 수 있는 것은 아닙니다.

제가 이렇게 말하는 이유는 한글이 대단히 우수한 문자임에는 틀림없지만, 한글의 우수함에 대해서 우리 한국인들이 그리 정확하게 아는 것이 아니라는 것을 말하기 위함입니다. 한글의 우수함을 알기 위해서는 한글이 만들어진 배경이나 그 제자制字 원리를 알아야 합니다.

그것을 보기 전에, 도입부로서 세계 언어학계에서 한글을 어떻게 보는지에 대해 소개해야 하겠습니다. 여기에도 한글의 독특한 면이 잘 드러나고 있기 때문입니다. 한글, 혹은 코리안 알파벳은 한 마디로 신비한 문자라 할 수 있습니다.

왜일까요?

미스터리 문자, 한글

한글의 가장 큰 미스터리는 이렇게 훌륭한 문자가 어느 날 갑자기 튀어나왔다는 데에 있습니다. 요새 말로 하면 한글이라는 문자가 느닷없이 팝업pop up했다고 할 수 있겠죠. 세계 문자사를 보면 문자라는 것은, 당연한 일이겠지만 오랜 시간 동안 진화한 끝에 완성된(?) 형태가 나타나는 법입니다.

우리에게 익숙한 한자도 갑골 문자부터 오랫동안 변천을 겪으면서 오늘날 우리가 쓰는 한자가 된 것입니다. 로마 알파벳은 또 어떻습니까? 요즘 우리 한국인은 한자보다 영어에 쓰이는 로마 알파벳에 더 익숙하지요? 이 글자는 어떻게 생겨난 것일까요? 문자 발달사는 어느 문자든 아주 복잡한 것이지만 여기서는 아주 간단하게 보겠습니다.

로마 알파벳은 보통 대표적인 상형 문자 가운데 하나였던 이집트 문자에까지 그 연원이 올라갈 수 있습니다. 이 이집트 문자가 모체가 되어 시나이 문자가 생겨나고, 다시 이 시나이 문자가 페니키아 문자의 생성에 결정적인 영향을 미칩니다. 보통 로마 알파벳 문자의 기원은 바로 이 페니키아 문자로 잡습니다. 이 페니키아 문자가 그리스로 전해졌고, 이것이 로마인에게 전해져, 자연스럽게 현재 우리가 쓰는 로마 글자가 생겨나게 된 것입니다.

이 로마 알파벳은 로마 제국과 가톨릭교회의 세력 확장에 힘입어 유럽 전체로 퍼져 나가게 됩니다. 그 결과 유럽 여러 민족들은 말은 서로 다르지만, 같은 알파벳을 쓰게 됩니다. 로마 글자를 쓰는 것도 유럽에만 국한된 것은 아닙니다. 현대에 와서 터키나 말레이시아, 베트남, 인도네시아처럼 독자적인 문자가 없는 국가들은 이 글자를 차용해 쓰고 있기 때문입니다.

알파벳은 두음법頭音法에 따라 문자의 첫소리를 해당 문자의 음가로 삼았습니다. 예를 들어 페니키아어의 알레프aleph에서 A라는 음가가 만들어졌고, 베트beth에서 B라는 음가가 만들어진 것입니다. 알파벳alphabet이라는 말은 바로 이 '알레프베트alephbeth'을 합성해 만든 것입니다.

지금은 로마 글자가 표음문자로 분류됩니다만, 원래 (이집트에서의) 출발은 상형 문자였습니다. 예를 들어 A는 다음 그림에서 보는 것처럼, 소의

머리 혹은 가축을 의미하던 상형 문자였고, 게다가 모음이 아니라 자음
이었습니다. 이것을 그리스인들이 모음으로 사용한 것입니다.

이집트   시나이   페니키아   그리스   로마

제가 로마 알파벳 이야기를 다소 장황하게 한 것은, 문자란 이렇게 장
구한 세월을 거쳐 오랜 발달 끝에 생겨난다는 것을 말하기 위함이었습니
다. 그런 발달 과정을 한 눈에 보려면 아래의 표를 보면 되겠습니다. 이
것은 세계의 문자를 그 계통에 따라 정리해 본 것입니다.

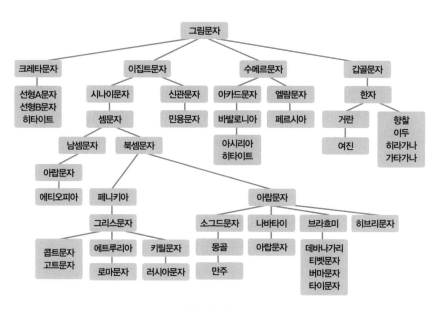

세계 문자 계통도
※ 전정례 · 김형주, 「훈민정음과 문자론」, 28쪽

표에서 보면, 방금 전에 본 로마 글자도 그렇고, 우리가 아는 아랍 문자나 히브리 문자 등이 모두 실로 오랜 변천 과정을 거친 끝에 나타난 것이라는 것을 알 수 있습니다.

그런데 문제는 이 표에 한글이 있을 데가 없다는 것입니다. 한글의 연원을 밝히는 설들이 기왕에 있었습니다만, 학계에서 광범위하게 지지되는 설은 하나도 없습니다. 이렇게 훌륭한 문자가 갑자기 생겨난 것, 이것이 한글의 첫 번째 미스터리입니다.

한글이 이렇게 갑자기 생겨난 것은 당연한 일일 수 있습니다. 한글은 세종이라는 한 천재가 최고의 창의력을 발휘하여, 아무것도 없는 데에서 만들어냈으니 말입니다. 그런데 이것은 한글의 두 번째 미스터리로 연결됩니다. 즉 한글은 창제자를 아는 유일한 문자라는 것입니다.

생각해 보십시오. 세계의 문자 가운데 그 창제자가 확실하게 역사적인 인물로 되어 있는 경우가 있는지 말입니다. 제가 과문한 탓인지 모르지만, 다른 문자들의 경우에는 신화 속의 인물이 창시했다는 식이지, 한글처럼 확실한 인물이 창제자인 경우는 거의 없습니다.

그뿐만이 아닙니다. 한글은 세상에 그 창제를 알린 날, 즉 반포한 날도 비교적 정확히 알고 있습니다. 이 점은 나중에 다시 보게 됩니다. 지금 우리가 기념하고 있는 한글날인 10월 9일은 아주 정확한 반포일은 아니지만, 오차가 그리 크지 않은 범위 안에서 정확한 날입니다. 지금 세상에서 널리 쓰이고 있는 문자 가운데 이런 문자는 또 없을 겁니다. 어떤 개인이 만들어서 사람들에게 '이게 새로운 문자니 쓰시오' 하고 반포했다는 말은 들어본 적이 없습니다.

그리고 마지막으로 한글은 정확하게 그 창제 원리나 배경을 아는 유일한 문자입니다. 이 주제에 대해서는 나중에 자세하게 보게 되지만, 여기서는 그 내용이 『훈민정음』이라는 책에 소상히 적혀 있다는 것만 말씀드리겠습니다. 물론 다른 문자들도 그 생성 배경에 대해서는 많은 연구가 되어 있습니다.

그러나 한글처럼 창시자(세종과 그 신하들)가 글자를 창제하게 된 목적이나 창제 원리, 그리고 사용법을 정확하게 풀어쓴 책을 남겨 놓은 예는 없습니다. 게다가 그 창제 원리가 지극히 철학적이고 과학적입니다.

이렇게 간편하면서도 유려하고 품격 높은 글자는 지금껏 지구상에 나타난 적이 없습니다. 그래서 한글은 한 마디로 대책이 없는 impossible 문자로 생각됩니다.

이제 한글의 신비한 점은 대강 보았으니, 한글의 정체에 대해서 살펴보고, 무엇이 그리도 대단한 문자인지 알아보도록 하겠습니다.

한글과 『훈민정음』

한글에 대해 정확히 보기 위해서는 우선 확실하게 밝힐 것이 있습니다. 지금까지는 우리글을 지칭하는 용어로 그냥 한글이라는 단어를 썼지만, 사실은 한글이 아니라 훈민정음이라고 해야 합니다.

한글은 아시다시피 세종대왕이 1443년(세종 25년) 12월(음력)에 완성해, 3년 동안의 보충 연구 기간을 거쳐, 1446년 9월(음력)에 『훈민정음』이라는 해설서와 함께 국민에게 알린 문자를 말합니다.

『훈민정음』이라는 책에서는 한글의 반포일을 9월 상순이라고 적고 있는데, 이것을 가지고 한글날을 10월 9일로 정했다는 것은 잘 알려진 사실입니다. 이 책은 1962년 국보 70호로 지정되었고, 지금은 간송미술관에 보관되어 있습니다. 이 책은 문자의 이름이 그대로 책 이름이 된 것입니다.

그러면 우리가 늘 쓰는 '한글'이라는 낱말은 어디서 유래한 것일까요? 한글이라는 낱말을 쓰기 시작한 것은 그리 오래되지 않았습니다. 1910년대 초에 주시경 선생을 비롯한 한글학자들이 이 낱말을 쓰기 시작하면서, 널리 알려지게 되었기 때문입니다.

그런데 여러분, 이 '한글'이란 낱말의 뜻은 아시는지요? 여기서 말하는 '한'이란 '한 숨'이나 '한 길'에서처럼 크다는 것을 뜻합니다. 한국의 '한'과도 같은 것이지요.* 그러니까 한글이란 큰 글을 뜻한다고 할 수 있겠습니다.

반면에 훈민정음에서 훈민은 '국민을 가르친다'는 뜻이고, 정음은 '바른 소리'라는 뜻입니다. 그래서 훈민정음이란 '국민을 가르치는 바른 소리'라는 의미를 담고 있는 것이 되겠습니다.

『훈민정음』이라는 책을 살펴보면, '예의본例義本'과 '해례본解例本'이 있습니다. 보통 말하는 『훈민정음』은 『훈민정음해례본』을 말합니다. 이 책은 한글(훈민정음)에 대한 문자 해설서입니다. 세종이 직접 서문을 쓰고,

---

* '한'의 어원은 '칸' 혹은 '간'으로 징기스칸이나 마립간 등에서 그 용례를 알 수 있습니다.

집현전에 있던 여덟 명의 학자에게 명을 내려 새 글자의 구성 원리와 용례에 대해 쓰게 한 것입니다. 여기에는 정인지가 대표처럼 되어 있고, 신숙주, 성삼문, 최항, 박팽년, 강희안, 이개, 이선로가 그 구성원을 이루고 있습니다.

예의본에는 여러분에게도 매우 익숙한 "나라 말씀이 중국과 달라서 한자로는 서로 잘 통하지 않으니……"라는 구절이 나옵니다. 여기에는 새 글자에 대해 기본적인 것이 설명되어 있지만, 한글의 창제 원리가 적혀 있는 것은 아닙니다. 한글의 창제 원리는 예의본이 아니라 해례본에만 서술되어 있습니다.

그래서 해례본이 발견되기 전에는, 국어학자들도 한글의 창제 원리를 잘 알고 있지 못했습니다. 반면 예의본은 『세종실록』이나 『월인석보』와 같은 다른 책에도 실려 있었기 때문에, 위에서 말한 세종의 창제 배경이 잘 알려져 있었습니다. 그러나 앞에서 말한 것처럼 창제 원리는 전혀 모르고 있었습니다. 그 때문에 우리는 그동안 한글의 창제 원리에 대해 많은 억측을 했습니다.

예를 들어 한글의 글꼴이 인도의 산스크리트 문자에서 왔다느니, 몽골 문자에서 왔다느니 하는 것이 그것입니다. 심지어는 세종이 우연한 기회에 문의 창살을 보고 만들었다는 웃지 못 할 설명도 있었습니다.

그러나 이 책(해례본)이 발견되면서 모든 억측은 사라지고, 한글 글자는 발음 기관을 모방해 만들었다는 것이 만천하에 알려지게 되었습니다. 방금 전에 말한 것과 같이 정인지를 비롯한 집현전 학자들이 쓴 해례본에 한글의 제자 원리가 쓰여 있기 때문입니다. 이 해례본은 '원본 훈민정음'

이라는 이름으로 불리기도 합니다. 이 점에 대해서는 나중에 자세히 보게 됩니다. 그리고 국보 70호로 지정된 것은 바로 이 해례본입니다.

이렇게 귀중한 해례본이 발견되는 과정이나 보관의 모습은 모두 극적인 사건의 연속이었습니다. 이 책은 세종 대에 만들어져 1940년까지 안동에 있는 이한걸李漢杰 가문에 보관되어 있다 발견됐다고 하는데, 그의 선조인 이천李蕆이라는 분이 여진을 정벌한 공으로 이 책을 세종대왕에게서 직접 받았다고 하네요. 자세한 사정은 알지 못합니다만, 이 책이 전해지지 않았더라면 어찌 됐을까 하는 생각뿐입니다.

이 책이 발견됐을 당시 맨 앞 부분의 두 장이 없었다고 하는데, 그것은 연산군 대에 언문책(한글로 된 책)을 소유하는 것을 법으로 금지했던 까닭에, 앞장만 뜯어내고 보관하고 있었기 때문이라고 합니다. 어쨌든 이 책은 발견되었고, 여러 곡절 끝에 우리나라 문화재의 수호신과도 같은 전형필 선생의 손에 들어오게 됩니다.

들리는 바에 의하면, 선생께서는 6·25 전쟁 때 이 책 한 권만을 오동나무 상자에 넣어 피난을 떠났고, 이 책을 손에서 떼어놓지 않으려고 잘 때에도 베개를 삼아 갔다고 합니다. 이런 이야기를 접할 때마다, 저는 우리 문화를 지키려고 온갖 노력을 한 선현들의 정성에 다시금 머리가 숙여집니다.

訓民正音

國之語音異乎中國與文字
不相流通故愚民有所欲言
而終不得伸其情者多矣予
為此憫然新制二十八字欲
使人人易習便於日用矣
ㄱ牙音如君字初發聲

훈민정음 해례본. 국보 제70호. 간송미술관 소장.

한글에 대해 직접 보기 전에, 세종이 한글을 창제한 이유에 대해 잠시 생각해 보는 것도 좋겠습니다. 물론 그 확실한 이유는 세종이 직접 쓴 서문에 잘 나와 있습니다. 우리에게는 글이 없었고, 당시의 유일한 문자인 한자로는 우리말을 적어내는 데에 명확한 한계가 있었기 때문입니다. 그리고 한자는 너무 어려워서 일반 서민들이 해독하는 것은 대단히 어려운 일이었습니다.

그렇다고 조상들이 한자를 사용하여 우리말을 표기하는 일을 전혀 하지 않았던 것은 아닙니다. 우리 조상은 쉬운 일은 아니지만 한자를 이용하여 우리말을 표기하려고 무던히도 애를 썼습니다. 그럼 그전까지 우리는 한자를 이용하여 우리말을 어떻게 표기했을까요?

여기에는 여러 방법이 있었는데, 아주 간단하게 보면 다음과 같습니다.* '나는 너를 사랑하니'를 한자로 표현하면 '我愛你'가 됩니다. 이것을 간단하게 한국어순으로 바꿔서 '我你愛'라고 쓰는 방법이 있었는데 이것은 보통 서기체警記体라 불립니다. 서기체라는 것은 AD 6세기에 만들어진 '임신서기석'이라는 돌 위에 씌어졌기 때문에 나온 이름입니다.

여기서 조금 발전(?)한 게 이두로서, 我你愛 뒤에 '하니'라는 어미를 적기 위해 '爲'자와 '尼'자를 써서 붙이는 방법이 그것입니다. 그러니까 '爲'자는 뜻으로 읽어서 '하'가 되고, '尼'는 그냥 음으로 '니'라고

---

* 전정례, 앞 책, 79쪽.

읽는 것이요. 이것을 다시 적어보면 '我你愛爲尼'와 같은 식이 됩니다. 이두와 거의 같은 방법으로 구결이라는 표기법이 있는데, 이것은 원래의 한자 순서는 그대로 놓고, 뒤에 이두식의 어미를 붙이는 것입니다. 그러니까 위의 문장을 구결식으로 쓰면 '我愛你爲尼'가 되겠지요.

마지막으로 향찰의 방법이 있는데, 이것은 전 문장을 우리말 식으로 쓰는 것입니다. 위의 문장을 향찰식으로 쓰면 '我伊你乙愛爲尼'가 되는데, 밑줄 그은 것들이 바로 한글식의 조사 혹은 어미(는, 이, 을, 혹은 하니)가 되는 것이지요. 향찰은 잘 알려진 것처럼 향가를 적을 때 사용한 방법이기도 합니다.

사정이야 어찌됐든 이와 같이 우리말을 한자로 적는 일은 너무나 힘들었습니다. 세종은 바로 이 상황을 타개하고자 우리말에 일대일로 상응할 수 있는 문자를 만든 것입니다. 세종은 서문에서 한글을 제정한 이유에 대해 어리석은 백성을 위해서라고 적고 있는데, 여기에서 우리는 백성을 위한 세종의 애틋한 마음을 읽을 수 있습니다.

백성이 송사가 생겨도 자기의 사정을 제대로 표현하지 못하니 얼마나 답답했겠는가 하는 것이 세종과 정인지를 비롯한 신하들의 생각이었습니다. 그래서 아무리 어리석은 사람이라도 열흘이면 배워 사용할 수 있게 아주 쉬운 글을 만들었다는 것이지요. 그리고 바람소리나 학의 울음, 닭 울음, 개 짖는 소리까지도 적을 수 있는 신묘한 글자가 바로 훈민정음이라고 정인지는 적고 있습니다.**

** 『세종실록』, 113권, 28년(1446년) 9월 29일, 네 번째 기사, "『훈민정음』이 이루어지다. 어제와 예조 판서 정인지의 서문."

그런데 사람이 하는 일은 대부분 정치적이라고 할 수 있습니다. 한글의 창제를 정치적으로 풀면, 어떤 해석이 가능할까요? 어떤 이는 훈민정음의 창제를 두고 왕실의 비밀 프로젝트라고 말합니다. 그러한 해석이 충분히 가능한 게, 훈민정음의 창제가 대단히 중요한 일임에도 불구하고 『실록』에는 그 기사가 너무 적게 나타나기 때문입니다.

제가 이번에 검색을 해보니, 전체 『실록』에서 훈민정음이라는 단어가 나오는 게 10번 정도밖에 안 되었습니다. 그리고 설명도 지극히 간략했습니다. 예를 들어 훈민정음을 처음 만든 날짜인 1443년 12월 30일조를 보면, 한글로 번역해서 서너 줄에 끝나는 설명으로 세종이 새로운 글자를 만들었다고 적고 있습니다. 아니, 새로운 문자의 창제와 같은 지극히 중요한 일이 발생했는데, 왕의 일거수일투족을 다 적는 것으로 유명한 『실록』이 이렇게 무심해도 되는 건가요?

이런 정황 때문에, 한글 창제는 세종이 왕실을 중심으로 해서 총애하는 몇몇의 신하들과 드러내지 않고 추진한 프로젝트라고 추정하는 것입니다. 왕실에서는 세종의 아들인 문종이나 수양대군 등이 깊숙이 관여한 것 같습니다. 한글 창제를 반대하는 데에 앞장선 최만리의 반대 이유 가운데 하나가, 학문과 수도에 정진해야 할 동궁(즉 미래의 문종)이 쓸데없이 이상한 글자를 만드는 데에 힘을 소모하고 있다는 것이었습니다. 이것을 통해 세종의 아들들이 이 작업에 깊게 관여하고 있었다는 것을 알 수 있습니다.

그럼 세종은 왜 이 엄청난 일을 드러내지 않게 진행했던 것일까요? 그 가장 큰 이유는 신하들의 반대 때문이었겠지요. 우리가 국사 시간에 배운 대로, 최만리의 반대는 그 하나만의 반대가 아니라 많은 사람의 의견을 대변해 상소문으로 올린 것입니다. 그가 반대하는 이유는, 한 마디로 말해 우리가 중국을 잘 섬기고 중국의 것을 받드는 등 중국과 가능한 한 가까운 관계를 가져야 하는데, 무엇 때문에 오랑캐 글자를 만드느냐는 것이었습니다.

다시 말해 한자가 아닌 자기들의 독특한 문자를 쓰는 몽골이나 여진, 일본, 티베트 등은 하나 같이 오랑캐들인데, 왜 우리가 한자와 다른 글자를 만들어 스스로 오랑캐가 되려고 하느냐는 것입니다. 참으로 지독히도 모화주의적이고 사대주의적인 태도입니다. 그러나 이 분을 '사돈 남 보듯이' 우리와는 다른 별종의 인물로 생각해서는 안 됩니다.

지금도 이 분과 비슷하게 행동하는 사람이 많이 있기 때문입니다. 특히 미국의 문자와 문화를 숭상하지 못해 안달이 난 사람이 우리 주위에 많이 있습니다. 그들도 다 같은 부류의 최만리 표 사람이라고 하겠습니다.

최만리가 한글 창제를 반대한 이유는 또 다른 시각에서 이해할 수 있습니다. 이것은 조선의 정치와 관계된 것입니다. 조선의 정치 형태는 여러 각도에서 볼 수 있는데, 그 한 관점은 조선의 정치를 왕실과 귀족(사대부)들의 세력 다툼으로 보는 것입니다. 조선은 주지하다시피 이씨 왕실과 사대부가 세운 나라입니다. 이 두 세력은 조선 초부터 세력 갈등이 심했습니다. 예를 들어 정도전으로 대표되는 귀족 세력과 이방원이 수장이 된 왕실의 싸움이 그 하나의 예로, 당대에는 이방원(즉 왕실)의 승리로 끝났습니다.

이런 식으로 조선 왕조 내내 두 세력은 서로를 견제했습니다. 이런 상황을 염두에 두고 세종을 이해하려고 한다면, 세종은 귀족들과의 주도권 쟁탈전에서 우위를 지키기 위해서는 백성을 왕실의 편으로 끌어들이는 게 유리하다고 생각했던 것 같습니다. 그러려면 백성을 깨우쳐서 의사소통을 가능하게 만들어야 합니다. 이럴 때 가장 필요한 게 문자라는 것은 말할 것도 없습니다. 문자를 쓸 줄 알아야 소통할 수 있는 것인데, 한자는 쉽게 배울 수 없어 일반 백성과는 거의 관계가 없는 문자가 되어 있었습니다. 그리고 한자는 한국말을 적는 데 말할 수 없이 불편했습니다.

그래서 새로운 문자를 만들어 무지한 백성이 이용할 수 있게 함으로써, 그들을 왕실의 편으로 만들려는 목적 아래 세종이 한글을 창제했다는 것입니다. 이 설은 여러 가지 정황에서 볼 때, 충분히 설득력이 있습니다.

이런 시각에서 보면, 세종이 비밀리에 한글 프로젝트를 시행한 게 이해될 수 있고, 같은 맥락에서 최만리 같은 양반들이 이 기획을 극력 반대한 것도 충분히 이해할 수 있습니다. 만일 일반 백성이 문자를 해독할 수 있게 된다면, 그들은 양반들과 동등해질 수 있습니다. 무슨 일이 생기면 적극적으로 따지고 들 수 있으니까요. 따라서 백성이 문자를 갖는다는 것은, 양반의 입장에서 보면 자신들의 입지가 좁아진다는 것을 의미합니다. 그래서 자기들 마음대로 백성을 부리기가 힘들어집니다.

이것은 조선의 양반들에게서만 보이는 태도가 아니라, 이른바 봉건 시대에는 흔한 일이었습니다. 예를 들어 서양 중세에서는 그들의 성경인 『바이블』을 라틴어에서 지방 언어(독일어 등)로 번역하는 것은 절금切禁되었습니다. 그래서 실제로 『바이블』을 독일어로 옮긴 사람은 사형을 당하기도 했습니다.

교회가 이렇게 했던 이유는 간단합니다. 『바이블』을 일반 백성이 이해하게 되면 여러 해석들이 나오게 되고, 그 결과 사제들이 독점하고 있는 신적인 권위를 누릴 수 없게 되기 때문입니다. 다시 말해 자신들의 권위가 도전받게 되니, 중세의 성직자(귀족) 입장에서는 극력 금할 수밖에 없었을 것입니다.

여러분도 생각해 보십시오. 한 집단을 완전하게 지배하고 싶으면, 그 집단을 무식하게 만드는 것이 상책입니다. 모든 것을 여러분에게 의존하게 만들면, 영원히 부려먹을 수 있지 않겠습니까? 아마 이런 까닭에 최만리가 입에 거품을 물고 한글 창제를 반대했을 것입니다.

한글을 창제한 그 다음 이유는 다소 비주체적인 동기와 관련되어 있습니다. 세종은 한글 창제를 반대하는 최만리 등이 올린 상소문에 대해 '자신이 운서(韻書)를 바로 잡지 않으면 누가 바로 잡을 수 있겠는가'라고 답했습니다. 여기서 말하는 운서는 중국 한자음의 발음을 표기하는 것을 말합니다. 세종의 말은 당시 조선에서 통용되고 있는 한자의 음이 잘못되어 있어 그것을 고쳐야 한다는 뜻입니다. 그런데 한자음을 제대로 표기하기 위해서는 문자가 필요하고, 그래서 훈민정음이라는 새 글자를 만들었다는 것이지요.

이게 무슨 말일까요? 독자 여러분은 조금 생소하시겠지만, 설명을 하면 이렇습니다. 한자가 이 땅에 들어온 지 아주 오래 되어, 세종 대쯤 되니 그 발음이 원래의 중국 것과 많이 달라졌던 모양입니다. 세종을 비롯한 당시의 기라성 같은 학자들은 이게 싫었던 것입니다. 그들에게는 향

토색 짙은, 혹은 '된장' 냄새가 나는 한자음보다는 중국에서 통용되는 한자음이 더 좋았던 것이지요. 그래서 이들은 한글 창제 후 서둘러서 『동국정운東國正韻』이라는 책을 편찬해 간행했는데, 이 책은 다름 아니라 당시에 통용되던 한자음들을 정리한 것입니다.

이 작업을 위해 세종과 집현전 학자들은 명에서 사신들이 오면 의문 나는 점을 묻기도 하고, 신하들을 직접 중국에 보내 문의하게 하기도 했습니다. 그 가운데서도 세종이 총애하는 성삼문에게는 특별한 임무가 주어졌습니다. 특별한 임무란 당시 마침 요동에 귀양 와서 있던 명나라의 뛰어난 언어학자인 한림학사 황찬黃瓚을 찾아가 중국의 올바른 음운론에 대해 묻게 한 것입니다. 이 일을 위해 성삼문이 요동 지방을 13번이나 찾아갔다고 하니, 당시 세종이 중국 한자음을 바로 잡는 데에 얼마나 신경을 썼는가를 알 수 있습니다.

『동국정운』은 훈민정음을 반포한 그 다음해에 편찬을 끝내고 1년 뒤 (1448년)에 간행됩니다. 그러니까 한글을 만들자마자 바로 이 책의 편찬에 들어간 것입니다. 그만큼 이 책의 간행은 한글의 창제와 관계가 깊습니다. 그래서 제대로 된 한자음을 적기 위해 훈민정음을 만들었다는 주장이 나오는 것입니다.

이에 대해 미즈노 순페이水野俊平이라는 일본인 학자가 아주 재미있는 비유를 하더군요. 예를 들어 지금 일본에서는 영어를 자기 식으로 읽어 radio를 '라지오'로, 또 TV를 '테레비'라고 읽고 쓰고 있지 않습니까? 이 가운데 특히 테레비는 우리도 항용하는 낱말입니다. 이 발음들은 영어의 원 발음을 그대로 적은 것이 아닙니다. 그래서 어떤 유식한 일본인

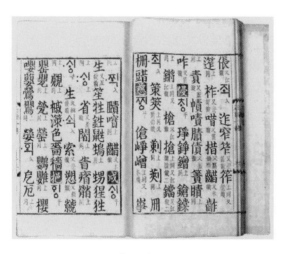

『동국정운』

이 영어음을 제대로 쓰자고 주장하면서, radio는 '래이디오'로 TV는 '텔레비젼'으로 바꾸어 쓰자고 했다고 가정합시다. 조금 이상한 발상이지만, 바로 이런 작업이 세종과 그 신하들이 하려고 했다는 것이지요.

이런 작업이 일본에 실제로 있었는지는 모르지만, 있었더라도 결코 성공할 수 없었을 겁니다. 마찬가지로 세종이 실시한 '한자 원발음 살려 읽기 운동(?)'도 성공하지 못하고 맙니다. 조선인들은 조선식대로 읽고 써야 하니까요.

좌우간 이 세 번째 한글 창제 이유는 다소 모화적인 면이 있다는 것을 부정할 수 없겠습니다. 그러나 어떻든 사정이 이렇다고 해서, 한글의 독창성이 사라지는 것은 아닙니다. 그리고 국민에 대한 세종의 사랑이 작아지는 것도 아닙니다.

이 정도면 한글에 대한 기본적인 설명은 다 한 것 같으니, 이제 본론으로 들어가 훈민정음 자체에 대해 설명해 볼까 합니다.

일곱째 이야기

한글이 배우기 쉬운데는
어떤 원리가 있다

한글은 보통 매우 배우기 쉬운 문자라고 합니다. 한글에 대해 전혀 지식이 없는 외국인들도 대체로 대학 졸업 정도의 소양이 있으면, 한글을 한 두 시간 정도 배우면 쓰고 읽을 수 있다고 합니다. 이런 일은 다른 문자권에서는 있을 수 없는 일입니다. 어떻게 외국 문자를 한 두 시간 배우고 읽고 쓸 수 있겠습니까? 저도 중학교 1학년 때 영어 알파벳을 외우느라 몇 주가 걸렸던 일이 생각납니다. 필기체까지 외우려 하니까 시간이 퍽 걸렸습니다.

한글은 즉석에서 익히는 것이 가능합니다. 이런 불가능한 것처럼 보이는 일이 어째서 가능할 수 있는 것일까요? 이제 그 점을 보려 하는데, 이 부분에 대한 설명은 자칫하면 고루해서 재미없을 수도 있습니다. 한글을 다룬 책을 보면, 대부분 이 부분에 대한 설명이 번쇄해 일반 독자들이 이해하기 어렵거나, 재미없게 되어 있는 경우를 많이 발견할 수 있었습니다. 그 점에 유의해서 여기서는 될 수 있는 대로 쉽게 설명해 보도록 노력하겠습니다.

한글 자음은 어떻게 만들어졌을까?

우선 『훈민정음』(해례본의 제자해)을 보면 한글은 사물의 어떤 모양을 본떠 만든 글자라는 구절이 나옵니다. 한글의 상형 원리를 말하는 것이지요. 그런데 이것을 잘못 해독하면, 한글이 한문 같은 상형 문자라는 것으로 오해할 수 있는데 그런 뜻은 아닙니다. 그럼 무엇을 본떴다는 것일까요?

이 부분의 설명은 이렇게 시작합니다. '(훈민)정음은 28자인데 모두 그 (발음 기관의) 모양을 본떠 만들었다'라고 말입니다.

네!

한글은 바로 발음 기관 혹은 자연, 인간을 본떠서 만들었습니다. 우선 가장 먼저 쓰는 글자인 초성자初聲字는 발음 기관을 본떠서 만들었습니다. 초성 글자는 17자로 구성되어 있는데, 이 글자들은 마지막 글자인 종성자終聲字에도 쓸 수 있습니다.

그리고 모음으로만 쓰는 중성자中聲字, 즉 중간 글자가 있지요? 중성자의 기본 글자는 잘 알려진 바와 같이 ㆍ와 ㅡ, ㅣ로 되어 있습니다. 이것이 하늘과 땅, 그리고 사람을 모방해 만들었다는 것은 삼척동자도 압니다.

이런 초성, 중성, 종성들은 통칭해서 음소音素, 즉 음의 요소라고 합니다. 이런 의미에서 한글은 한 글자가 음소로 나누어질 수 있다는 의미에서, 음소 문자라고 할 수 있습니다. 이 점은 나중에 다시 자세하게 보게 되니, 그때 설명을 더 하도록 하겠습니다.

그럼 초성부터 볼까요?

세종은 서문에서 천지의 이치는 음양오행뿐이라고 하면서, 자신이 이제 새롭게 만든 글자 역시 이 원리에 맞추어 만든 것이라는 것을 시사합니다. 음양오행설은 너무나 잘 알려진 이론이라, 여기서 설명하지 않겠습니다. 우선 17개의 초성 글자는 오행에 입각해서 아래와 같은 다섯 가지의 기본적인 오음으로 시작합니다.

어금닛소리 : ㄱ

혓소리 : ㄴ

입술소리 : ㅁ

잇소리 : ㅅ

목구멍소리 : ㅇ

이 소리들은 각각 아음牙音, 설음舌音, 순음脣音, 치음齒音, 후음喉音을 말합니다. 이 오음은 중국에서 음운을 나눌 때 일반적으로 쓰던 방법이라고 합니다. 앞에서 세종이 중국의 음운법에 대해 지대한 관심을 갖고 있었다고 했는데, 이런 데서 그 적용되는 모습을 보게 됩니다.

이 소리들에 대해 묘사한 것을 조금 자세하게 보면 다음과 같습니다. 우선 가장 먼저 나오는 어금니 소리 ㄱ은 혀뿌리가 목구멍을 막는 모양을 본뜬 것입니다. 여러분도 한번 소리를 내면서 입안의 사정이 어떻게 바뀌나 보십시오. 여기서 말하는 대로 될 것입니다. ㄱ의 경우에 '그'라고 발음하면, 여기서 말하는 설명이 무엇을 말하는 것인지 알 수 있을 것입니다. 그 다음 글자들도 마찬가지입니다.

다음으로 혓소리인 ㄴ은 혀가 윗잇몸에 닿는 모양을 본뜬 것입니다. 정확히 말하면 혀끝이 앞쪽의 잇몸에 닿을 때 나는 소리이지요. 계속해서 입술소리인 ㅁ은 입의 모양을 본뜬 것으로, '므' 하고 소리를 낼 때 입술이 ㅁ자처럼 모아지는 것을 나타냅니다. 그 다음에 잇소리인 ㅅ은 '스'라고 발음할 때 혀 허리가 입 천장에 붙는 모양을 본뜬 것입니다. 마지막자인 ㅇ은 다 아시는 것처럼 목구멍의 모양을 본뜬 것입니다.

그러니까 이 글자들은 오행의 원리에 입각해서, 목구멍에서 시작하여 혀를 거쳐 가장 바깥쪽에 있는 입술까지, 이렇게 발음 기관들의 모습이나 그 기관이 움직이는 모습을 본떠서 만든 상형 문자라는 것입니다.

그러나 나타내려 하는 대상을 직접 본뜬 한자와는 명확히 다른 상형 문자입니다. 한글은 ㄱ과 ㄴ과 같은 자음이 발음될 때 혀의 모습 등이 어떻게 움직이는가를 마치 X 선으로 찍은 것처럼 정확히 묘사하고 있어 놀라울 뿐입니다.

그 다음 글자들을 만드는 법도 지극히 간단합니다. 획을 하나씩 더하면 되기 때문입니다. 이 점은 더 설명할 필요도 없습니다. 이것을 표로 보면 다음과 같습니다. 이 가운데 병서한 ㄲ과 같은 글자(ㄲ, ㄸ, ㅃ, ㅉ, ㆅ)를 빼면 기본자는 17개가 됩니다.

어금닛소리 : ㄱ → ㅋ → ㄲ(→ㆁ은 소멸)

혓소리 : ㄴ → ㄷ → ㅌ → ㄸ (→ㄹ은 반혓소리)

입술소리 : ㅁ → ㅂ → ㅍ → ㅃ

잇소리 : ㅅ(→ㅆ) → ㅈ → ㅊ → ㅉ (→ㅿ은 소멸)

목구멍소리 : ㅇ → ㅎ (→ㆆ과 ㆅ은 소멸)

이것을 가획加劃한다고 하는데, 이렇게 만든 이유는 전청全淸음을 기본으로 해서, 차청次淸음과 전탁全濁음, 그리고 불청불탁음들을 만들기 위함이었습니다. 조금 어려운 용어들이 나왔지요?

여기서 말하는 전청음이란 '무성 자음'을 말하는 것입니다. 이것은 성대가 진동하지 않고 나는 자음으로, ㄱ과 ㄷ, ㅂ, ㅈ/ㅅ, ㅎ을 말합니다. 차청음이야 그 다음 단계로 나는 소리일 테고, 전탁음은 '유성 자음'을 가리키는데 이것은 목청이 떨려 울리는 자음을 말합니다. 전탁음에는 ㄲ이나 ㄸ 등이 있는데, 여러분도 목청에 손을 대고 이 자음들을 발음해보십시오. 그러면 정말로 목청이 울리는 것을 느낄 수 있을 겁니다. 이것을 표로 보면 다음과 같습니다.

전청음		차청음		전탁음
ㄱ	→	ㅋ	→	ㄲ
ㄷ	→	ㅌ	→	ㄸ
ㅂ	→	ㅍ	→	ㅃ
ㅅ/ㅈ	→	ㅊ	→	ㅆ/ㅉ
ㆆ	→	ㅎ	→	ㆅ

불청불탁음들은 포함시키지 않았습니다만, 이 음에는 각각 ㅇ(어금닛소리)과 ㄴ, ㄹ(혓소리), ㅁ(입술소리), ㅿ(잇소리) 등이 있습니다. 위의 표를 보면, 원래의 기본 글자에 획을 첨가하거나 전청음의 글자를 겹쳐 쓰는 방법으로, 새로운 글자를 만든 것을 알 수 있습니다.

이것은 시각적인 구분을 두어 글자를 쉽게 알아볼 수 있게 만든 것으로 생각됩니다. 이와 같이 자음들을 전청·차청·전탁이라는 세 계열로 구분하여 음성적 차이를 추출한 것은, 현대 언어학에서도 아주 정밀하고 과학적인 분석을 요구하는 어려운 작업이라고 합니다. 이것을 통해 우리는 세종 대에 이룩했던 언어학의 수준이 얼마나 높았는가를 알 수 있을 것입니다.*

자음은 지금까지 본 17개의 글자들만 있었던 것은 아닙니다. 입술을 거쳐 나오는 가벼운 소리로 보통 순경음脣輕音으로 표기되는 ㅁ, ㅂ, ㅃ, ㅍ 등의 글자도 있었습니다. 이 글자의 음은 이 지면에 쓸 수가 없어 안타깝군요.

자음들은 아직 더 있습니다. 앞에서 세종이 한글을 창제한 이유 가운데 하나가, 중국의 한자음을 제대로 적기 위한 것이라고 했습니다. 중국어를 배워본 분들은 아시겠지만, 중국어에서 知나 是, 寺과 같은 소리는 한글 자음자로 적을 수가 없습니다. 그래서 세종은 기본 자음을 변형시켜 소리를 적었는데, 이것을 치두음齒頭音과 정치음正齒音이라고 합니다.

치두음은 혀끝을 윗니 가까이 하고 내는 잇소리를 말하는데, ㅅ이나 ㅈ, ㅊ 등을 앞 획을 앞으로 길게 해서 글자를 만들었습니다(ㅅ, ㅈ, ㅊ). 그리고 정치음은 혀를 말아 아래 잇몸에 가까이 대고 내는 잇소리의 하나로, 이것은 같은 글자의 뒤 획을 길게 잡아끌어 글자를 만들었습니다(ㅅ, ㅈ, ㅊ).

이런 것을 보면 세종이 얼마나 용의주도한 분인지 알 수 있겠습니다. 한글을 창제한 다음에, 이 글자면 개소리나 닭소리도 낼 수 있다고 서문

---

* 남승호, "『훈민정음』, 새로운 문화를 이끄는 민족의 매개체," 『유네스코가 보호하는 우리 문화유산 열두가지』, 341쪽.

에 쓰신 그 자신감을 알만합니다. 저렇게 글자를 변형시킨다면, 무슨 소리인들 적지 못하겠습니까? 지금도 한글을 변형시켜 얼마든지 새로운 발음을 표기할 수 있을 것입니다.

예를 들어, 우리가 지금 많이 쓰고 있는 영어도 한글 문자를 조금 변형하면 원래의 음에 더 가깝게 표기할 수 있을 것입니다. 그러니까 영어음 가운데에 한글로 그 원발음을 잘 적지 못하고 있는 f 음이나 th 음 같은 것을 적을 때 ㅍ나 ㅌ 같은 글자를 조금 변형시키면 되지 않겠나 하는 생각입니다. 그래야 패션쇼가 열정을 발하는 쇼(passion show)가 아니라 옷을 보여주는 쇼(fashion show)가 될 수 있을 것입니다.

지금 우리는 fashion show를 '패션쇼'라고 적고 있는데, 이것은 passion show라고 들립니다. 굳이 영어음을 제대로 적으려고 기존의 글자를 바꿀 필요가 있겠느냐는 의견도 있겠습니다만, 이렇게 한글을 시대에 맞게 변형시켜 보는 것은 한글을 발전시키는 계기가 되지 않을까 하는 생각도 듭니다. 그리고 이런 작업은 한글의 창제자인 세종께서 이미 하신 일이니, 우리가 굳이 마다할 필요는 없지 않을까요?

한글 모음은 어떻게 만들어졌을까?

한글 모음, 그러니까 중성의 제자 원리는 잘 알려져 있어 그리 많은 설명이 필요 없을 것 같습니다.

중성자에는 11개의 기본 글자가 있는데, 그 가운데 기본으로 되어 있는 글자는 다 아시는 것처럼 ·와 —, ㅣ입니다. 여기서 ·는 후설後舌 모음이라 하고 ㅣ는 전설前舌 모음, —는 중설中舌 모음이라고 합니다. 이것은 다른 것이 아니라, 각각 혀의 뒤와 앞과 가운데에서 나는 소리를 말합니다. 여러분도 발음해 보시면 각각 ·는 혀의 뒷부분에서, ㅣ는 혀의 앞부분에서, —는 혀의 중간 부분에서 발음이 나는 것을 알 수 있습니다.

이 부분에 대해 『훈민정음』의 설명을 직접 들어보면, "· 는 (발음할 때) 혀가 오그라들고 그 소리가 깊으며… 그 모양은 하늘을 본떠서 둥글다. —는 혀가 조금 오그라들어서 소리가 깊지도 얕지도 않으며… 그 모양은 땅을 본떠서 평평하다. ㅣ는 혀가 오그라들어서 소리가 얕으며… 그 모양은 사람을 본떠서 (반듯이) 세워진 모양이다"라고 적고 있습니다.

여러분도 잘 아시는 것처럼 한글의 모음은 천지인天地人 삼재三才의 꼴을 따라 만들었습니다. 이런 설명을 들을 때마다, 저는 이렇게 철학적인 문자가 세상에 더 있을까 하는 생각이 듭니다. 세상에 어떤 문자가 이렇게 깊은 철학적 원리에 따라 용의주도하게 만들어졌겠습니까? 이렇게 철학적으로 매우 심오한 뜻이 있지만, 문자 자체는 단순하기 짝이 없습니다.

세상에서 가장 어려운 일 가운데 하나는 사물을 단순하게 만들면서 모든 것을 표현하는 것입니다. 예술 작품도 그렇지 않습니까? 가장 단순하면서도 지극히 예술적인 작품을 만드는 일이 가장 어려운 일일 것입니다. 한글의 모음은 가장 단순한 형태를 갖고 있지만, 그것을 조합하면 세상의 어떤 모음보다도 많은 모음을 표기할 수 있습니다. 아무리 생각해도 한글은 기적 같습니다.

아니 어떻게 점 하나(·)와 작대기 두 개(ㅡ, ㅣ)로 세상의 모음을 이렇게도 많이 적어낼 수 있을까요? 그런데 정작 한글을 매일 사용하는 우리들은 한글의 이 기막히게 탁월한 점을 잘 모릅니다. 다시 반복하지만, 한글은 정말로 철학과 예술과 기능적인 면이 모두 뛰어난 최상의 문자라고 할 수밖에 없겠습니다.

한글에 적용된 철학적인 원리는 예서 끝나지 않습니다. 이 기본 모음에서 복잡한 모음이 만들어지는데, 여기서는 음양 이론이 적용됩니다. 아래아(·)를 어디에 붙이는가에 따라 양성 모음인지 음성 모음이 나뉘게되는 것이지요. ㅗ나 ㅏ의 경우처럼, 아래아를 위나 밖에 놓으면 양성 모음이 됩니다. ㅜ나 ㅓ의 경우처럼, 아래아를 밑이나 안에 놓으면 그것은 음성 모음이 됩니다.

이 네 모음은 단순 모음이라 합니다. 여기서 다시 ㅛ, ㅑ, ㅠ, ㅕ와 같은 이중 모음이 만들어집니다. 이렇게 해서 모음이 11자가 나오는데, 그 다음부터는 이 모음들을 가지고 얼마든지 복잡한 모음들을 만들 수 있습니다. 이 예는 들지 않아도 아시겠지요. ㅒ, ㅐ나 ㅔ, ㅖ, ㅘ, ㅞ 등등 이 예는 얼마든지 들 수 있습니다.

이런 여러 가지 조합을 통해 우리는 많은 모음을 만들 수 있는데, 사실 한글이 표기할 수 있는 모음자는 지금 우리가 쓰는 모음자보다 훨씬 더 많습니다. 가령 ㅑ, ㅙ 같은 모음은 원리적으로는 표기가 가능한 것이지만, 우리가 전혀 쓰지 않는 모음이지요?

일상생활에서 이런 모음들을 전혀 쓰지 않는다고 해서, 이 모음들을 발음하는 게 불가능한 것은 아닙니다. 한글 모음 안에는 원리적으로는 가능하지만, 쓰지 않는 이런 모음들이 부지기수로 있습니다. 우리의 실생활이 원리의 세계를 따라가지 못하고 있는 것입니다.

한글이 배우기 쉬운 이유

지금까지의 설명으로 우리는 한글이 만들어진 원리에 대해 알았습니다. 그러면 자동적으로 한글이 왜 배우기 쉬운 문자인지 아시겠죠? 한글, 특히 자음은 외울 필요가 없는 문자입니다. 왜냐하면 위에서 본 것처럼, 자음들은 발성 기관의 형태를 본 따서 만들었기 때문입니다. 학생으로 하여금 발음을 시키면서 그 소리가 나는 발성 기관의 모습을 살펴보고, 그것을 그대로 글자로 적어보라고 하면 되기 때문입니다.

예를 들어 학생에게 '그'라고 발음해 보라고 하고, 혀가 어떤 형태로 되는가를 확인시켜줍니다. 그 다음에 그것을 그대로 글자로 쓰게 하면 되는 것입니다. 실제로 '그'라고 발음할 때 우리의 혀는 기억 자(ㄱ)처럼 굽어집니다. 사정이 이러하니 글자를 외울 필요가 없겠죠?

그 다음은 어떻습니까? 그저 한 획씩만 더해 가면 다음 글자가 나옵니다. 다시 ㄴ을 예로 들어볼까요? 혓소리 군을 가르치려고 한다면 우선 기본 글자인 ㄴ의 음가를 알게 해주기 위해 '느'를 발음하라고 합니다. 그러면 혀가 ㄴ처럼 구부러지니까 그것이 바로 그 음가音價의 글자라고 말해줍니다. 그 다음에 'ㄴ'에 한 획씩을 더하거나 중복시키면 각각 ㄷ과 ㅌ과 ㄸ이 됩니다. 물론 ㄹ까지도 갈 수 있습니다. 따라서 ㄴ만 알면 다음 세 네 글자는 저절로 알게 되는 것입니다.

다시 말해 한글 자음은 가장 기본 글자인 ㄱ, ㄴ, ㅁ, ㅅ, ㅇ 자만 알면, 나머지 글자는 거저 알 수 있다는 것입니다. 그런데 이 기본 되는 다섯 글자도 외울 필요가 없습니다. 발음 기관 모양 그대로이기 때문입니다.

모음도 위에서 본 것처럼 기본 글자인 점 하나와 작대기 두 개만 가르치면 모든 모음을 학습시킬 수 있습니다. 다른 모음들 역시 자음에서 본 것처럼, 계속해서 글자들을 합해가면서 만들어낼 수 있기 때문입니다. 그리고 한글 모음에는 모양으로 그 기호를 구별할 수 있게끔 일정한 체계가 있습니다.

즉 기호 ㅡ 는 평면을 상하로 나누는 기호이고 기호 ㅣ 는 평면을 좌우로 나누는 기호입니다. 여기에 아래아 기호를 붙이는 위치에 따라 글자들은 대칭을 이룹니다. 예를 들어 ㅗ와 ㅜ는 상하로 대칭을 이루고 있고, 입술을 오므려 소리를 내는 공통점을 갖고 있습니다. 또 ㅏ와 ㅓ는 좌우로 대칭을 이루면서 입술을 벌려 소리를 내는 공통점을 갖고 있습니다.

로마 알파벳은 어떻습니까? 알파벳의 모음은 a, e, i, o, u 등 다섯 글자밖에 없는데, 이 글자들에는 모양을 보고 구별해서 인식할 수 있는 체계가 없습니다. 즉 모양만 가지고는 다른 자음들과 구별할 수 없다는 것입니다.* 반면 한글은 모양에 따라 자음과 모음이 명확하게 구별되기 때문에, 한글을 처음으로 배울 때에 글자를 구분해서 인식하는 것이 훨씬 쉬울 수밖에 없습니다.

* 코리아 스토리 기획위원회 편, 『한글, 자연의 모든 소리를 담는 글자』, 허원미디어, 84쪽.

게다가 알파벳은 다양한 모음을 표기하기 위해 한글처럼 모음과 모음을 합하는 것이 아니라, wa나 yo의 예에서 볼 수 있는 것처럼 자음 기호와 합해서 만듭니다. 그리고 어떤 모음 소리는 만들어내지 못하는 경우도 있습니다. 이 문제는 조금 뒤에 다시 보게 됩니다.

이런 사정이 있어 한글을 두고 세계에서 가장 배우기 쉬운 글자라고 하는 것일 겁니다. 그러나 노파심으로 말씀드리는데 여기에서 한국말과 한글은 구별되어야 합니다. 한국어는 문자가 배우기 쉽다는 것이지, 말이 배우기 쉽다는 뜻은 결코 아닙니다. 한국말은 배우는 외국인이 누구냐에 따라 난이도難易度가 많이 차이가 날 것입니다. 비슷한 계열의 언어를 쓰는 몽골인들에게는 한국말이 배우기에 쉬울 수 있는 언어이지만, 영어를 모국어로 쓰는 사람에게는 대단히 어려운 언어이기 때문입니다.

한글은 배우기 쉬운 문자여서 가르쳐본 사람의 경험에 의하면, 한 시간 만에 외국인들로 하여금 자신의 이름을 한글로 쓸 수 있게 할 수 있다고 합니다. 제가 개인적으로 들은 이야기로는, 지금은 은퇴를 했지만 독일 함부르크 대학에서 한국학을 가르치던 자쎄Sasse 교수가 아들에게 한글을 가르쳐주었더랍니다. 그랬더니 아들이 자신만의 비밀 일기를 쓸 때, 한글로 독일어 발음을 적어서 쓰더라는 거예요. 그러니까 '당신을 사랑한다'는 의미의 'Ich liebe dich'를 한글로 '이히 리베 디히'로 적는다는 것이지요. 이렇게 쓰면 주위의 다른 독일인들은 전혀 이해할 수가 없겠지요.

세상에 한글 같은 문자가 없다는 것은 지금까지의 설명으로도 알 수 있을 겁니다. 그러나 한글의 정체가 아직 다 드러난 것은 아닙니다. 세계의 언어학자들을 놀라게 하는, 한글만의 우수성이 또 있기 때문입니다. 그래서 지금부터는 한글의 우수성이 정확하게 어디에 있는가를 알아보기로 하겠습니다. 뿐만 아니라 현재 한글을 쓰는 한국인이 한글과 관련해서 어떤 문제점에 봉착해 있는지도 보려고 합니다.

한글의 무한한 가능성

훈민정음 가운데 단어의 표기 예

지금까지 한글의 면모를 살펴보았습니다. 이미 본 바와 같이 한글은 우수한 점이 많은 문자입니다. 여기서 그 우수한 점을 다 볼 수는 없지만, 한글의 창제 원리와 관련해서 현대의 언어학자들을 '뿅' 가게 만드는 면이 있어, 그 점을 중심으로 보려고 합니다.

그러려면 한글에 대해 직접 캐기 전에, 잠시 인류 문자 발달사를 살펴보아야 합니다. 하지만 인류 문자사는 대단히 큰 주제인 터라 여기서 그것을 다 훑을 수는 없습니다. 따라서, 아주 간단하게 동북아시아 언어를 중심으로 주마간산 격으로 보기로 하겠습니다. 그리고 여기에서 말하는 것이 언어 일반에 통용되지 않을 수도 있으니, 그 점에 유념해 주시기 바랍니다.

동북아시아 언어 가운데 한자는 가장 오래된 문자이고 다 알려진 바와 같이 상형 문자입니다. 묘사하고자 하는 대상의 모양을 따라 만든 글자가 상형 문자라는 것은 상식에 속합니다. 이렇게 해서 만들어진 한자의 문제는 무엇일까요?

이 문제는 우리 한국인은 잠재적으로는 다 아는 것인데, 우리들이 워낙 한자에 익숙해 있어서 간과하기가 쉽습니다. 우선 한자의 첫 번째 문제는 글자가 너무 많다는 것입니다. 이것은 어쩔 수 없는 일이겠지요. 기본적으로 사물의 형상을 따라 만든 글자라, 새로운 사물이나 사안이 생기면 글자를 자꾸 만들어낼 수밖에 없는 겁니다.

그래서 주나라 때(서기전 1046년~서기전 771년)에는 한자가 3,000자 정도였는데, 그것이 청나라 말기로 오면 6만 자까지 늘어나게 된다고 합니다. 한자는 한 자 한 자를 다 알아야 하는데, 6만 자를 다 알 수 있는 사람이 어디 있겠습니까?

이것은 한자가 갖고 있는 두 번째 문제이자 가장 심대한 약점으로 연결됩니다. 한자는 바로 이 점 때문에 문자로서 치명적인 한계를 드러냅니다. 이 점은 명확한 것인데 한자에 익숙한 우리 한국인은 오히려 잘 모르고 있습니다. 그리고 이 문제 때문에 중국에는 높은 문맹률이 생기게 되었고, 위정자 및 지식인들은 골머리를 앓게 됩니다. 대관절 이 문제가 무엇일까요?

그것은 한자라는 문자는 문자만 보아서는 음을 알 수 없다는 것입니다. 답이 좀 생소하지요? 우리 한국인은 다른 민족들보다 한자에 대해 훨씬 많이 알고 있어서 그런지, 한자의 음을 알고 있다고 생각합니다. 그러나 우리가 한자의 음을 아는 것은 아는 한자의 음을 외운 것뿐이지, 글자를 보고 읽은 것은 아닙니다.

예를 들어볼까요? 永이라는 글자는 다 아시죠? '영'이 음입니다. 그럼 이 글자에 日을 붙인 글자인 昶의 음은 무엇일까요? 젊은 분들은 잘 모르시겠죠? '영'과는 좀 다른 '창'입니다. 그런데 영이나 창은 그 발음이 비슷하다고 할 수 있습니다.

다른 예를 들어볼까요? 西(서)라는 글자의 음을 모르는 사람은 없을 겁니다. 그런데 이 글자와 비슷한 茜는 음이 무엇일까요? '서'와는 아무 상관도 없는 '천'입니다. 음이 완전히 달라지는 겁니다. 한자에는 이런 글자들이 부지기수로 있습니다. 아마 태반이 이럴 겁니다.

물론 한자는 다른 문자가 가지지 못한 많은 매력을 갖고 있는 문자입니다. 우선 뜻글자이기 때문에, 한 글자가 매우 심오한 뜻을 갖고 있는 경우가 많습니다. 예를 들어 유교의 가장 중요한 덕목을 '仁'이라 할 수 있는데, 이 한 글자에는 책을 수십 권을 써도 모자랄 만큼 깊고 수많은 뜻이 담겨 있습니다. 한 글자에 이렇게 깊은 뜻을 담을 수 있는 문자는 한자가 유일할지 모릅니다. 이 점은 '道'나 '天'도 마찬가지일 텐데, 이에 대한 설명은 번거로우니 생략하겠습니다.

그리고 한자는 디자인적으로 볼 때에 세계에서 가장 아름다운 문자인지 모릅니다. 한자가 생기고서 참으로 많은 서체가 있었고, 서예가들이 창안한 수많은 글씨체가 있었습니다. 그 모든 체들이 나름대로 최고 수준의 미학을 자랑할 정도로 아름답습니다. 한자에는 이외에도 많은 장점이 있겠습니다만, 이 지면은 한자에 대한 설명을 하는 면이 아니니 여기서 그치도록 하겠습니다.

한자가 이런 문제를 갖고 있기 때문에, 중국의 어린 학생들은 자기 나라 문자인 한자를 배울 때, 로마 알파벳 글자부터 먼저 배워야 합니다. 로마 알파벳이 발음 기호 역할을 하는 것이지요. 한자만 보아서는 음을 알 수 없기 때문에, 표음 문자인 알파벳을 이용하는 것입니다.

여러분도 일간지에 '이얼싼 中國語' 같은 제목으로 되어 있는 중국어 학습란을 보면, 한자 밑에 로마 글자를 발음 기호처럼 달아 놓은 것을 보셨을 겁니다. 이것은 한자를 보아도 음을 알 수 없기 때문에 붙여 놓은 것입니다. 그래서 중국 학생들도 한자를 배울 때, 먼저 알파벳을 배우는 것입니다.

그런데 생각해 보십시오. 자기 나라 문자를 배우는데 왜 다른 나라 글자를 먼저 배워야 합니까? 이게 다 한자가 갖고 있는 고질적인 문제점 때문에 생긴 일입니다. 물론 인도네시아나 베트남처럼 자기 글자가 없어 아예 로마 알파벳 글자를 빌려다 문자 생활을 하는 민족도 있기는 합니다.

어떻든 이런 문제 때문에 인류는 표음 문자를 만들어냅니다. 표음 문자는 글자를 보면 곧 음을 알 수 있습니다. 한글의 경우에 아무리 조합이 이상한 문자를 만들어내도 읽는 데에는 전혀 지장이 없습니다. 예를 들어 '뷀'과 같은 글자는 전혀 쓰지 않지만, 읽는 것이 아예 불가능한 것은 아닙니다. 그래서 인류는 표의 문자를 발전시켜 표음 문자를 만들어낸 것입니다.

이것을 동북아 지역에 국한해서 말해 보면, 한자에서 한 단계 진전된 문자는 일본어라 할 수 있습니다. 일본어는 표음 문자이지만, 동시에 음절 문자라고도 합니다. 일본어가 한자처럼 상형 문자 혹은 표의 문자가 아니라는 것은 다 아는 사실입니다. 그럼 음절 문자란 무엇일까요? 음절 문자란 '이'나 '인'처럼 한 음절이 한 글자로 되어 있어 더 이상 나눌 수 없는 글자를 말합니다(그러나 한글은 나눌 수 있기 때문에 음절문자라고 하지 않습니다).

예를 들어 일본어의 か는 '카'의 음을 갖고 있는데, 이 글자는 더 이상 낱개의 글자로 나눌 수 없습니다. 반면에 이 음은 각각 한국어로는 ㅋ + ㅏ로 나눌 수 있고, 영어로는 k + a로 나눌 수 있습니다. 이렇게 나눠지는 부분들을 음소音素라고 부릅니다. 그래서 한글은 보통 음소 문자라고 불립니다. 이 か 글자가 생겨난 배경을 보면, 이 글자는 한자의 加 자에서 빌려온 것입니다. 加 자에서 그 뜻과는 아무 관계없이, 앞부분 글자인

力 자만 따온 것입니다. 그리고 음은 그대로 '카'로 썼습니다.

일본어 문자는 나름대로 복잡한 과정을 거쳐 생성된 것인데, 현재 쓰는 문자를 중심으로 아주 간단하게 말하면, 우선 방금 전에 본 것처럼, 글자를 줄여서 만드는 방법(이것을 성문省文이라고 합니다)이 있습니다. 이것은 주로 가다가나(片假名)를 만들 때 썼던 방법입니다.

반면 히라가나(平假名)를 만들 때에는, 한자의 초서체에서 많이 따오게 됩니다. 예를 들어 히라가나의 あ(발음은 '아')는 한자의 '安'을 초서화 한 것(그래서 이것은 초화草化라고 합니다)이고 발음도 거의 같습니다. 이것을 간단한 표로 보면 다음과 같습니다.*

초화로 만든 문자의 예 : 安 → あ　保 → ほ　世 → せ
성문으로 만든 문자 예 : 伊 → イ　宇 → ウ　保 → ホ

지금 현재 일본에서는 이렇게 만들어진 두 가지 문자를 가지고 언어생활을 하고 있습니다. 그리고 이 문자를 사용하여 일본말을 적는 데에는 아무 문제가 없습니다. 문제는 일본어가 음소로 나누어지지 않아서, 다양한 음들을 쉽게 적지 못하는 데에서 발생하게 됩니다.

특히 외래어를 적는 데 많은 문제가 생겼습니다. 예를 들어 영어의 coffee를 적을 때 한국어로는 ㅋ +ㅓ +ㅍ +ㅣ 처럼 음소로 나누어 적을 수 있기 때문에, 비교적 원어에 가까운 발음으로 적을 수 있습니다(물론 한

---

* 전정례, 앞의 책, 66쪽.

국어에는 f 발음이 없습니다).

일본어는 앞에서 본 바와 같이 음소로 나눌 수가 없기 때문에, 할 수 없이 가장 가까운 음절 문자로 적는 수밖에 없게 됩니다. 그래서 'コヒ'로 쓰고 '고히'라고 읽습니다. 이렇게 되면 원어하고는 달라도 너무 달라지지요. 그래서 '김치'도 '기무치'가 되고 '빌딩'도 '비루딩구'라 해야 하고, '맥도날드'도 '마구도나루도'라고 밖에는 쓸 수 없습니다. 그런데 솔직히 말하면 한국어로 '커피'라 하던, 일본어로 '고히'라 하던 영·미국인이 못 알아듣는 것은 마찬가지라고 하더군요!

개인적인 경험입니다만, 제가 일본에서 어느 식당에 갔을 때의 일인데 차림판을 보니 '홋도 고히(ホット コヒ)'라고 씌어 있는 거예요. 고히가 커피라는 것을 알고 있었지만, 도대체 '홋도'가 무엇일까 하고 한참을 생각했던 기억이 있습니다. 홋도란 다름 아닌 핫(hot)이었죠. 그러니까 '홋도 고히'는 뜨거운 커피라는 소리였습니다.

이런 예들은 모두 일본어가 음소로 나누어지지 않기 때문에 생기는 것들입니다. 물론 이렇게 외래어를 표기할 때 한자는 일본어에 비해 문제가 더 많습니다만, 이 주제는 생략하기로 하겠습니다.

한글은 로마 알파벳보다 한 단계 더 진화한 문자

음절 문자가 가진 이러한 단점 때문에, 인류는 음소 문자를 만들어 내게 됩니다. 그리고 그 대표적인 예가 바로 우리의 한글과 로마 알파벳입니다. 그런데 한글은 알파벳보다 한 단계 전진한 문자라고 합니다. 이 문제에 대해서는 이미 앞에서 간단하게 보았는데, 여기서는 좀더 전문적으로 보겠습니다.

앞에서 말한 내용을 다시 정리해 봅니다. 한글은 자음을 중심으로 볼 때, 글자가 가진 모양이 그 소리와 근원적이고 규칙적인 상관 관계를 갖는다는 것입니다. 조금 어려운 내용이 되었는데, 앞에서 본 대로 한글은 발성 기관의 모양이나 움직이는 모습을 보고 글자를 만들었다는 뜻입니다. 이것을 두고 한글은 소리바탕글자 혹은 자질 문자(feature-based writing system)라고 합니다.

앞에서 잠깐 인용한 세계적인 언어학자인 샘슨G. Sampson*도 한글은 음소 문자가 아니라 자질 문자라고 했다고 하더군요. 그러니까 이것은 한글이 단순한 음소 문자가 아니라, 한 단계 업그레이드된 문자라는 것을 뜻하는 것으로 이해됩니다. 한글의 이런 면 때문에 세계의 언어학자들이 '뿅' 가는 것입니다. 이게 대관절大關節 무슨 말일까요?

이해를 돕기 위해 영어와 비교해 보겠습니다. 영어에서 우리가 city 혹은 spaghetti를 발음할 때 '시티' 나 '스파게티' 라고 하기보다는, '시리' 혹은 '스파게리' 라고 발음합니다. 그러니까 이 t 발음이 l 혹은 r로 되는 것입니다. 다시 말해 t 발음과 l 혹은 r 발음은 서로 통한다는 뜻입니다. 그리고 gentleman을 발음해 보십시오. '젠틀맨' 이라도 해도 되지만 빨리 발음하면 '제느먼' 이 됩니다. t가 n 발음으로 나지요? 그러면 어째서

---

* 전정례, 앞의 책, 99쪽.

t가 n 발음이 되었을까요?

이 현상은 다소 설명하기 어려워 영어 음운론을 전공한 동료에게 물어보니 대답은 다음과 같았습니다.[**] 즉 여기에 나오는 t는 앞에 있는 n의 영향을 받아, n의 소리를 내게 되고 앞의 n은 탈락된다는 것입니다. 이 현상들을 종합해보면, t, r, l, n은 그 발음들이 서로 교환될 수 있다는 것을 의미합니다. 그런데 영어에서는 이 글자들의 모습 사이에 아무런 상관 관계를 발견할 수 없습니다. 그저 다 따로 생겨나 각각으로 쓰이고 있는 것입니다.

한글은 어떻습니까? 이 음들은 앞에서 보았지만, 아래의 표에 나와 있는 것처럼, 혓소리(舌音)라는 같은 군에 들어가 있고, 글자 사이에도 체계적인 변형, 즉 한 획을 더 긋던지 같은 글자를 반복시키던지 하는 원리를 적용해서 비슷한 글자를 만들었습니다.

혓소리 : ㄴ → ㄷ → ㅌ → ㄸ (→ㄹ은 반혓소리)

세계의 언어학자들이 한글에 감탄하는 것은 바로 이 점입니다. 즉 한글이 글자와 소리가 일정한 체제에 의해 상응하도록 만들어진 면에 감탄하는 것입니다. 세종께서는 이 음들이 같은 군에 속한다는 것을 익히 간파하시고, 이들을 같은 군 안에 배치시키고 글자의 형태까지도 유사하게 만든 것입니다.

** 지면을 빌려 친절한 답을 이메일로 보내준 이화여대 오은진 교수께 감사드립니다.

일반적인 음소 문자인 영어에는 이런 체계가 전혀 없습니다. 조금 다른 예이지만 영어에서 자음을 유성음과 무성음으로 나누어 보면, b/p, d/t, g/k, v/f, z/s 등으로 대립을 이루고 있는 것을 알 수 있습니다. 여러분이 보시는 바와 같이, 각 쌍의 글자들 사이에는 아무 유사성이 없습니다. 이에 비해 한글은 각 쌍이 모두 같은 발음군에 있고, 일정한 체계에 의해 서로 상관성이 있음을 알 수 있습니다.*

지금 인류가 쓰는 문자에는 한글처럼 과학적일 뿐만 아니라 독창적인 문자가 없습니다. 한글이 세계에서 가장 과학적인 문자라고 할 때, 바로 이 점을 두고 말하는 것입니다. 이제부터는 한글을 제대로 알고 자랑했으면 좋겠습니다.

정보화 시대에 빛을 발하는 한글

지금까지 본 점이 한글이 갖고 있는 우수성 가운데 가장 뛰어난 것이지만, 이외에도 한글은 장점을 많이 갖고 있습니다. 그 가운데 가장 뛰어난 것을 뽑으라면, 정보의 대중화 시대를 맞아 한글이 빛을 발하고 있다는 것입니다. 이 점에 대해서는 한성대학교에 계신 고창수 교수의 글에 힘입은 바가 큽니다.** 따라서 이 내용은 고 교수의 글을 중심으로 보겠습니다.

* 남승호, 앞의 책, 342쪽.

이제 21세기를 맞이하여 우리에게 가장 중요한 것 가운데 하나는 디지털 미디어에 기반을 둔 '커뮤니케이션 능력'이라고 할 수 있습니다. 앞으로는 디지털 미디어로 서로 정보를 소통하기 때문인데, 이런 사회에서 우리 한국은 중심에 서게 되었습니다. 한국이 이렇게 짧은 시간 동안 지식 사회의 중심에 설 수 있었던 데에는 많은 요인이 있겠지만, 우리에게는 한글이라는 지극히 뛰어나고 배우기 쉬운 문자가 있었다는 것을 간과할 수 없습니다.

한국은 한글 덕분에 문맹률이 거의 영素에 가까워져 정보의 대중화가 빠르게 진행될 수 있었습니다. 이런 까닭이겠지만, 유네스코가 세계에서 문맹 퇴치 운동에 앞장선 분들을 수상할 때 '세종대왕상'이라는 이름으로 주는 것은 그 때문일 것입니다.***

한글이 배우기 쉽다는 사실은 다르게 말하면 한글은 정보화에 유리한 문자라는 말과도 상통한다고 할 수 있습니다. 현대 정보화 시대에는 자국의 언어를 정보화하는 일이 이전과는 비교도 안 될 정도로 중요하게 되었습니다. 이에 대해 고 교수께서는 재미있는 예를 들고 있습니다.

일본이 2차 세계대전 때 미국에 패했던 원인 가운데 하나는 한자와 가나를 혼용해 쓰는 일어에서 찾아야 한다는 것입니다. 당시 미국은 알파벳을 활용한 타자기를 이용해 정보를 신속하게 전달할 수 있었습니다. 그런데 일본은 그렇지 못해 정보전에서 속도가 느려 미국에 졌다는 것입

** 고창수, "디지털 시대에 더 빛나는 한글", 한글날 특별기고, 「중앙일보」 2006년 10월 9일 자.

*** 물론 여기에 들어가는 모든 비용은 한국 정부가 댑니다.

니다. 참 재미있는 분석이라 할 수 있겠습니다.

한글은 동아시아에서 기계식 타자기에 활용될 수 있는 몇 안 되는 문자 가운데 하나입니다. 그 이유는 말할 것도 없이 한글이 음소 문자이기 때문입니다. 한국은 한글 덕분에 일본과 중국과는 비교도 안 되는 높은 수준에서 정보 대중화를 이룩해서 IT 강국으로 진입할 수 있었습니다.

여담이지만 타자기가 한국에 들어왔을 때, 한국인은 곧 타자기에 자신들의 언어를 적용해 한글 타자기를 만들었습니다. 중국의 경우는 귀동냥해서 들어보니까 한자 타자기를 만들다 거의 실패했다고 하더군요. 아주 힘들게 만들긴 했는데, 부피가 너무 커져서 실용화하기엔 무리였다고 합니다. 상상이 갑니다. 그 많은 한자 부수들을 일일이 다 타자기 안에 넣어야 하니 커질 수밖에 없었을 겁니다(사실 한글 타자기 경우에도 2벌식이냐 4벌식이냐 하는 자판의 형식을 가지고 논쟁이 있긴 했습니다).

그러다 컴퓨터가 발명되었는데, 이때에도 한글이 이 새로운 기계에 적응하는 데에 전혀 문제가 없었습니다. 타자기의 자판이 그대로 컴퓨터로 옮겨진 것이니까 문제가 있을 리가 없었겠죠. 조금 전문적인 이야기이지만, 컴퓨터의 자판은 타자기 것을 그대로 가져갔는데 한글의 초성과 종성을 자동적으로 구별하는 '한글 오토마타automata'* 원리 덕에 현재 컴퓨터의 자판은 2벌식으로 정착되었다고 합니다.

한글은 같은 글자라도 앞에 올 때와 받침으로 올 때에 글자의 모양이 조금 달라지지 않습니까? 컴퓨터에서는 한글 오토마타가 이것을 자동적

* 오토마타는 자동적으로 정보를 처리하는 기계를 말합니다.

으로 해내고 있기 때문에, 한글의 컴퓨터 적응력은 전혀 문제가 없다는 것입니다.

컴퓨터 말이 나와서 말인데, 컴퓨터의 문서 작성 프로그램 가운데 현재 MS Word가 침투하지 못한 나라는 우리 한국밖에 없다고 하지 않습니까? 여기에는 여러 가지 이유가 있겠습니다. 한국인이 갖고 있는 유달리 강한 애국심(?)도 작용했을 것이고, 우리가 현재 쓰고 있는 '호글 프로그램'이 우수한 것도 그 이유에 해당될 것입니다. 그러나 한 가지 빼놓아서 안 될 것은 한글 자체의 우수성입니다. 제 개인적인 생각인지 몰라도, 한글이 우수하기 때문에 좋은 프로그램을 만들 수 있었다는 겁니다.

만일 우리의 호글 프로그램이 미국의 MS Word보다 좋지 않았다면, 한국인이 굳이 한국 것을 고집할 리가 없습니다. 특히나 우리나라 젊은이들은 자신들이 좋아하는 물품을 고를 때, 그다지 국적을 따지는 것 같지 않습니다. 우리 젊은이들은 단순하게 MS Word보다는 호글 프로그램이 편하니까 쓰는 것인데, 이것이 가능했던 이유 역시 한글이 워낙 출중한 데에서 비롯되었다는 것입니다.

사정이 이렇게 진척되다, 전혀 뜻밖의 곳에서 한글의 괴력이 발휘되기 시작했습니다. 그 곳이 어떤 것일까요? 바로 휴대 전화입니다. 가히 통신 혁명이라고 할 수 있을 휴대 전화기의 보급은 국민의 생활을 송두리째 바꾸어 놓았습니다. 이 휴대 전화 통신에서 무시할 수 없는 부분이 바로 문자 보내는 것입니다.

이 문자 보내기에서 한글은 물을 만났습니다. 간편·단순한 한글이 문자 자판에 꼭 들어맞았기 때문입니다. 여기에 쓰이는 자판 입력 방식은 한글 창제의 기본 원리인 가획加劃 원리나 '천지인' 원리가 그대로 계승되었습니다. 그래서 현대의 디지털 환경에서 우리 한국인은 일본이나 중국어 이용자는 말할 것도 없고, 영어 이용자보다 훨씬 편리한 정보 생활을 할 수 있게 되었습니다.

휴대 전화기의 한글 자판을 보면, 그 작은 자판에 올망졸망 자음과 모음이 잘도 들어가 있습니다.* 자음은 가획의 원리로 만들어져 있어 자판의 면을 공간적으로 아껴서 사용할 수 있습니다. 그런가 하면 자음과 모음의 자판이 분리되어 있어, 심리적으로나 실제적으로나 접근하기가 쉽습니다. 영어가 이렇게 되어 있지 않다는 것은 여러분도 잘 알 겁니다!

게다가 모음의 경우는 앞에서 누누이 말한 대로 점 하나와 작대기 두 개, 즉 ·, ㅣ, ㅡ로 끝내버렸습니다. 이것을 가지고 복잡한 모음들을 얼마든지 손쉽게, 그리고 빠르게 만들어낼 수 있습니다. 10개의 자판을 가지고 세상의 그 많은 소리를 적는다는 게 어디 쉬운 일이겠습니까? 이런 어마어마한 사실을 모르는 사람은 바로 이 문자를 쓰는 한국인뿐인 것 같습니다.

제가 현재 쓰는 전화기도 이 체제로 되어 있는데, 글자 만들기가 여간 편한 것이 아닙니다. 영어처럼 일일이 글자를 하나하나 다 칠 필요가 없이, 자음과 모음을 결합해서 글자를 만들어 나가니까 훨씬 빠를 수 있습니다. 그래서 그런지 몰라도 문자판에서 한글을 치다 영어를 치면 원시

---

* 여기서 인용하고 있는 한글 문자 입력 방식은 삼성전자의 '천지인' 방식입니다. 한글 문자 입력 방식에는 이외에도 펜택 계열이나 LG전자 등에서 이용하는 방식 등 6가지가 있습니다.

적이라는 느낌을 지울 수가 없습니다.

예를 들어볼까요? 좋은 예가 되는지 모르지만 한글로 '사랑해'라고 칠 경우에 ·, ㅣ, ㅡ의 체제로 되어 있는 자판에서는 12번을 누르면 되었는데, 다른 체제(LG 휴대 전화)에서는 오히려 횟수가 줄어들어 8번만 누르면 가능했습니다. 반면에 영어로 칠 때는 정식 문장으로 'I love you'라고 해야 될 텐데 이 경우 'love'만 11번을 눌러야 했습니다. 그러니 전체 문장을 다 하려면, 이보다 훨씬 많아질 것은 당연한 일일 겁니다. 게다가 'I'는 대문자로 해야 하니, 더 많이 눌러야 할 것입니다(물론 영어에서도 축자적인 표현을 많이 쓸 터이니 이보다는 간단할 것으로 생각됩니다).

영어는 중국어에 비하면 그래도 나은 편입니다. 중국어는 지금 쓰고 있는 간자체를 쓰면서 한자를 많이 간소화시켰지만, 아직도 불편한 건 어쩔 수 없는 일입니다. 앞에서 본 것처럼 한자의 가장 심대한 약점은 문자를 봐도 음을 알 수 없다는 것입니다. 가령 槍과 같은 글자는 뜻은 몰라도 대충 음이 '창'이라는 것을 알 수 있지만, 昶과 같은 글자는 이 글자가 '창'이라는 음을 가졌다는 것을 아는 한국인이 얼마나 되겠습니까?

昶은 그래도 조금이나마 쓰는 글자이지만, 훈글 프로그램에서 '창'을 쳐보십시오. 창이라는 음을 가진 한자가 60여 개가 바로 뜹니다. 그 중에는 태어나서 한 번도 보지 못한 한자가 태반입니다. 그런 중국어이니, 휴대 전화기를 통해 문자를 보낼 때 편할 리가 없습니다. 그 복잡한 한자를 일일이 쳐서 문자를 보내는 것은 애당초 그른 일입니다. 따라서 이들은 먼저 한자의 음을 영어로 친 다음, 그것에 해당되는 한자 군#이 뜨면 그 가운데서 골라서 보낼 수 있습니다.

그러니까 이와 같이 이중二重으로 해야만 문자가 완성되니, 얼마나 번거롭겠습니까? 일본어의 경우에도 비슷한데, 그래도 중국어보다는 문자 보내는 게 쉬운 것으로 알고 있습니다.

한글은 이런 문제가 하나도 없습니다. 휴대 전화기에 한글이 하도 적응이 잘 되니까, '엄지족'이라는 새로운 인종(?)이 나왔다고 하지요? 얼마나 엄지를 이용해서 빠르게 쳤으면 '족'이라는 단어까지 붙였을까요? 그래서 문자를 누가 빠르게 보내는가를 테스트하는 엄지족 경연 대회마저 생겨났답니다.

우리나라에 엄지족이 생겨날 수 있었던 것은 손을 빠르게 움직일 수 있는 여건을 한글이 마련해 주고 있다는 것을 잊어서는 안 됩니다. 한글이 워낙 훌륭한 문자라 손을 빨리 움직여서 글자를 만들 수 있다는 것입니다. 물론 여기서도 앞의 책에서 신기를 분석할 때 본 것처럼, 한국인의 감각적이고 기민한 손놀림도 한 요인으로 작용했을 겁니다.

제가 보기에 휴대 전화기 위에서 손을 기민하게 움직이는 거나, 스타크래프트 같은 인터넷 게임에서 마우스와 컴퓨터 자판 위에서 손을 전광석화처럼 움직이는 것은 분명 같은 과科에 속한 것일 겁니다. 도대체 한국인의 기민한 감각은 끝이 어딘지 모를 지경입니다.

어찌 됐든 앞으로 어떤 기계가 어떻게 개발이 되더라도, 한글은 그런 새로운 기술적 환경에 적응하는 데에 전혀 문제가 생기지 않을 것입니다. 예를 들어, 앞으로 인간과 비슷한 의사소통 능력을 가진 인공 지능을 가진 로봇이 계속해서 나올 터인데, 어떤 로봇이 어떤 형태로 나오든 한글은 그런 로봇에 프로그램을 저장하는 데에 천하무적일 것입니다.

이 정도면 한글이 정보화 시대에 갖는 장점을 잘 알 수 있을 겁니다. 이 이외에도 한글이 갖고 있는 소소한 장점은 많습니다. 한글은 워낙 큰 글자라, 그 장점을 일일이 다 열거하려면 끝이 없을지도 모르겠습니다. 이 글을 쓰기 위해 제가 본 책들에서도, 한글의 장점을 일목요연하게 모두 다 망라한 책은 없었습니다. 대신 각각의 책이 한글의 장점을 부분적으로만 언급할 뿐이었습니다. 그 만큼 한글은 큰 글자라는 것입니다.

이 부분의 설명을 끝내기 전에, 한글이 가진 다른 장점을 간략히 보면, 우선 한글은 하나의 기호가 하나의 소리만을 표현하기 때문에, 발음 기호 같은 것이 필요 없습니다. 이것은 특히 영어와 대비할 때 그렇습니다. 예를 들어 영어에서는 a라는 모음 하나가 너 댓 개의 발음을 갖고 있어서, 발음 기호를 보지 않으면 정확하게 읽을 수 없습니다.

저는 아직도 중학교 1학년 초에 영어를 배울 때 danger를 '단거'라고 발음했던 게 아직도 기억납니다. 이때 a가 '에이'로 발음된다는 것은 한참 뒤에 가서야 알았습니다. 그리고 이 단어에서 ger은 '저'로 발음되지요? 그런데 왜 hamberger에서의 ger는 '거'로 발음되는지에 대해 아무리 물어봐도 어느 누구도 가르쳐주지 않았습니다. 그냥 관례가 그렇다는 것이지요.

또 생각납니다. 수요일을 뜻하는 Wednesday는 철자를 외우기 위해 원래 발음인 '웬즈데이'가 아니라 일부러 '웨드네스데이'라고 발음한 기억이 납니다. 이런 예는 부지기수로 많아 다 적을 수 없습니다.

그리고 여담이지만, 영어에는 왜 우리말의 'ㅓ'와 'ㅡ'에 해당하는 글자가 없는지 모르겠습니다. 이 두 발음은 영어를 할 때에도 수없이 등장하는 건데 정작 글자는 없습니다. 그래서 'ㅓ' 같은 경우에는 발음 기호 상에만 'ə'라는 기호로 표시하고 있습니다. 사정이 이렇게 된 이유는 알 수 없지만, 제가 이 문제를 거론하는 이유는 한글의 발음을 로만 글자화 할 때 이 두 발음 때문에 힘든 경우가 너무 자주 생기기 때문입니다.

가령 '선정릉'을 지금 쓰는 '한글 로마자 표기 방식'을 따라 로마 글자 화 하면 seonjeongneung이 됩니다. ㅓ는 eo로, ㅡ는 eu로 바꾼 것입니다. 이전에는 ㅓ는 ŏ로, ㅡ는 ŭ로 표기해서 sŏnjŏngnŭng으로 썼습니다.* 문제는 지금 식으로 써 놓으면, 외국인들이 읽기에 너무 이상해진다는 것입니다. 아주 이상한 영어가 되어버렸기 때문입니다.

이렇게 그 전체 모습이 아주 이상하게 되어버린 것은 영어에 이 발음 들이 없어서 생긴 결과입니다. 이 문제는 앞으로도 계속 남을 텐데 어떻 게 해결해야 할지 우리 국어학자들의 지혜가 필요하겠습니다.

그 다음에 한글이 가지는 장점은 한글은 가로든 세로든 쓰는 데에 아 무 문제가 없다는 것입니다. 가로야 원래 문제가 없지만, 세로로 쓰는 것 도 전혀 문제가 없습니다. 이것은 한글이 음소문자이면서 동시에 음절문 자이기 때문에 가능한 것입니다. 음소들이 모여 한 음절을 이루고 이것 이 한 글자가 되었기 때문에 문제가 없다는 것이지요.

로마 글자는 이게 안 됩니다. 세로로 쓸 수 없다는 것입니다. 그래서 세로로 만드는 간판에 영어를 넣을 때는 글자를 뉘어서 표기해야 합니 다. 이것은 책 표지에 제목을 써넣을 때도 마찬가지입니다. 책 등에는 글

---

* 이것은 McCune-Reischauer system를 사용하여 표기한 것입니다.

자를 뉘어서 넣지 않으면, 제목을 표기할 수 없습니다. 개인적인 경험입니다만, 유학 시절 도서관에 가서 책을 찾을 때마다 머리를 뉘어서 제목을 읽던 기억이 납니다.

그 다음은 조금 전문적인 설명입니다만, 한글 자음 가운데 하나인 이응, 즉 'ㅇ'에 대한 것입니다. 이응은 사실 소리 없는 글자 아닙니까? 가령 '아'라고 할 때 여기서 ㅇ은 음가가 없는 글자입니다. 그런데도 왜 한글에서는 이응을 사용할까요? 서울대 남승호 교수에 의하면,** 한글의 이응은 한 단어 안에서 음절의 경계를 나타내는 데에 쓰이고, 또 형태소의 결합 관계를 보여주는 데에도 쓰여, 단어의 의미를 쉽게 알게 해준다고 합니다.

여기서 형태소란, 뜻을 가진 가장 작은 말의 단위를 뜻하는 것입니다. 좀 어려워졌나요? 이해를 돕기 위해 예를 들어보겠습니다. '말이'는 '말(horse)'과 '이(조사)'라는 두 음절로 되어 있는데, 이 두 음절은 각기 다른 것이라, 이것을 독립적으로 표현하기 위해 음가가 없는 ㅇ을 넣었습니다. 그래서 우리는 이 단어가 '말'과 '이'로 나누어질 수 있다는 것을 알 수 있습니다.

그러나 '말이'와 같은 발음을 가진 '마리(동물을 세는 단위)'는 '마'와 '리'라는 두 음절로 나누어질 수 없다는 것을 쉽게 알 수 있습니다. 그래서 '말이'는 음가가 없는 ㅇ 덕분에 표기에서 같은 소리가 나는 '마리'와 구분이 되는 것입니다. 그러면 영어에서도 cute의 예처럼 마지막의 e가

** 남승호, 앞의 책, 344쪽.

발음되지 않는 글자도 있지 않느냐고 하실지 모르겠습니다. 그러나 이 e 는 역사적으로 그 소리가 없어진 것이지, 처음부터 없었던 것은 아니라고 합니다.

지금 우리 한국인은 한국말을 한글로 적는 데에 아무 문제를 느끼지 못하고 있는데, 우리들은 이것을 당연한 것으로 생각하고 있습니다. 그러나 다른 나라의 예를 보면, 꼭 그런 것만은 아닌 것 같습니다. 예를 들어, 유럽의 여러 나라들은 로마 글자를 가져다 자기네들의 말을 적고 있는데, 로마 글자로는 부족한 점이 많았던 모양입니다. 워낙 각 나라들의 언어가 독특하기 때문에, 그 섬세한 소리들을 다 담아내기가 힘들었을 것입니다.

그래서 각 민족들은 로마 글자에 여러 가지 부호를 붙여서 자기 나라 말에만 있는 음을 표기하게 됩니다. 예를 들어 불어에서 ç, è, é, ê 처럼 쓰는 것이 그런 예에 속하고, 독어에서 움라우트라 해서 ü자처럼 글자 위에 점 두 개를 찍는 것이 그런 예에 속한다고 하겠습니다. 이런 예는 부지기수로 있습니다.

중국어의 4성 체제보다 더 복잡한 8성 체제를 갖고 있는 베트남어 같은 경우는, 그 말을 표기한 로마 글자를 보면 너무 복잡해서 현기증이 날 지경입니다. 이런 세계 각국의 언어적 상황을 보면 우리가 얼마나 다행스럽고 행복한지 알아야 할 것으로 생각됩니다.

한글의 발달사 및 수난사

『최초의 순 한글 신문』

한글의 설명을 마무리 하면서, 한글이 어떻게 발달하고 동시에 어떤 수난의 역사를 겪었는지 그 과정에 대해 간단하게 보려고 합니다.

훈민정음을 만들고 세종은 곧 그 글자를 가지고 글을 짓고 책을 만들었습니다. 그래서 나온 것이 잘 알려진 것처럼 『용비어천가』와 『월인천강지곡』입니다. 그리고 세조 때에도 계속해서 『석보상절』과 『월인석보』를 간행합니다.

지금 제가 강조하고 싶은 것은 이런 책의 간행이 얼마나 문향文香이 높은 문화적인 사건인가를 되새기고자 하는 것입니다. 세종이나 세조는 이 새로운 책을 찍기 위해 갑인자甲寅字나 계미자癸未字와 같은 새로운 활자를 만들었습니다. 이 활자들은 고려 때 만든 활자를 더욱 더 발전시킨 것입니다. 한국의 금속 활자 기술은 이때 가장 큰 발달을 보입니다. 그리고 세계적으로 보았을 때에도 당시 조선은 최고 수준의 금속 활자를 보유하고 있었습니다.

기술적으로만 발달된 것이 아닙니다. 당시 최초로 만든 한글 활자로 찍은 『월인천강지곡』을 보십시오. 이 책은 세종 31년인 1449년에 동銅 활자인 갑인자로 찍은 책입니다. 이 활자들을 보면 그 글자 디자인이 아주 좋은 것을 알 수 있습니다. 지금 21세기로 가져와도 손색이 없는 예술미를 갖고 있습니다.

여기서 우리는 조상들에게 탄복을 아낄 수가 없습니다. 세계에서 가장 훌륭하다는 문자를 만들더니, 그 높은 문기에 맞게 뛰어난 활자를 만

『월인천강지곡』

『용비어천가』

들어낸 것입니다. 그것도 그냥 활자가 아니라 금속 활자입니다. 당시 지구의 다른 쪽에서는 상상도 못할 일이 조선 반도에서 벌어지고 있었습니다.

이 책은 국어학 상으로는 대단히 중요한 책이지만 문학적인 가치는 높지 않다는 의견도 있고, 종교성과 문학성을 조화, 통일시킨 장편 서사시로 매우 높은 평가를 하는 시각도 있는데, 이에 대한 것은 너무 전문적인 주제라 여기서는 약하겠습니다.

그런가 하면 훈민정음으로 쓴 최초의 작품인 『용비어천가』도 주목해야 합니다. 이 책은 1447년에 간행되었는데, 금속 활자로 인쇄된 것은 아니고 목판본입니다. 이 책에는 우리에게도 익숙한 '뿌리 깊은 나무는 바람에…'로 시작되는 유명한 문구가 있어 그 문학성을 짐작하게 해줍니다. 이것은 『용비어천가』의 2장에 나오는 문구로 한문에 젖은 유학자들의 머리에서 나왔다고 하기엔, 너무 좋은 고유의 한국어로 되어 있어 놀랍습니다.

아니 어떻게 새로운 문자를 만들자마자, 이렇게 훌륭한 문학성 높은 글을 써낼 수 있었을까요? 도대체 당시의 인문학 수준은 얼마나 높았기에 이런 획기적인 일이 무더기로 가능했을까요? 이런 일은 아무 때나 또 누구나 할 수 있는 일이 아닙니다. 한 사회의 문화 수준이 엄청나게 뛰어나지 않으면 이런 일은 가능하지 않습니다.

지금 우리 사회와 비교해서 보면, 현 한국 사회의 인문학적 수준으로는 이런 획기적인 일을 한다는 것이 불가능할 겁니다. 지금은 재정적인 것은 되지만 학문의 수준은 아직 조선 초의 수준에 도달하지 못했기 때문입니다.

조선 초, 특히 세종과 세조 대에는 이 이외에도 한글로 된 작품들이 많이 나옵니다. 잘 알려진 것처럼 『석보상절』이나 『월인석보』 등이 다 그러한 예입니다. 또 세조 때에는 많은 불경이 한글로 번역되었던 것도 잊어서는 안 되겠습니다.

당시에 벌어졌던 이런 사건들을 정리하면 다음과 같다고 할 수 있습니다.

지구상에서 다시 찾아볼 수 없는 훌륭한 문자를 만들어
문학적이거나 종교적으로 수준 높은 내용을 지었을 뿐만 아니라
세계에서 최고로 꼽는 활자를 구어서
세상에서 가장 좋은 종이에 찍어 책을 간행한 시기가
바로 세종과 세조 때라는 것입니다.

이 가운데에 종이에 관한 이야기는 앞에서 이미 언급했기 때문에 여기서는 약하겠습니다. 어찌됐든 이게 우리 조상의 수준이었습니다. 그러니까 적어도 조선 초기에는 우리나라도 이런 높은 수준의 문화를 갖고 있었다는 것입니다. 그래서 조선은 우리가 상상하는 것과는 달리 임진란 전까지는, 세계 유수의 선진국 가운데 하나였다고 했습니다(13대 선진국 가운데 하나).

이제 우리는 조선에 대한 인식을 완전히 바꾸어야 합니다. 유교라는 틀 속에 다소 제한된 면은 있지만, 조선은 그 유교의 범위 안에서 매우 깊고 심오한 문화를 만들어냈던 것입니다. 지금까지 저의 설명을 들은

분들은 이 말에 충분히 동의하실 것으로 생각됩니다. 그런데 현대의 한국인은 자신들의 조상이 한글을 위시해 지금까지 본 것과 같은 훌륭한 문화를 만들어내고 그것이 우리에게 전승되었다는 사실을 잘 인정하지 않습니다.

지금까지 본 것처럼, 글자를 새로 만들고 아름다운 활자도 같이 만드는 등등은 모두 조선이 최고의 문화국이었음을 말해줍니다. 그래서 이때 만들어진 문화 유물들이 유네스코 세계기록유산으로 등재된 것입니다. 6개의 기록유산 가운데 조선조 때 만들어진 것이 4개나 되는 것을 보면 그것을 알 수 있습니다.

조선의 것이 아닌 『직지』의 금속 활자도 조선조 때 더 발전되었으니, 유네스코가 지정한 한국의 기록 문화는 거의 조선조 유물 일색이 되어버렸습니다. 그리고 이 유물들(『훈민정음』, 『실록』, 『일기』, 『의궤』 그리고 금속 활자)은 모두 조선의 정궁인 경복궁(그리고 창덕궁)에서 만들어진 것입니다.

그런 의미에서 우리는 우리의 궁궐을 다시 보아야 할 것으로 생각됩니다. 단지 왕이 살았던 공간이 아니라, 세계문화유산의 산실로 다시 보아야 한다는 것이지요.

한글은 수난을 더 많이 받은 문자

이제 이 정도의 설명이면, 한글에 대한 대강의 전모가 드러나지 않았나 하는 생각입니다. 그런데 이다지도 훌륭한 문자인 한글을 쓰는 우리

들은 정작 한글을 제대로 발전시키지 못했습니다. 초기의 자음 가운데 4
자가 사라진 것도 우리가 한글을 홀대(?)하는 사이에 생긴 현상이 아닌가
하는 생각입니다.

글자를 더 풍부하게 해서 발전시켜도 모자랄 판에, 글자를 줄여버렸으
니 말입니다. 또 한참 앞에서 보았던 ㅸ 같은 순경음도 없어졌고, 중국어
를 표기하기 위해 만든 ㅅ, ㅈ 같은 치두음이나 정치음도 사용하지 않고
있습니다.

한글은 작은 언어가 아닙니다. 사람 수로 따지면 지금 세계에서 13번
째로 많은 사람이 한국어로 언어생활을 하고 있기 때문입니다. 그런데
한글이 창제 후 걸어온 길은 그야말로 가시밭길이었습니다. 창제 직후부
터 지금까지 계속해서 한글은 기를 펴지 못하고 살아왔기 때문입니다.

한글이 창제 초기부터 최만리와 같은 기득권층인 양반들로부터 많은
반대를 받았다는 사실은 잘 알려진 것입니다. 이에 대해서는 이미 앞에
서도 보았습니다. 한글에 대해 양반층의 반대가 심하다 보니, 한글은 문
자가 없는 평민이나 여성층이 주로 사용하는 언어가 되었습니다.

그러나 양반들도 한글을 완전히 외면한 것은 아니었습니다. 가령 사대
부가 즐겼던 가사나 시조, 중국 책의 주해나 번역, 혹은 소설 등에서는 한
글이 이용되었고, 세조의 예에서 본 것처럼 불경의 해석에도 한글을 사용
했습니다. 아울러 여성의 서간문에서도 한글이 확실하게 쓰였습니다.

그러나 창제 당시처럼 확실한 어문 정책이 있던 것이 아니었기 때문
에, 한글은 민간에 맡겨져 사람들이 쓰는 대로 운용되고 있었습니다. 특
히 철자법 같은 것은 개개인에 따라 임의적으로 쓰였는데, 중종 이후부

터는 더욱더 문란해져 아무 교정 없이 계속해서 방임되었습니다. 사정이 어찌 됐든 한글은 방치된 채로 있었고, 조선의 얼마 안 되는 식자층은 한문에만 매달리고 있었습니다.

이렇게 소수의 사람이 문화를 독점하게 되면, 전체적인 민족 문화 발전에 큰 저해가 옵니다. 그리고 그 소수라는 사람도 문화의 중심을 중국에 놓고, 중국만 쳐다보고 살았습니다. 그러니 조선의 문화가 온전하게 발전한다는 것은 기대하기 어려운 일이었습니다.

조선의 지식인들은 불세출의 문자를 보유하고 있으면서도, 그런 사실을 까맣게 모르고 있었습니다. 뿐만 아니라, 스스로 철저하게 외면, 혹은 탄압하는 삶을 살고 있었던 것입니다.

이것은 몸은 조선 땅에 살고 있으면서, 혼은 중국에 갖다 놓고 사는 격이었다고 할 수 있겠습니다. 이런 상황은 오늘날에도 반복되고 있습니다. 조선 시대의 공식에서 중국을 빼고 미국을 넣으면, 바로 오늘의 상황이 되기 때문입니다.

조선에서 한글의 운명은 대체로 이러했습니다. 그러다 1894년 갑오경장을 맞이하면서, 고종은 칙령으로 한문 대신 한글을 공문公文으로 공포하게 됩니다. 이제 드디어 한글이 나라의 글자가 된 것입니다. 이게 몇 년 만입니까? 한글이 반포된 지 450년 만의 일입니다. 그렇게 훌륭한 문자를 만들어 놓고 내내 무시하다, 이제야 정신을 차렸는지, 450년이라는 엄청난 세월이 지나서야 한글을 받아들였습니다.

이때에도 완전 한글 전용이 이루어진 것은 아니고, 공문은 주로 국한문 공용 체제로 가게 됩니다. 물론 이런 일이 있기 전에, 최초의 순 한글

신문인 「독립신문」이 1896년에 창간된 사실도 잊어서는 안 됩니다(이 뒤
순 한글 신문이 다시 등장하게 된 것은 1989년 「한겨레신문」의 창간입니다).

이때부터 조선 정부는 한글을 진작시키기 위해 나름대로 여러 노력을
합니다. 하지만 곧 일제에 의해 나라가 병합되면서, 한글은 다시금 오랜
수난기를 맞이하게 됩니다. 일제기에 한글이 어떤 수난을 받았는가에 대
해서는 많은 설명을 할 수 있을 것입니다. 그러나 일제라는 집단이 한국
(조선)이라는 나라를 세계 지도에서 완전히 없애버리려고 했던 사악한 집
단이었다는 것만 이해한다면, 더 이상의 설명이 필요 없을 겁니다.

일제의 조선어 말살 정책은 두세 시기로 나누어 볼 수 있습니다. 우선
1894년부터는 일본어가 서서히 조선으로 침투하기 시작하는 시기라 할
수 있습니다. 1906년 이후 약 30년간은 두 번째 시기로 조선어와 일본어
가 같이 쓰이는 시기라 할 수 있습니다. 그러다 1937년 이후에는 일본어
전용기가 됩니다. 그 이듬해인 1938년 4월에는 조선 문화를 완전 말살
하는 교육령이 시행됩니다. 이때부터 조선어는 완전 금지되는 일본어 유
일 체제로 접어들게 됩니다.

이렇게 상황이 안 좋은 가운데서도 주시경 선생과 그 분의 제자들은
'조선어학회'를 만들어, 한글 보호 및 발전을 위해 노력하다가 많은 희생
을 치르게 됩니다. 1921년에 창립된 이 학회는 원래 이름이 조선어연구
회였는데, 1931년 조선어학회로 바뀌게 됩니다. 조선어연구회(조선어학회)
가 한 일을 아주 간단하게 보면 다음과 같습니다.

우선 연구회에서는 1926년에 처음으로 한글날을 제정합니다. 그때에
는 한글날이 10월 9일이 아니라 10월 28일이었습니다. 이것이 나중에

10월 9일로 바뀌게 된 배경에 대해서는 앞에서 이미 설명했습니다. 재미있는 것은 이 한글날의 이름을 '가갸날'로 정한 것입니다. 한편으로는 촌스러운 것 같지만, 아주 정감이 가는 이름입니다.

그리고 3년 뒤인 1929년에는 조선어사전편찬회가 조직되어 한글을 총정리하는 사전 만드는 일을 시작하게 됩니다. 이 사업은 워낙 큰 사업이었는데, 1942년 조선어학회 사건과 같은 대형 사고가 터지면서 크나큰 어려움을 겪게 됩니다.

그래서 정작 이 사전의 첫 번째 권이 나오게 되는 것은 해방 뒤인 1947년 10월에 『큰사전』이라는 이름으로였습니다. 그리고 10년 뒤인 1957년 10월에 6권을 마지막으로 총 6권을 발간하게 됩니다. 이 사전의 간행을 마친 것은 해방 뒤에(1949년) 이름이 바뀐 '한글학회'입니다.

또 1933년에는 한국어를 표기할 때 기준이 되는 '한글맞춤법통일안'을 제정하게 됩니다. 1948년에 정부가 수립되면서 이 안이 한글을 적는 공식적인 통일안으로 채택됩니다. 맞춤법통일안은 여러 차례 개정 되었는데, 현재 쓰는 것은 1988년에 수정된 것입니다. 이외에도 이 학회는 많은 일을 했지만, 그냥 지나칠 수 없는 사건은 역시 조선어학회 사건입니다.

일제는 말기가 되면서 '조선 사상범 예방 구금령'이라는 못된 법령을 만들어서, 한국인 가운데 민족이나 민족 문화를 강조하는 사람을 탄압하기 시작했습니다. 그러던 차에 우연한 기회에 조선어학회에서 조선어 사전을 만들고 있다는 소식을 접하게 됩니다. 일제는 이 학회를 민족운동을 하는 단체로 지목해, 1942년 10월부터 그 이듬해 4월까지 학회에 관련된 학자 33인을 검거하고 40여명을 참고인으로 조사하게 됩니다. 지금이야 이렇게 간단하게 말하지만, 당시에는 말로 다 할 수 없는 혹독한 고문과 취조가 있었습니다. 그래서 어떤 분들은 옥중에서 죽음을 맞이하기도 했습니다.

이때 고초를 당하신 학자들 가운데에는 최현배 선생이나 이희승 선생처럼 우리 귀에 익숙한 분들도 있습니다. 이 분들 중에는 옥중에서 사망한 분도 있지만, 어떤 분은 긴 기간 동안(2년 내지 6년) 감옥 생활을 했습니다. 그 가운데 최현배, 이희승 선생을 포함한 4분은 해방이 되어서야 옥문을 나설 수 있었습니다. 이 사건을 다룰 때마다 선현들이 이렇게 목숨을 내놓으면서까지 우리글과 말을 지켜주셨는데, 지금 우리는 무엇을 하고 있는지 모르겠다는 생각이 강하게 듭니다. 그런데 한글에 대한 억압은 이와 같이 일제만 한 것이 아닙니다. 해방 뒤에도 우리는 한글에 대해 꾸준하게 무관심했기 때문입니다.

해방 뒤에 생겨난 사회 변화 가운데 가장 큰 것은 미국 문화가 중심이 된 서구 문화의 유입이라 할 수 있습니다. 한글과 관련해서 이 시기 동안 가장 문제시되었던 것으로는, 아무래도 한글 전용 문제를 빼놓을 수 없을 겁니다. 그동안 이 한글 전용 문제를 놓고 논란이 많았습니다만, 이제는 이 정책이 굳건하게 뿌리를 내려 별 문제가 되지 않고 있습니다.

국한문 공용를 고수하던 대부분의 신문들이 모두 한글 전용으로 돌아선 지가 꽤 되었으니, 이제 한글 전용은 돌이킬 수 없는 추세가 되었습니다. 사실 우리말은 한글만 가지고 써도 아무 문제가 없기 때문에, 한글을 전용하는 것은 당연한 일입니다. 그러나 그렇다고 해서 한문까지 버려서는 안 되는데, 요즘 한문에 대해 너무들 관심이 없는 것 같아 걱정이 많이 됩니다(물론 중국어를 배우는 사람은 제외하고).

　제 생각은 우리가 어느 정도는 한문 교육에 관심을 가져야 할 텐데 현실 상황은 그렇게 안 되고 있습니다. 지금 세계에서 한문을 가장 잘 할 수 있는 민족은 한국인과 일본인밖에 없습니다. 왜 그런 우리가 한자를 소홀히 하는지 안타깝습니다. 잘 할 수 있는 것을 잘 해 놓으면, 경쟁력이 더욱 강하게 되는 것 아닐까요?

　그 대신 우리는 지금 영어 광풍에 휩싸여 있습니다. 너무나 강한 미국 문화의 영향으로, 또 미국이 주도하는 세계화 질서 속에서 영어를 제대로 하지 않고는 버틸 재간이 없게 되었습니다. 물론 영어는 하긴 해야 됩니다. 안 하고 지나칠 방법이 없습니다. 죽어라 하고 또 해야지요. 그런데 말입니다. 영어 한답시고 이렇게 한글을 젖혀 놓아도 되겠습니까? 아니 이렇게 영어를 마구 써도 되는 건가요? 지금은 영어를 쓸데없는 곳에 너무 많이 씁니다. 시간이 갈수록 더합니다. 제가 어릴 때에는 영어 이렇게 많이 쓰지 않았습니다.

　가령 지금은 흑백영화가 없지만 이전에는 흑백영화와 대비해서 컬러영화를 '총천연색' 영화라 했습니다. 지금 누가 총천연색이라고 하면 구식 냄새가 풍기고 이상하게 느껴지지요? 사실은 이렇게 쓰는 게 맞는 데도 말입니다.

　또 미국 영화 제목이나 노래 제목도 가능한 한 다 번안해서 썼습니다. 예를 들어보면, 미국 영화 가운데 명화 축에 속하는 '애수哀愁'라는 영화가 있습니다. 1940년대 영화인데 아마 50대 이상은 이 영화를 다 알 겁니다. 비비안 리와 로버트 테일러 같은 명우가 출연한 영화인데, 이 영화의 원래 제목은 'Waterloo Bridge'입니다. 런던의 워털루 다리와 얽힌 이야기로 시작한 영화라 이렇게 제목을 붙인 건데, 한국어로 번역할 때는 훨씬 멋있게(?) '애수'라고 해서 이 영화가 슬픈 사랑의 이야기라는 것을 예측할 수 있게 해줍니다.

그러나 지금은 어떻습니까? 요즘 영화들은 많은 경우 해석은커녕 그냥 원제의 제목을 발음 나는 대로 적어놓습니다. 명색이 대학교수인 저도 고개를 갸우뚱하게 만드는 '버티칼 리미트'니 '캐치 미 이프 유 캔'과 같은 제목이 그런 예입니다. 이 영화의 원제는 영어로 각각 'Vertical Limit' 혹은 'Catch me, if you can'인데 영어로 봐도 그 의미를 잘 모르겠는데, 그걸 발음 나는 대로 적어 놓았으니 그 뜻을 보통 사람이 어떻게 알겠습니까?

미국 가요도 그렇습니다. 1950~1960년대에 미국을 풍미한 가요인 'Stranger on the Shore'라는 음악이 있습니다. 가사도 좋지만 클라리넷을 부는 연주는 정말로 일품이지요. 그래서 지금도 음악 방송에서는 분위기를 잡는 음악으로 많이 쓰입니다. 이것을 이전에는 '해변의 길손'이라는 멋있는 제목으로 번역해 불렀습니다. 아마 지금 같으면 '스트렌져 온더 쇼어'라고 영어 발음 그대로 쓸 겁니다.

이런 예가 부지기수라 하나만 더 들어보고 말겠습니다. 불후의 영화음악이었던 'Theme from a Summer Place'라는 곡이 있지요. 들어보시면 다 알 겁니다. 전주 부분이 마치 파도가 밀려오는 것처럼 진행됩니다. 이것 역시 당시에는 '피서지에서 생긴 일'이라는 이해하기 쉬울 뿐만 아니라 좋은 제목으로 번역해 불렀습니다.

지금은 한국인이 작곡한 가요임에도 불구하고 제목부터가 영어로 되어 있는 경우가 많고, 노랫말 사이에는 영어를 '찌끄려' 대지 않으면 안될 정도로 영어에서 벗어나지 못하고 있습니다.

TV를 봐도 온통 영어입니다. 여기에도 이해할 수 없는 현상이 있어 잠깐 이야기해 볼까 합니다. 예를 들어 서로가 쓰는 우리말을 이해함으로써 세대의 격차를 줄이고, 우리말을 아끼자는 취지로 진행하고 있는 프로그램에 '상상 플러스 올드 앤 뉴'라는 것이 있지요? 아니 정작 우리말을 진작시키자고 해 놓고, 제목에 웬 '플러스'며 '올드 앤 뉴'가 뭡니까?

KBS TV 9번에서 일요일에 방영하는 열린음악회는 다른 의미에서 가관입니다. 이 프로그램 자체에 대해서도 할 말이 많지만, 제일 이상한 것은 영어로 미국 가요를 부르는 것입니다. 저도 이전에는 이상하게 생각안 했는데, 가만히 보니 이게 말이 안 되는 거예요. 아니 어느 나라 최고의 공영 방송이 일요일 저녁 황금 시간대에 온 국민이 다 보고 있는데 미국 가요를 영어로 부릅니까(자막도 영어로 나옵니다)? 채널 9번은 방송에 관한 한 한국의 자존심 아니겠습니까? 그런 방송에서 미국 대중가요를 영어로 직접 부르는 것은 이상합니다. 아니 사실은 말도 안 됩니다.

한번 일본이나 중국을 보십시오. NHK가 그렇게 합니까? CCTV가 그렇게 합니까? 이 나라들에서 일요일 저녁 6시라는 황금시간 대에 자국 가수가 영어로 노래하는 것을 들을 수 있을까요? 그리고 영어 노래를 하면, 국민 중 얼마나 그 가사를 이해할 수 있겠습니까? 사정이 이런데도 우리는 이상하게 생각하지 않습니다. 그것은 우리 한국인이 그만큼 영어에 도취되어 살고 있기 때문일 겁니다.

방송만이 그런 것이 아니죠. 우리 역시 일상생활 속에서도 영어를 '무지막지無知莫知' 하게 쓰고 있습니다. 파이팅, 핸드폰, 에레베타, 테레비 등등 이런 예에 대해서는 제가 다른 책에서 이미 상세하게 살핀 적이 있습니다.*

하도 영어를 좋아하는 환경이다 보니 회사원이 다음과 같이 말하는 것이 전혀 이상하지 않습니다. '이번에 클라이언트하고 어포인이 캔슬되어 네고를 할 수 없게 되었다. 우리 쪽의 캐파를 첵크해서 다신 한번 츄라이 해야 겠다' 무슨 말인지 아시겠습니까? 이것을 한글로 옮기면 '이번에 고객(client)과 약속(appointment)이 취소(cancel)되어, 계약(negotiation)을 할 수 없게 되었다. 우리 쪽의 능력(capacity)을 점검(check)하여 다시 한 번 시도(try)해야 겠다' 가 됩니다.

여기서 재미있는 것은 영어 단어가 조금 길면 전부 아무렇게나 생략해 버린다는 겁니다. 그래서 어포인먼트가 어포인이 되고 네고시에이션이 네고가 되고 커패시티가 캐파가 됐습니다. 영어는 쓰고 싶은데 너무 기니 그냥 편한 대로 줄입니다. 그래서 잉글리쉬는 잉그리가 되고 스폰서는 스폰이 됩니다.

영어를 많이 쓰는 곳 가운데 둘째가라면 서러워할 곳은 아마도 아무래도 여성 화장품이나 여성 의상과 관련된 분야가 아닐까 합니다. 여성 화장품 계에서 얼마나 영어를 많이 쓰는가 하는 것은 제가 방금 전에 인용한 책에서 이미 다루었습니다. 이번에 이 책 원고를 쓰면서 여성지에 나

---

* 『콜라 독립을 넘어서』, 사계절.

온 여성 옷에 대한 묘사를 보고 저는 졸도하는 줄 알았습니다. 이것을 재미있다고 해야 할지 어이가 해야 할지 몰라서 여러분께 한번 소개해 봅니다.

이 글은 이렇게 진행됩니다. "심플하지만 심심치 않은 블랙 스타일링, 클래식하고 에지 있는 트렌치코트, 자연스러운 헤어스타일, 시크하고 세련되고 트렌디한 패션!" 저도 영어를 못 하는 사람은 아닌데 모르는 단어가 몇 개 나옵니다. 대학 교수도 그 뜻을 잘 모른다면 국민 가운데 몇 할이나 이 글의 뜻을 알까요(물론 이 용어들은 여성 패션에서만 쓰는 특수한 용어일 수는 있습니다만)?

여기에 나온 영어 가운데 제가 몰랐던 것은 '에지'와 '시크,' 이 두 단어였습니다. 에지는 '각'을 뜻하는 edge라는 것을 후에 알았지만, 확실하게 어떤 모습을 형용하는지는 알지 못했습니다. 그런데 정말로 몰랐던 것은 시크라는 단어였습니다. seek(찾다)인지 chick(병아리)인지 헤매다 주위의 여학생으로부터 설명을 듣고, 그것이 불어에서 온 chic('멋진'이라는 뜻입니다)라는 것을 알았습니다. 물론 트렌치코트도 사전을 찾아보고서야, 무슨 옷인지 알 수 있었습니다만.

이렇게 어려운 단어만을 골라 쓰니 우리나라 여성의 영어 실력이 대단한 모양입니다. 그런데 영어 실력이 훌륭하다 해도 우리가 일상에서 우리말을 잘 쓰지 않으면, 우리말과 글은 그만큼 발전하지 않게 됩니다. 조선 시대가 바로 그런 상황이지 않았습니까? 말과 글을 따로 쓴 결과, 한글이 제대로 발전하지 못했던 것이지요. 말이란 많은 사람이 자꾸 써야, 그 안에서 화학 작용이 일어나면서 발전하게 되는 법입니다.

지금까지 이 책을 통해 한국인의 드높은 문기와 관계된 문물을 보았는데, 그 가운데 한글을 설명하는 부분이 가장 길었습니다. 그만큼 한글이 한국 문명에서 차지하는 부분이 대단하다는 것을 말해 줍니다. 저는 개인적으로 한글 부분을 쓰면서, 한글이 한국 문명을 완성시키는 듯한 인상까지 받았습니다. 이러한 인상은 저에게만 국한된 것이 아니라, 우리들 대부분이 갖고 있는 것이라고 생각합니다.

제가 이 주제로 강연할 때마다, '우리 한국인이 현재 갖고 있는 문물 가운데 무엇이 가장 훌륭한 것이라고 생각하느냐'고 물어보면, 대부분의 청중들이 한글이라고 대답합니다. 한글에 대해 잘 모르는 일반 한국인도 한글의 위대성에 대해서만큼은 알고 있다는 이야기입니다. 그런데 지금까지 본 한글의 사정은 어떻습니까? 그저 "불쌍한 우리글!!"이라는 탄식이 절로 나오지 않습니까?

만들어진 지 450년이 지나서야 공식적으로 인정을 받더니, 곧 바로 일본 치하에 들어가 목숨만 부지하게 되지 않았습니까? 그 뒤 해방이 되어 이제는 쑥쑥 클 수 있겠구나 했더니, 이번엔 한자나 일본어보다 더 큰 놈이 나타나 아예 한글을 메쳐버렸습니다. 영어가 바로 그 주인공이지요.

영어라는 언어는 너무 막강해 대항하기가 힘듭니다. 영어는 인류 역사 이래로 아마도 가장 많은 인류가 사용하는 언어일 것입니다. 독어는 진즉에 갔고 불어도 갔습니다. 남은 것은 영어뿐입니다. 그런 영어 속을 뚫고 우리 한글이 지나가야 합니다(앞으로는 또 중국어가 그 자리를 대신 차고 들어올지도 모릅니다).

한글은 태어난 지 550년 남짓 된 문자라, 다른 문자에 비하면 매우 어린 문자라고 할 수 있습니다. 이것은 거꾸로 한글이 발달할 여지가 많은 문자라는 것을 뜻합니다. 그런데 그동안 우리는 한글을 등한시 해 왔습니다. 우리 한글을 발전시키려면 우선 한글을 있는 그대로 알아야 합니다. 한글은 세상의 모든 음을 적을 수 있다는 따위의 (문화 제국주의적인) 환상을 버리고 한글이 어떤 면에서 진정으로 뛰어난지를 알아야 하고 또 어떤 문제를 갖고 있는지도 알아야 합니다.

이런 태도야말로, 앞으로 한글이 발전할 수 있게 하는 근본적인 풍토를 제공해 줄 것입니다. 지금까지의 설명이 그런 풍토 만들기에 조금이라도 도움이 되었으면 하는 바람과 함께, 이상으로 한글에 대한 설명을 마칩니다.

이렇게 쓰고도 다 하지 못한 이야기들

한국 문화에 들어있는 훌륭한 문기의 정신을 보기 위해 참으로 멀리 왔습니다. 이제 이 정도 보았으면, 여러분도 우리 조상의 드높은 문화에 대해서 한 식견이 트였으리라 믿습니다.

제 개인적인 경험이지만, 우리 문화를 공부할수록 우리 문화가 가진 깊이와 넓이에 대해 새삼스레 놀라는 경우가 많았습니다. 이 책의 앞부분에서도 말했지만, 현대 한국인은 많은 경우 서양에 대해 문화적인 열등감을 느끼며 살고 있습니다. 그러나 지금까지 본 만큼이라도 한국 문화에 대해서 귀동냥해서 알고 있다면, 한국인이 서양인에게 문화적인 열등감을 갖는다는 것은, 지나가던 개가 웃을 일이고 자던 소가 웃을 일입니다.

2005년에 우리가 주빈국이 되어 독일 프랑크푸르트에서 열린 세계 책 박람회에서, 독일인들이 우리 한국이 금속 활자의 최초 발명국이라는 사실을 알고 놀랐다는 이야기를 앞에서 했습니다. 아니 그동안 우리 문화를 알리는 데에 얼마나 등한시 했으면, 지금에서야 독일인들이 이런 사실을 알게 된 것일까요?

우리가 아직도 이런 상태이니까, 2006년 독일 월드컵에서도 우리 문화를 제대로 알리지 못했습니다. 지난 2006년 월드컵 때에 우리 정부는 또 예의 'Dynamic Korea'를 가지고 국가 홍보를 했던 모양입니다. 그런데 지금껏 본 것처럼 우리에게는 다이나믹한 것만 있는 게 아니지 않습니까?

저는 2006년 월드컵 때 왜 우리의 금속 활자를 가지고 한국 문화를 홍보하지 않았는지 모르겠습니다. 게다가 독일은 구텐베르크의 고향 아닙니까? 구텐베르크의 고향에 가서 금속 활자는 우리 코리아가 먼저 만들었다고 진실을 이야기해 주면, 독일인을 위시해 온 세계 사람이 얼마나 놀라겠습니까? 우리는 이렇게 하지 않았습니다. 이것은 아직도 우리가 우리 문화에 대해 자신이 없기 때문에 생긴 일일 것입니다.

지금까지 한국 문화에 나타난 문기에 대해서 보았지만, 기실 한국 문화에서 문기의 정신을 대표할 만한 것은 이것 이외에도 많습니다. 여기서는 세계적으로 유명한 것만 보느라 다른 세세한 것들이 어쩔 수 없이 많이 빠지게 되었습니다. 그래서 이 책을 끝내기 전에 우리 예술에 나타난 문기의 모습을 아주 간단하게 보았으면 합니다.

우선 음악 부문을 보면, 저는 앞 책에서 주로 속악을 이야기 했습니다. 그런데 이번 책의 주제인 문기와 관련된 음악은 정악이라 할 수 있습니다. 정악의 백미인 '영산회상' 부터 종묘 및 문묘 제례악, '수제천,' '여민락,' 대금독주(청성곡 등), 시조 및 가곡 등 부지기수로 많습니다.

저는 이 곡들을 다 좋아하지만, 제가 특히 좋아하는 것은 '수제천壽齊天' 입니다. 수제천이 시작하면 왜 그런지 몰라도 저는 하늘이 덜컥 내려앉는 느낌을 받습니다. 마치 천상의 소리 같습니다. 보통 수제천을 묘사할 때, 용이 구름 사이로 끝없이 유영하는 것 같기도 하고, 눈앞에 장구한 바다가 펼쳐지는 것 같기도 하다고 합니다. 어떻든 그 오묘한 느낌을 말로 다 할 수가 없습니다.

대금의 잔잔한 가락이 화려하게 구사되는 것도 좋고, 아쟁이 밑에서 '그윽 그윽' 하면서 받쳐주는 것도 너무 좋습니다. 그래서 저는 아예 이런 국악 음반을 제 노트북 컴퓨터 안에 넣고, 원고를 쓸 때 종종 틀어놓습니다.

저는 이전에는 서양의 고전 음악을 꽤 들었지만, 국악을 가까이 하고 난 다음부터는* 서양 고전 음악, 그 가운데 특히 교향악은 국악과 성격이 너무 달라 잘 안 들게 되었습니다. 우리 정악은 여유가 있는 반면에, 서양의 교향악은 어딘가 쫓기고 급하다는 느낌이 들어 그렇게 된 것 같습니다. 반면 바흐의 음악은 새롭게 들리기 시작했습니다. 아마도 바흐 음악이 지닌 영적인 면이 우리 정악과 통하는 바가 있어 그런 모양입니다.

정악의 성악곡 가운데 가장 많이 알려진 것은 시조입니다. 시조는 잠깐 배우다 말았지만, 배우면서 들었던 느낌은 이 음악은 어린 사람에게는 맞지 않겠다는 느낌이었습니다. 그러나 그들도 나이가 들면, 시조를 대단히 매력 있는 음악으로 여기게 될 것입니다. 시조창을 할 때 한음을 길게 뽑으면서 적절하게 농음(vibration)하는 것은 그것 자체로 기분 좋은 일입니다.

"태사아~~~안이 높다아~~아 하아 되"와 같이 한음을 낄게 뽑으면, 머리에 적절한 공명이 생기면서 정신이 맑아집니다. 이것이야말로 동북아(유교 문화권)에서 말하는 진정한 의미의 음악입니다. 정악에서는 속악처럼 음악을 빠르게 하고 크게 함으로써 흥을 돋우고 사람 마음을 탁하게 하는 것이 아니라, 일상사에서 고조된 마음을 가라앉히고 조용히 내성(內省)하는 것을 목적으로 합니다. 그러니 이런 음악이야말로 문기어린 음악이 아닐 수 없습니다.

---

* 인간문화재 선생님께 대금을 3~4년 배웠으니까, 저도 국악을 꽤 가까이 한 게 됩니다.

여담이지만, 한 번은 얼굴 박사인 조용진 교수와 그 분의 트레이드마크인 좌뇌·우뇌 개발법에 대해서 이야기를 했습니다. 그 분은 한국인이 좌뇌적인(논리적인) 사고를 잘 하지 않는 추세에 대해 항상 안타까워 하셨는데, 좌뇌를 개발하는 방법 가운데 이 시조 같은 음악을 하는 것이 아주 좋다고 주장하더군요.

지금 아이들이 좋아하는 힙합이나 랩은 너무 속도가 빨라서 대뇌에 자극이 약하다는 것입니다. 반면 시조는 한 음을 길게 하기 때문에, 뇌의 한 부분을 계속적으로 자극해 그 부분이 발달하게 되고, 그 결과 전체적으로 뇌가 좋아진다는 것입니다. 이런 주장은 검증할 수 있는 설은 아니지만, 나름대로 꽤 재미있게 들렸습니다.

시조는 그래도 아직 여러 사람들이 하고 있지만, 시조보다 더 상위 음악이라 할 수 있는 가곡은 거의 잊혀진 음악입니다. 시조는 대금 반주로만 하는 것에 비해, 가곡은 여러 악기로 반주하고 곡이 시조보다 조금 길거나 발성법이 조금 다를 뿐, 시조와 크게 다르지 않습니다. 지금 한국인 가운데 가곡을 듣는 사람은 거의 없습니다.

한국인은 가곡 하면 '선구자'나 '비목' 같은 노래를 연상합니다. 이런 노래를 가곡이라고 부르게 된 것은, 일제시대 때 이런 노래들을 만들면서 이런 음악들을 국악의 가곡에서 그 이름을 가져다 부르기 시작했기 때문일 것입니다. 이렇게 국악의 가곡은 자기 이름마저 빼앗겼을 뿐만 아니라 사람들에게는 망각의 존재가 되었습니다.

그러는 사이 비록 극소수이지만 서양인들은 우리의 원래 가곡을 듣고 있었습니다. 몇 년 전 국립국악단 단원 가운데 가곡을 전공하는 한 여성

단원이 유럽에 가서 가곡만을 가지고 연주회를 한 적이 있었습니다. 여러 국악곡을 연주하는 자리에서 한 순서로 가곡을 한 것이 아니고, 아예 가곡만으로 발표회를 한 것입니다.

정작 우리 한국인은 가곡을 다 잊었는데, 유럽인은 이역만리인 한국에서 가곡 성악가를 모셔다 그것만 연주하는 음악회를 연 것입니다. 문기가 높은 문화를 갖고 있는 유럽인은 역시 문기가 높은 음악인 가곡을 알아 본 반면, 그렇지 못한 우리는 가곡의 드높은 문향文香을 알아채지 못하고 있는 것 아닐까요?

음악도 음악이지만, 춤 같은 경우도 궁중 정재呈才(궁중무) 같은 문기가 가득 어린 춤들이 있습니다. 궁중무 가운데 대표적인 것으로는 춘앵무春鶯舞니 처용무니 혹은 포구락抛毬樂이니 하는 것들이 있는데, 이것 역시 한국인에게는 철저히 잊혀진 춤입니다. 춤이 느릴 뿐만 아니라 동작이 단순하고 움직임이 작아서 그런지, 현대 한국인은 이런 춤을 좋아하지 않습니다.

아직도 살풀이나 탈춤을 추는 사람은 꽤 되지만, 과거 왕실이나 선비들이 즐겨했던 문기 서린 춤을 추는 사람은 별로 없습니다. 위에서 거론한 춤들이 훌륭한 춤이라는 데에는 이론異論의 여지가 없습니다. 하지만, 너무도 세상이 달라져 한국인조차 문기 어린 춤을 외면하니 너무나 안타까운 일이 아닐 수 없습니다.

그래도 우리 음악은 많이 살아났습니다. 즉 우리의 경제 수준이 높아지면서, 국악에 대한 관심이 많이 생겨나 국악 전문 방송도 생겨났습니다. 하지만, 아직 궁중 정재와 같은 고급 춤에 대한 관심은 살아나지 않고 있습니다. 그때가 올 것을 기약하면서, 춤에 대한 이야기는 소략하지만 여기서 접어야겠습니다.

청자나 백자 같은 도자기에 대해서는 아주 잠깐 언급했지만, 그림에 대한 이야기는 거의 다루지 않았습니다. 잠깐이라도 문기와 관련해서 그림 이야기를 하자면, 저는 초상화에 대해서 이야기하고 싶습니다.

조선조 때 화원畵員, 그러니까 궁중 화가들이 그린 그림 가운데 세계적인 그림이 바로 초상화입니다. 다른 그림들은 기록용으로 그린 것이 많아 예술성이 부족할 수 있지만, 이 초상화는 극사실적인 묘사로 인해 온 세계적으로 인정받고 있는 그림입니다.

초상화의 대상은 왕이나 사대부들인데, 왕의 초상화(즉 어진御眞)는 다 불타고 남아 있는 게 거의 없습니다. 전란을 많이 겪은 우리 민족의 슬픔이 새삼스레 느껴집니다.

문인 초상화를 그리는 정신은 대상을 결코 미화하지 않고 있는 그대로 그린다는 것입니다. 주인공이 사팔(斜視)이면 사팔인 대로 그리고, 검버섯이 있으면 있는 그대로 그립니다. 덧칠을 하거나 미화해서 그리는 법이 없습니다. 이것은 성리학의 사무사思無邪 정신(생각함에 사악함이 없도록 하는 공자의 정신)을 그림에 반영해서 그린 것입니다. 여기서 우리는 조선조의 드높은 문기 정신을 다시 한 번 느끼게 됩니다.

주인공인 왕이나 양반들도 자기 얼굴이 보다 더 멋있게 그려졌으면 하고 바라면서 화원들에게 자기 얼굴을 맡겼을 것입니다. 그들도 사람이니 말입니다. 그러나 조선 유교 사회의 규범은 투철했습니다. 화원은 대상이 왕이든 대신이든 곧이곧대로 보이는 대로만 그렸습니다. 상식에 어긋

나는 일을 하지 않았던 것입니다. 이런 걸 두고 유교적 합리주의라고 합니다.

초상화는 이와 같이 대상을 있는 그대로 그린 점도 있지만, 대상을 아주 세밀하게 그린 것으로도 유명합니다. 특히 수염 같은 것은 한 터럭 한 터럭을 일일이 온 힘을 다해 그렸기 때문에, 초상화의 주인공을 보면 마치 살아 있는 사람을 보는 것 같습니다. 이 수염을 세세하게 그리는 것은 무척 힘든 일이라, 요즘 화가들의 필력으로는 흉내 내는 일이 어렵다고 합니다.

아주 가는 선을 꾸준하고 힘 있게 내려 긋는 일이 힘들다는 것은, 그림 전공이 아닌 사람도 충분히 알 수 있습니다. 이런 기술은 오랜 동안 전심으로 연마해야 나올 수 있는 것입니다. 이런 기술이 있었기에 수염의 끝이 두 갈래로 갈라져 있으면 그대로 그리고, 꼬여 있으면 그것 역시 있는 그대로 그릴 수 있었을 겁니다. 조선의 초상화는 성리학의 높은 정신과 화원들의 난숙한 기술이 만난 세계적인 그림이라 할 수 있습니다.

그림에 관한 이야기를 접기 전에 꼭 하고 싶은 이야기가 있습니다. 저는 한국 예술에 대해 강의를 할 때 항상 먼저 보는 그림이 있습니다. 사진에서 보는 것처럼, 단원 김홍도의 남해관음도南海觀音圖와 염불서승도念佛西僧圖(염불을 하면서 서방정토로 가는 스님)입니다.

이 그림은 정말로 지극히 한국적이면서도 세계적인 종교화라 할 수 있습니다. 이 그림에 대한 자세한 설명은 다른 책에서 했으니 여기서는 약하겠지만, 저는 이 그림을 너무 좋아해 간송 미술관에서 영인본을 사서 액자에 넣어 제 개인 사무실에 걸어놓았습니다.

김홍도의 〈남해관음도〉.
빛무리를 두른 관음보살이 바다에 떠서 다른 쪽을 바라보고 있다.
그 뒤에 숨은 듯이 서있는 선재동자가 버드나무 가지를 꽂은 정병을 들고 있다.

김홍도의 〈염불서승도〉.
구름 위에 피어난 연꽃 위에 결가부좌한 선승이 염불왕생을 염원하고 있다.
부글부글 끓는 듯한 구름과 연꽃, 그 속에서 피어나 열매를 맺은 듯한 스님의 뒷모습,
그리고 담청으로 달빛으로부터 차분하게 우린 배경이 미묘한 조화를 이루고 있다.

아직도 잘 이해되지 않는 것은, 그 이유는 잘 모르겠지만 이런 엄청난 그림이 중고교의 교과서에 나오지 않는다는 것입니다. 대신에 학교에서는 종교 그림 하면 으레 미켈란젤로의 천지창조 같은 서양 그림을 중심으로 가르칩니다. 단원의 이런 그림은 그의 뛰어난 화기畫技, 혹은 화기畫氣가 유감없이 발휘된 그림입니다.

단원이 누구입니까? 조선을 통틀어서 겸재 정선과 더불어 가장 뛰어난 화가 아닙니까? 그런 그를 학교에서는 도대체 어떻게 가르치고 있습니까? 풍속화가라고만 가르치지 않습니까? 학교에서는 단원이 그린 '서당'이나 '무동,' '씨름' 등과 같은 그림에서 보이는 것처럼, 그가 기록화 수준의 그림만 그렸다고 가르치고 있습니다.

그런데 이런 풍속화들은 어떤 연유로 그려진 것입니까? 정조가 백성들의 삶이 궁금해 궁중의 화원들에게 시정에 나가서 백성의 사는 모습을 그려오라고 해서, 그려진 그림이 바로 이 그림들입니다. 그래서 기록화라고 한 것입니다. 따라서 이런 그림에는 화원들 자신이 갖고 있는 예술성이 온전히 발휘될 공간이 부족합니다.

단원의 진짜 실력은 이런 풍속화가 아니라 위에서 언급한 그림에서 제대로 발휘됩니다. 단원은 누가 뭐래도 세계적인 화가입니다. 그런 그를 우리는 한낱(?) 풍속화가로만 가르치고 있으니, 참으로 이상한 일이 아닐 수 없습니다. 하기야 그의 절세적 그림인 송하맹호도松下猛虎圖(소나무 밑의 호랑이)를 아는 사람이 몇이나 될까요?

이 그림이 모든 국민에게 친근하게 알려지려면, 앞으로도 많은 세월이 걸릴 겁니다. 이 그림 역시 세계적인 그림인 것은 말할 나위도 없습니다.

오죽하면 단원 연구의 대가였던 고故 오주석 교수가 이 호랑이 그림을 자기 책의 표지로 사용했을까요?

이와 같이 우리 자신이 우리 문화 속에 잠재되어 있는 드높은 문기를 되살리려 하지 않으니, 아직 문기가 빛을 발하지 못하고 있다는 생각입니다.

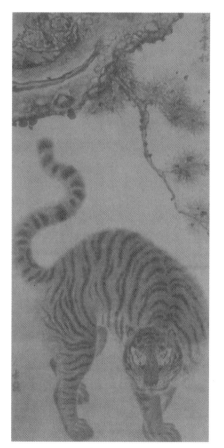

송하맹호도

신기와 문기가 마주 추는 춤

이제 이렇게 해서 문기에 대한 설명을 마칩니다. 이 책은 신기를 다룬 앞 책의 속편이자 자매 관계가 되니, 모두를 포함한 결론을 써볼까 합니다.

우선 이번 책에서 본 문기의 예는, 대부분 과거에 한정되었음을 주목해 주시기 바랍니다. 그래서 문기 충만한 문물들을 소개할 때, 대부분 시제가 과거로 묘사되었습니다. 이것은 현재에는 두드러지게 주목할 만한 문기 어린 문물이 없다는 의미로도 해석될 수 있습니다. 실제로도 그렇습니다. 우리 한국인이 현재 갖고 있는 신기와 비교해 볼 때, 문기의 정신은 현저하게 떨어져 있습니다.

앞 책에서 확실히 본 것처럼, 한국인의 신기는 지금도 펄펄 날고 있습니다. 지구상 어떤 민족보다도 열심히 일하지만, 매일 밤 술 마시고 노래하고 노는 것을 보면, 그런 생각을 하지 않을 수 없습니다. 그 반면, 문기를 대표할 만한 것들은 잘 보이지 않습니다.

이 책의 앞부분에서 잠깐 언급했지만, 삼성의 반도체 산업과 같은 과학 기술적인 부분에서만 한국인이 세계적으로 두각을 나타내고 있지, 인문·사회·예술 방면에서는 아직 그다지 볼 것이 없습니다(예술은 그나마 조금은 예외라고 할 수 있겠습니다).

우리나라의 과학 기술이 이나마 수준이 올라오게 된 것 역시, 과거 우리 조상이 지닌 뛰어난 문화에서 찾아야 한다고 주장했습니다. 우리 조상은 세계에서 처음으로 측우기를 만들었고, 자격루와 같은 뛰어난 시계도 만들었습니다. 세종 때에는 세계에서 가장 훌륭한 달력 가운데 하나를 만들어 이용하고 있었습니다. 이러한 점들을 통해, 한국은 이미 과거에 수준 높은 과학 기술을 갖고 있었다는 것을 알 수 있습니다.

씨가 아무리 좋아도 토양이 시원치 않으면, 그런 곳에서는 좋은 열매를 맺을 수가 없습니다. 한국은 워낙 토양이 훌륭했기 때문에 조금만 여건이 좋아지고 성숙해지자, 바로 반도체, 혹은 자동차 산업, 휴대 전화 같은 분야에서 좋은 결과를 내게 된 것 아닐까요?

지금 한국의 문기 정신은 분명 서서히 이전의 모습을 되찾고 있습니다. 그러나 그 올라오는 속도가 더뎌서 안타깝습니다. 이것은 그만큼 인문 문화가 생성되는 데에는 시간이 많이 걸린다는 것을 뜻합니다. 물론 우리가 그동안 팔짱만 끼고 속수무책 방관만 했던 것은 아니지요. 다만 지난 반세기 이상 동안 여러 가지 사회 문화적 여건 때문에, 우리의 (인문) 문화가 바닥을 쳤다가 다시 시작하느라, 시간이 많이 걸리는 것뿐입니다.

현대 한국의 문기는 지금도 계속해서 생성 중인데, 이것이 앞으로 어떤 방향으로 또 어떤 내용으로 채워질지는 아무도 모릅니다. 제 개인적인 생각에, 새로운 한국 문화가 생성되는 것은 바로 이 문기가 새롭게 형성될 때가 아닌가 싶습니다.

저는 지금까지 본 문기와 신기의 정신이 한국인이 심성 안에 내장되어 있는 멜로디 혹은 가락이라고 생각합니다. 이 멜로디가 한국인에게 다시 들려질 때, 한국인은 자신만의 춤을 추게 될 것입니다. 춤을 추면서 한없는 기쁨을 느끼게 될 것이고, 그동안 겪었던 많은 아픔들을 스스로 치유하게 될 것입니다. 아울러 자신 속에 잠재되어 있는 또 다른 가능성을 발견하고, 자신이나 자신들의 문화에 새로운 눈을 뜨게 될 것입니다.

우리가 춤을 출 때, 아직 제대로 발전시키지 못하고 있는 문기에 대해서도 크게 눈을 뜰 수 있을 것입니다. 문기를 높이기 위해서는 많은 노력이 필요하겠습니다만, 우리 속에 내재되어 있는 에너지가 춤을 통해 돌기 시작하면, 문기의 에너지도 함께 돌 것입니다.

앞 책의 서두에서 언급한 것이지만, 인생은 한바탕 춤이라고 할 수 있겠습니다. 우리가 우리에게 맞는 가락을 들으면서 춤을 추면, 스스로에게 있었던 문제들이 해결되는 방향으로 나갈 것입니다. 따라서 자신을 고치려고 의도적으로 애쓸 것도 없고, 개선하려고 부러 노력할 필요도 없습니다.

물론 우리에게 실망스러운 일들은 계속해서 발견됩니다. 어떤 때는 우리 주위의 모습에 실망한 나머지, 월드컵 때 같은 팀을 응원했다는 것 자체가 싫은 사람이나 집단이 있을 정도입니다. 우리의 실망스런 모습에 대해, 저는 그동안 많은 지적을 했습니다. 사실 어떤 일은 정말로 싫었습니다. 정도가 너무 지나쳤기 때문입니다.

예를 들어 극히 일상적인 것으로, 요즘 아파트를 재개발하는 따위의 일을 들 수 있습니다. 보통 우리들은 그것을 자본의 논리로만 생각해 별 문제없다고 생각할지 모르지만, 집을 투자의 대상이 아니라 삶의 터전이라 생각하면 이것은 정말로 이상한 일입니다. 아니 어떻게 20~30년을 잘 살아온 정든 삶의 터전을 '깨부수면서' 경축이라고 쓴 현수막을 걸 수 있을까요? 그동안 거기서 보냈던 삶은 아무 의미도 없는 건가요?

이렇게 하는 사람의 의식에서는, 삶 혹은 사는 공간에 대한 인간적인 배려를 찾기 힘듭니다. 남은 것은 그저 돈뿐입니다. 아파트 값만 올라가면, 인생에 더 중요한 일은 없다는 생각입니다.

이런 예는 부지기수로 들 수 있겠습니다. 이런 일만 보면, 우리 사회는 가망이 없는 것처럼 보이기도 합니다. 그런데 이런 것들을 하나하나 잡아서 일일이 다 고칠 수는 없는 법입니다. 법적인 것은 법대로 처리하면 될 테지만, 나머지 것들은 자가 치유를 해야 합니다.

그리고 이런 문제들이 없는 나라가 세상 어디에 있겠습니까? 세상 끝 날까지, 인간들은 문제와 함께 가게 되어 있습니다. 예수님이 남긴 유명한 이야기가 있습니다. 밀을 심으면 밀과 비슷하게 생긴 가라지, 즉 강아지풀이 밀 옆에 생깁니다. 그런데 잡초인 강아지풀을 뽑겠다고 이것을 뽑으면, 밀도 같이 뽑혀 나옵니다. 그래서 우리는 추수할 때까지 기다리는 수밖에 없습니다. 밀과 가라지는 추수 때까지 같이 가는 수밖에 없는 것이라는 것이지요.

우리의 삶도 마찬가지일 것입니다. 우리에게 보기 싫은 모습이 있고 극복해야 할 단점이 있지만, 그것을 고치려고 성급하게 덤비면 우리 자체가 망가질 수 있습니다. 우리의 단점이라는 것들도 항상 단점인 것이 아니라 상황에 따라, 시대에 따라, 장점이 될 수도 있기에 함부로 고치겠다고 나서는 것이 바람직하지 않을 수 있습니다. 게다가 이런 단점들도 따로따로 격리되어 있는 것이 아니라, 다른 여러 장점들과 복잡하게 얽혀 있기 때문에, 그것 하나만 달랑 드러내는 것은 쉬운 일이 아닙니다. 가라지를 뽑을 때, 밀이 같이 나오는 것은 이런 구조 때문입니다.

그래서 춤을 추자는 것입니다. 춤을 추면, 털려나갈 것들은 자연적으로 떨어져 나갑니다. 그러고도 남은 것이 있다면, 그것은 그냥 가지고 가야 합니다. 우리의 본래 모습이기 때문입니다. 그게 좋든 싫든 '아우르면서' 같이 가야 합니다. 이렇게 춤을 추다 보면 마음에 여유가 생깁니다. 그러면 자신의 본 모습이 보이기 시작하고, 자신에 대해 확실하게 알게됩니다. 그렇게 될 때 우리는 자기 자리를 찾게 될 것입니다.

이 정도면 이야기는 다 끝난 것입니다. 우리를 어떻게 고쳐야 하고, 어떻게 발전시켜야 할 것인가에 대해 너무 걱정하지 말고, 다만 우리에 맞는 가락에 따라 춤을 추자는 것입니다. 그리고 어떤 일이 생기는지 주시하면 됩니다. 이런 일이 지속되면, 자연스럽게 우리에게 가장 취약했던 문기 부분이 가속이 생기면서 빠르게 올라오게 될 것입니다.

그래서 보다 더 높은 차원에서 이 문기가 한국인의 화끈한 신기와 융합하게 되면, 그때 한국인은 다시 일을 내게 될 겁니다. 매우 세련되고 정교하면서도 에너지가 펄펄 넘치는, 극도로 활력 있는 새로운 한국 문화가 나올 수 있기 때문입니다. 그러면 한국인 자신도 놀라고, 세계도 놀랄 것입니다. 한국인은 자신들에게 이러한 능력이 있었나 하면서 놀랄 것이고, 세계인들은 지금껏 세상에서 보지 못한 문화의 탄생에 놀랄 것입니다.

이것은 제가 공연히 희망을 주기 위해 하는 빈말이 아닙니다. 이번 책에서 보았듯이, 우리의 과거 문화를 돌아보면, 우리에게는 그러한 능력이 충분히 있습니다. 그리고 한국은 지금 운대가 열리고 있습니다. 아니 벌써 열렸습니다. 이것 역시 많은 선현들이 익히 설하시던 주장입니다.

지금 우리는 크게 볼 때, 분명 제대로 가고 있습니다. 다만 우리가 우리 자신을 잘 안다면, 가는 속도가 더 빨라질 것입니다. 그만큼 시행착오를 줄일 수 있을 것입니다. 그래서 지금까지 우리 문화를 총체적으로 진단해 본 것입니다.

우리 한국은 분명 멀지 않은 미래에 멋진 국가가 될 것입니다. 그런 한국의 모습이 제가 너무 늙기 전에 다가왔으면 하는 소박한 바람을 안고, 제가 그동안 한국 문화를 찾아 떠난 작은 순례를 예서 마치고자 합니다.